BIBLIOTHÈQUE
DES MERVEILLES

PUBLIÉE SOUS LA DIRECTION

DE M. ÉDOUARD CHARTON

LES ÉVASIONS CÉLÈBRES

PARIS. — IMP. SIMON RAÇON ET COMP., RUE D'ERFURTH, 1.

BIBLIOTHÈQUE DES MERVEILLES

LES
ÉVASIONS CÉLÈBRES

PAR

FRÉDÉRIC BERNARD

TROISIÈME ÉDITION

ILLUSTRÉE DE 25 VIGNETTES SUR BOIS

PAR ÉMILE BAYARD

PARIS

LIBRAIRIE HACHETTE ET Cⁱᵉ

79, BOULEVARD SAINT-GERMAIN, 79

1874

LES

ÉVASIONS CÉLÈBRES

ARISTOMÈNE, GÉNÉRAL DES MESSÉNIENS

— VERS L'AN 684 AV. J.-C. —

Aristomène, général des Messéniens, combattant contre
les troupes de Lacédémone, très-supérieures en nombre et
commandées par les deux rois de Sparte, reçut en se défendant avec courage plusieurs blessures et, entre autres,
un coup de pierre à la tête. Il tomba presque mort. Les
Lacédémoniens le prirent avec cinquante de ses soldats et
l'emmenèrent à Sparte, où on résolut de les jeter tous dans
la Cæada. C'était une profonde crevasse du sol, un gouffre où l'on précipitait les condamnés à mort : Aristomène
y fut en effet jeté avec ses compagnons d'armes. Ceux-ci
périrent tous dans leur chute. Cette fois comme tant d'autres, Aristomène fut sauvé par un dieu. Ceux qui racon-
tent ses exploits avec le plus d'enthousiasme disent qu'un
aigle, volant à lui, soutint son corps sur ses ailes étendues,
en sorte qu'il arriva sans aucune blessure au fond du

1

gouffre. Un hasard, je ne sais lequel, lui montra la sortie de cette noire caverne. En effet, quand il fut tombé au fond, il resta étendu, enveloppé de ses vêtements et attendant sa dernière heure, qu'il croyait proche. Déjà trois jours s'étaient écoulés depuis qu'il gisait dans la Cæada, lorsque, ayant entendu quelque bruit, il se découvrit le visage et aperçut dans une demi-obscurité un renard qui s'approchait des cadavres. Comprenant que cet animal ne pouvait avoir pénétré dans le ravin que par une issue quelconque, il attendit que la bête vînt jusqu'à lui et, quand elle fut à sa portée, il la saisit d'une main, lui présentant de l'autre sa chlamyde à mordre quand elle se retournait vers lui, la suivant dans sa course et se faisant traîner par elle dans les détours du souterrain. Il aperçut enfin une ouverture juste assez large pour laisser passer le renard et par où pénétrait un peu de lumière. L'animal, lâché par Aristomène, s'élança et disparut. Aristomène élargit avec ses mains l'issue de la caverne, parvint à la franchir et rejoignit ses concitoyens. Cette évasion de la Cæada fut considérée comme une preuve manifeste de la protection des dieux. (Pausanias, *Description de la Grèce*, liv. IX, chap. xvm.)

Aristomène aperçut enfin une ouverture.

HÉGÉSISTRATE

— VERS L'AN 475 AVANT JÉSUS-CHRIST —

Mardonius avait pour devin, suivant les rites grecs, Hégésistrate, d'Élée. Autrefois cet homme, fait prisonnier par les Spartiates, à qui il avait fait beaucoup de mal, s'était vu jeter dans les fers et vouer au dernier supplice. Dans cette extrémité, n'ignorant pas qu'il s'agissait pour lui, non pas seulement de perdre la vie, mais de souffrir avant la mort des tourments affreux, il fit une action incroyable. Il était retenu par une entrave de bois garnie de fer, et, à l'aide d'un morceau de fer qui se trouva, on ne sait comment, dans sa prison, il accomplit l'action la plus courageuse de toutes celles que nous connaissons ; car ayant mesuré la partie de son pied qu'il pourrait faire sortir de l'entrave, il se coupa le tarse. Ensuite, comme la prison était gardée, il fit un trou dans le mur et s'enfuit à Tégée, marchant la nuit et se tenant caché le jour dans les broussailles. Ce fut ainsi qu'il arriva à Tégée, la troisième nuit, échappant aux recherches des Lacédémoniens. Ceux-ci furent dans le plus grand étonnement de son audace, quand ils trouvèrent la moitié de son pied dans la prison sans pouvoir le trouver lui-même. Lorsqu'il fut guéri, il se fit faire un pied de bois, et devint l'ennemi déclaré des Lacédémoniens. Excité à la fois par sa haine contre eux et par son amour du gain, il servit de devin et de sacrificateur aux Perses, à la bataille de Platée, généreusement salarié par Mardonius. Mais sa haine pour les Spartiates ne le mena pas à bonne fin, car il fut pris par eux à Zacynthe, où il faisait le métier de devin, et ils le mirent à mort. (Hérodote, livre IX, § xxxvii.)

Au temps d'Hérodote on comprenait sous le nom de tarse non-seulement la partie du pied que désignent ainsi les anatomistes de nos jours, mais aussi celle qui précède immédiatement les orteils. Il semble même résulter d'un passage d'Hippocrate que le nom de tarse s'appliquait spécialement à ce qu'on nomme aujourd'hui métatarse et aux os de la seconde rangée du tarse, dont il distingue ceux qui sont en rapport direct avec la jambe. Le texte d'Hérodote indique d'une manière assez précise qu'Hégésistrate se coupa le pied vers l'union du tarse au métatarse.

Il paraît incroyable, au premier abord, qu'un homme ait eu la force de se mutiler ainsi et surtout qu'il ait pu faire ensuite ce que rapporte l'auteur grec; mais des faits non moins extraordinaires ont été observés, notamment chez les aborigènes de l'Amérique du Nord. Au reste, il est rare que, dans les récits du genre de ceux que nous recueillons, et même chez les historiens les plus graves, quelques détails ne soient pas suspects d'exagération. Nous citons l'auteur, le lecteur appréciera.

Démétrius avait été envoyé à Rome comme otage par son père Séleucus Philopator. Antiochus ayant assassiné Séleucus et s'étant fait roi de Syrie, Démétrius demanda au sénat de lui rendre à la fois la liberté et le trône de son père; mais, dit Polybe, les sénateurs, quoiqu'ils fussent touchés des paroles de Démétrius, jugèrent utile à la république de retenir ce prince à Rome et de reconnaître le fils d'Antiochus comme héritier du trône de Syrie.

Quelque temps après, Démétrius, voulant faire une nouvelle démarche près du sénat, consulta Polybe, qui lui dit: « N'allez pas vous heurter une seconde fois à la même pierre, n'espérez qu'en vous-même et, par votre hardiesse, montrez-vous digne du trône. »

Le jeune homme désirait sans doute un conseil d'accord avec ses intentions, aussi ne suivit-il pas celui de Polybe. Mais, ayant vu sa demande repoussée une seconde fois, et reconnaissant que Polybe avait raison, il s'occupa de tout préparer pour sa fuite. Diodore, qui l'avait élevé, arrivait justement de Syrie et l'assura que s'il se présentait à son peuple en ce moment, n'eût-il qu'un serviteur à sa suite, il serait aussitôt proclamé roi.

Polybe, Diodore et quelques autres amis du jeune prince se dévouèrent à le servir. Un navire carthaginois était à l'embouchure du Tibre, on le nolisa pour le compte

de Démétrius. Il ne paraît pas du reste que la surveillance
de l'autorité fût bien rigoureuse, car le marché fut conclu
sans mystère, et l'on ne se cachait pas pour s'entretenir
avec l'équipage et fixer le jour du départ. Ce jour venu,
Démétrius réunit ses amis dans une taverne ; quelques-uns
d'entre eux seulement étaient du secret et devaient, à un
moment donné, se rendre au vaisseau avec leurs esclaves.
Polybe, retenu au lit par la maladie, craignit que le jeune
homme ne s'abandonnât aux séductions de la table, et
que le vin, pour lequel il avait un faible, ne lui fît oublier
l'heure du départ. Il lui envoya donc, à la chute du jour,
un esclave chargé de se présenter à lui, comme pour
affaire importante, et de lui remettre un billet qui le rappelait à son devoir. Après avoir lu ce billet, Démétrius
prétexta le malaise par lequel se terminaient dès cette
époque les festins de Rome ; il sortit avec ses affidés et,
revenu à sa demeure, il envoya ses serviteurs à Anagnia,
leur ordonnant de venir au-devant de lui le surlendemain,
avec des filets et des chiens de chasse, jusqu'au mont
Circée, où il chassait habituellement le sanglier, ce qui
lui avait fourni l'occasion de se lier avec Polybe. Ses amis,
de leur côté, donnèrent à leurs gens les mêmes ordres et
les envoyèrent au même rendez-vous, puis revinrent le
trouver en habits de voyage, et tous se rendirent ensemble
à Ostie. On avait annoncé au patron du navire que Démétrius restait à Rome, mais qu'il envoyait à son frère des
jeunes gens chargés de lui porter ses instructions. Le
patron, qui n'en devait pas moins toucher le prix convenu,
s'inquiéta peu du reste, et vers la fin de la nuit Démétrius
et ses compagnons s'embarquèrent. Au point du jour, le
patron fit lever les ancres et prit la mer. (Polybe,
livre XXXI, frag. XII et suiv.).

MARIUS .

— L'AN 85 AVANT JÉSUS-CHRIST —

Menacé par Sylla, qui marchait sur Rome, Marius chercha inutilement à soulever en sa faveur les esclaves, et,
sachant qu'il n'avait aucune miséricorde à attendre de son
rival, dont il avait fait périr plusieurs amis, il se vit con-
traint de céder et prit la fuite. A peine était-il sorti de la
ville, que, ceux qui l'accompagnaient s'étant dispersés, il
se trouva seul dans l'obscurité et se réfugia à Solonium,
une de ses maisons de campagne. De là il envoya son fils
prendre les provisions nécessaires dans les terres de Mucius, son beau-père, qui n'étaient pas éloignées. Pour lui,
il descendit vers Ostie, où Numerius, un de ses amis, lui
tenait un navire tout préparé, et, sans attendre son fils,
il s'embarqua avec son beau-fils Granius. Cependant le
jeune Marius avait fait préparer ses provisions, mais le
jour survint, et des cavaliers de Sylla, qui soupçonnaient
quelque chose, arrivèrent dans ce lieu. L'intendant de
Mucius, les ayant vus de loin, cacha le fils de Marius dans
un chariot chargé de fèves, attela ses bœufs et s'en alla
ainsi au-devant des cavaliers, conduisant le chariot vers
la ville. Le fugitif, transporté dans la maison de sa femme,
y attendit la nuit, puis s'embarqua et gagna l'Afrique.

Pour le vieux Marius, il avait levé l'ancre, et par un bon
vent suivait la côte d'Italie ; mais il craignait Geminius,
un des principaux habitants de Terracine, qui était son

ennemi, et il recommanda aux matelots de s'éloigner de Terracine. Ils obéissaient à ses ordres quand le vent sauta et souffla du large. Il s'éleva une si furieuse tempête qu'il parut impossible de tenir longtemps la mer ; d'ailleurs Marius souffrait du mal de mer, et il fallut gagner le rivage de Circeium, où ils abordèrent à grand'peine.

..... Ils n'étaient plus guère qu'à vingt stades (une lieue) de Minturnes, lorsqu'ils virent une troupe de cavaliers qui s'avançaient sur eux, et par hasard deux barques qui étaient à flot. Tous se mirent à courir vers la mer ; ils s'y jetèrent et nagèrent vers les deux barques. Granius atteignit l'une, et passa dans une île située en face de ce point de la côte, et qu'on nomme Enaria ; mais Marius avait alors soixante-dix ans, deux esclaves le soutinrent avec beaucoup de peine sur les eaux, et le placèrent dans l'autre embarcation, lorsque déjà les cavaliers criaient du rivage aux mariniers d'y ramener la barque, ou bien de jeter Marius à la mer et de s'en aller où bon leur semblerait. Marius suppliait, versait des larmes, et les gens de la barque, après avoir en un moment changé plusieurs fois de résolution, répondirent cependant aux cavaliers qu'ils n'abandonneraient pas Marius. A peine les cavaliers se furent-ils éloignés pleins de colère, les mariniers prirent une autre résolution et naviguèrent vers la côte. Ils jetèrent l'ancre à l'embouchure du Liris (le Garigliano), dont les eaux forment un marais, et ils engagèrent Marius à descendre à terre pour prendre de la nourriture et se remettre du mal de mer, jusqu'à ce qu'il s'élevât un bon vent, ce qui devait arriver à une heure fixe où le vent de mer mollit ordinairement et est remplacé par une brise de terre suffisante pour prendre le large. Marius les crut et suivit ce conseil. Les mariniers le déposèrent sur le rivage, et il se coucha dans un pré, bien éloigné de penser à ce qui allait arriver. Mais eux, remontant aussitôt dans leur barque, levèrent l'ancre et s'enfuirent, comme jugeant qu'il n'était ni honnête de livrer Marius, ni sûr pour eux de le sauver.

Ainsi, seul, abandonné de tous, il demeura longtemps étendu sur le rivage sans proférer une parole ; puis, se levant avec effort, il se mit à marcher péniblement sur un terrain sans routes tracées. Après avoir traversé des marais profonds, il atteignit, marchant au hasard, la chaumière d'un vieillard qui vivait de son travail. Marius tombe à ses pieds et le supplie de le sauver, de secourir un homme qui, s'il échappait aux dangers présents, pourrait le récompenser au delà de ses espérances. Le vieillard, soit qu'il l'eût autrefois connu, soit qu'il remarquât dans ses traits quelque chose qui annonçait un personnage considérable, répondit que, s'il n'avait besoin que de se reposer, sa cabane suffisait ; mais que, s'il errait pour échapper à des ennemis, il le cacherait dans un endroit où il serait plus tranquille. Marius le pria de le faire, et il le conduisit dans le marais, le fit entrer et se tapir dans un creux sur le bord de la rivière, jeta sur lui des roseaux et le couvrit d'autres choses légères qui le cachaient sans l'incommoder de leur poids.

Il n'y avait pas longtemps qu'il était là, quand il entendit du bruit et des voix qui venaient de la chaumière. Geminius, de Terracine, avait envoyé un grand nombre de gens à sa poursuite ; quelques-uns étaient par hasard venus en cet endroit et ils cherchaient à effrayer le vieillard en criant qu'il avait recueilli et qu'il cachait l'ennemi de Rome. Marius se leva donc de sa cachette, et, se dépouillant de ses vêtements, il s'enfonça dans l'eau bourbeuse du marais, ce qui le fit apercevoir de ceux qui le cherchaient. Ils le tirèrent de là tout nu et couvert de boue, l'emmenèrent à Minturnes et le livrèrent aux magistrats. Déjà s'était répandu dans toutes les villes le décret qui ordonnait de poursuivre Marius et de le tuer quand on pourrait l'atteindre. Néanmoins, les magistrats crurent devoir en déli-

bérer, et ils le placèrent dans la maison et sous la garde
d'une femme nommée Fannia, que l'on croyait fort mal
disposée à son égard pour une cause déjà ancienne. Pourtant Fannia, dans cette occasion, ne se conduisit pas en
femme offensée. Bien loin que la vue de Marius parût lui
rappeler des souvenirs fâcheux, elle lui offrit ce qu'elle
avait chez elle en l'exhortant à prendre courage. Il la re-
mercia et lui assura qu'il était plein de confiance, parce
qu'il venait de voir un présage favorable. Puis il voulut se reposer seul, et ordonna qu'on fermât la porte de sa chambre.

Cependant les magistrats et les décurions de Minturnes
avaient décidé qu'il serait mis à mort sans retard. Mais il
ne se trouva pas un citoyen qui voulût se charger de
l'exécution. Alors un cavalier, Gaulois de nation suivant
les uns, Cimbre suivant d'autres, prit une épée et entra
près de Marius. La chambre où il était couché recevait
peu de jour et était assez obscure ; on raconte que le
Cimbre crut voir les yeux de Marius lancer des flammes,
et qu'il entendit une grande voix lui crier du fond de l'obscurité : « Oseras-tu bien, malheureux, égorger Caïus Marius ? » Aussitôt le barbare sortit en fuyant ; il jeta son
glaive, et, en franchissant le seuil, il s'écria : « Non, je ne
puis tuer Caïus Marius. » Tous furent saisis d'étonnement,
puis de pitié et de repentir ; ils se reprochaient d'avoir
pris cette résolution cruelle et ingrate contre un homme
qui avait sauvé l'Italie, alors que ne lui pas prêter secours
c'était déjà un crime, et ils se dirent : « Qu'il s'en aille fugitif où il voudra, subir sa destinée, et nous, prions les
dieux de nous pardonner d'avoir jeté hors de notre ville
Marius nu et dépourvu de tout secours. »

Ils entrèrent alors en foule dans la chambre et, faisant
cortège au proscrit, il l'emmenèrent vers la mer. Comme
chacun d'eux lui donnait de bon cœur tout ce qui pouvait
lui être utile, il se passa un temps considérable ; d'ailleurs le bois qu'on appelle Marica, et qu'ils ont en grande

Ils emmenèrent Marius vers la mer.

vénération, se trouyait entre eux et la mer, et on eût perdu
beaucoup de temps à le tourner. Enfin un de leurs vieil-
lards s'écria qu'il n'y avait pas de passage interdit, quand
il s'agissait de sauver Marius; et lui-même se mit à marcher à travers le bois sacré. Un certain Béléus fournit à
Marius un navire que l'on garnit avec empressement de
provisions de tout genre.

Dans la suite, Marius fit représenter tous ces faits sur
un tableau, qu'il plaça comme offrande dans le temple près
duquel il s'était embarqué alors par un vent favorable.
(Plutarque, *Vie de Marius*.)

ATTALUS

— SIXIÈME SIÈCLE —

Theuderic et Childebert firent alliance, se promirent sous serment de ne pas marcher l'un contre l'autre, et reçurent mutuellement des otages l'un de l'autre pour mieux faire exécuter leurs conventions verbales. Il se trouvait, dans cette livraison d'otages, beaucoup de fils de sénateurs. Mais, la désunion s'étant élevée de nouveau entre les deux rois, les otages furent réduits en servitude, et ceux qui les avaient reçus en garde s'en firent des esclaves. Cependant, beaucoup d'entre eux s'échappèrent et retournèrent dans leur pays ; un petit nombre seulement fut retenu en servitude. Parmi ceux-ci se trouvait Attalus, neveu du bienheureux Gregorius, évêque de Langres. Vendu comme esclave de l'État, il fut destiné à garder les chevaux, et adjugé à un certain barbare qui habitait le pays de Trèves. Bref, le bienheureux Gregorius envoya à sa recherche des serviteurs qui, l'ayant découvert, offrirent des présents à cet homme ; mais il les refusa, en disant : « Celui-ci, issu d'une si haute origine, doit payer dix livres d'or pour sa rançon. » Au retour des envoyés, un nommé Léon, attaché à la cuisine de l'évêque, lui dit : « Plût à Dieu que tu me permisses, et peut-être que je serais en état de le ramener de captivité. » L'évêque se réjouit, et Léon fut envoyé sur les lieux. Il essaya d'abord d'enlever secrètement le jeune homme ;

mais il ne le put pas. Alors, prenant un homme avec lui, il dit : « Viens me vendre dans la maison de ce barbare, et le prix de cette vente sera ton bénéfice. Tout ce que je veux, c'est d'avoir le moyen d'exécuter plus facilement ce que j'ai résolu. » Le marché ayant été conclu sous serment, l'homme alla, le vendit douze écus d'or, et se retira. Or l'acheteur s'informa de ce que savait faire ce serviteur, qui n'était pas encore au fait de sa maison ; et celui-ci répondit : « Je suis très-habile à apprêter tout ce qui doit être servi sur la table des maîtres, et je ne crains pas qu'on puisse trouver mon pareil dans cette science. Je le dis avec vérité, quand même tu voudrais traiter le roi, je suis en état d'apprêter un festin royal, et personne mieux que moi. » Le maître dit alors : « Le jour du soleil approche (c'est ainsi que la barbarie a coutume de nommer le dimanche) ; ce jour-là j'inviterai dans ma maison mes voisins et mes parents, et je désire que tu me prépares un repas qui excite leur admiration... » Quand brilla le jour du dimanche, l'esclave servit un grand festin plein de recherche... Le maître accorda sa faveur à cet esclave et celui-ci prit autorité sur tout ce dont son maître disposait. Après un intervalle d'un an, comme le maître avait pleine confiance en lui, il s'en alla dans un pré qui était très-voisin de la maison, avec Attalus, l'esclave gardeur de chevaux, puis se couchant à terre loin de lui, chacun le dos tourné, afin qu'on ne vît pas qu'ils causaient ensemble, il dit au jeune homme : « Il est temps que nous pensions à notre pays ; je t'avertis donc que cette nuit, lorsque tu auras mené les chevaux à l'écurie, tu ne te laisseras pas aller au sommeil ; mais dès que je t'appellerai, sois prêt et partons. » Le barbare avait invité à sa table beaucoup de ses parents, et en outre son gendre. A minuit, les convives se levant de table pour se livrer au repos, Léon suivit le gendre de son maître avec un breuvage et lui présenta à boire dans son logis. Le

gendre l'apostropha alors en ces termes : « Dis donc, toi
l'homme de confiance de mon beau-père, supposé que tu
en aies le pouvoir, quand est-ce que tu auras le vouloir
de prendre ses chevaux et de t'en aller dans ton pays? »
ce qu'il disait par plaisanterie pour s'amuser. Léon, faisant
de même, répondit en riant la vérité : « C'est ce que je
compte faire cette nuit, si Dieu le veut. — Plaise au ciel,
reprit l'autre, que mes serviteurs fassent bonne garde, afin
que tu n'emportes rien de mes affaires! » Et ils se séparèrent en riant. Pendant que tout le monde dormait, Léon
appela Attalus et, les chevaux sellés, il lui demanda s'il
avait une épée : « Je n'ai rien qu'une petite lance, » répondit-il. Alors Léon entrant dans l'appartement de son
maître, lui prit son bouclier et sa framée, et comme celui-ci demandait qui était là, et ce qu'on lui voulait : « Je
suis Léon, ton serviteur, répondit l'esclave, et j'éveille
Attalus afin qu'il se lève promptement et mène les chevaux
au pâturage, car il est appesanti par le sommeil comme
un ivrogne. — Fais comme tu veux, » répondit le maître,
et en disant cela il se rendormit. Léon sortit, munit d'armes le jeune homme, et trouva ouvertes, par une faveur
du ciel, les portes de la cour que, pour la sûreté des chevaux, on avait fermées à l'entrée de la nuit avec des clous
enfoncés à coups de marteau. Il en rendit grâces à Dieu,
et ils s'éloignèrent emmenant aussi le reste des chevaux
et emportant leurs effets dans une valise. Arrivés à la
Moselle, ils furent arrêtés par la présence de quelques
personnes et forcés d'abandonner leurs chevaux et leurs
effets; ils gagnèrent l'autre rive en nageant, étendus sur
leurs boucliers. Grâce à l'obscurité de la nuit, ils s'en-
foncèrent dans une forêt et se cachèrent. La troisième
nuit était arrivée depuis qu'ils marchaient sans avoir pris
aucune nourriture. Alors, par la permission de Dieu, ayant
trouvé un prunier chargé de fruits, ils mangèrent et, un
peu sustentés, ils entrèrent sur la route de Champagne.

Comme ils s'avancent, ils entendent un piétinement de chevaux qui galopent. « Couchons-nous à terre, dirent-ils, pour n'être pas vus des gens qui viennent. » Tout à coup se présenta à eux un grand buisson de ronces; ils passent derrière et se jettent à terre, l'épée à la main, afin que s'ils étaient découverts, ils fussent prêts à se défendre, comme s'ils avaient affaire à des voleurs. Arrivés en cet endroit, les cavaliers s'arrêtèrent devant le buisson, et l'un d'eux se mit à dire : « Quel malheur que ces misérables se sauvent sans qu'on puisse les retrouver! mais je jure par mon salut que si, on parvient à les prendre, je ferai pendre l'un et hacher l'autre en morceaux à coups d'épée. » C'était le barbare, leur maitre, qui disait cela; il venait de la ville de Reims en les cherchant, et il les aurait certainement rencontrés en route, si la nuit ne l'en eût empêché. Les chevaux se mirent en marche et s'éloignèrent. Léon et Attalus atteignirent la ville (Reims) cette nuit même; et lorsqu'ils y furent entrés, ils trouvèrent un homme auquel ils demandèrent où était la maison du prêtre Paulellus. Cet homme la leur indiqua. Comme ils traversaient la place, la cloche sonna matines, car c'était un dimanche. Ils frappèrent à la porte du prêtre, entrèrent chez lui, et le serviteur lui fit savoir qui était son maitre. « Ma vision se vérifie, dit le prêtre, car cette nuit je voyais deux colombes venir en volant se poser sur ma main; l'une des deux était blanche, l'autre noire (ce mot a fait penser que Léon était nègre). — Que le Seigneur nous pardonne, reprit l'esclave, de ne pas observer son saint jour (le dimanche on ne mangeait qu'après la messe) : nous vous prions de nous donner quelque nourriture, car voilà la quatrième fois que le soleil se lève sans que nous ayons goûté ni pain ni viande. » Le prêtre cacha les deux jeunes gens, leur donna du pain trempé dans du vin, et s'en alla à matines. Le barbare à son tour arriva, cherchant toujours ses esclaves, mais il s'en retourna trompé

par le prêtre, qui était lié d'ancienne amitié avec le bienheureux Gregorius. Les jeunes gens, après avoir réparé
leurs forces par un bon repas, restèrent deux jours dans
la maison du prêtre; puis ils partirent et arrivèrent enfin
auprès de saint Gregorius. L'évêque, ravi de voir ces
jeunes gens, pleura sur le cou de son neveu Attalus;
quant à Léon, il le délivra de la servitude avec toute sa
famille et lui donna une terre en propriété, sur laquelle
il vécut libre le reste de ses jours avec sa femme et ses
enfants. (Saint Grégoire de Tours, *Histoire ecclésiastique
des Francs*, liv. III, chap. xv; traduction de M. Henri
Bordier.)

Attalus fut dans la suite comte d'Autun.

Guillaume Longue-Épée, duc de Normandie, venait d'ê're assassiné près de Pecquigny sur la Somme, et son fils Richard, encore enfant, était appelé à lui succéder, quand Louis d'Outre-Mer, qui convoitait l'héritage du jeune prince, parvint à s'emparer de sa personne et, sous prétexte de lui faire donner une éducation digne de son rang, le fit transporter à Laon. Il le soumit à la surveillance la plus rigoureuse, se montra dur et cruel à son égard et manifesta même l'intention de lui faire brûler les jarrets, supplice atroce que la politique du moyen âge infligeait quelquefois aux princes qu'elle voulait priver du trône.

Osmond, intendant du jeune Richard, ayant appris la décision rigoureuse du roi, prévoyant le sort réservé à l'enfant, et le cœur saisi de consternation, envoya des députés aux Normands pour leur mander que leur seigneur Richard était retenu par le roi sous le joug d'une dure captivité. A peine ces nouvelles furent-elles connues, on ordonna dans tous les pays de Normandie un jeûne de trois jours, et l'Église adressa au Seigneur des prières continuelles pour le jeune Richard. Ensuite Osmond, ayant tenu conseil avec Yvon, père de Guillaume de Belesme, engagea l'enfant à faire semblant d'être malade, à se mettre dans son lit, et à paraître tellement accablé par le mal que tout le monde dût désespérer de sa vie. L'enfant,

exécutant ces instructions avec intelligence, demeura constamment étendu dans son lit, comme s'il était réduit à
la dernière extrémité. Les gardiens, le voyant dans cet
état, négligèrent leur surveillance, et s'en allèrent de
côté et d'autre pour prendre soin de leurs propres affaires. Il y avait par hasard dans la cour de la maison un
tas d'herbe, dans lequel Osmond enveloppa l'enfant, et le
mettant ensuite sur ses épaules, comme pour aller donner du fourrage à son cheval, tandis que le roi soupait et
que les citoyens avaient abandonné les places publiques,
Osmond franchit les murailles de la ville. A peine arrivé
dans la maison de son hôte, il s'élança sur un cheval et,
prenant l'enfant avec soi, il s'enfuit au plus tôt et arriva
à Couci. Là, ayant recommandé l'enfant au châtelain, il
continua à chevaucher toute la nuit et arriva à Senlis au
point du jour. Le comte Bernard s'étonna de le voir arriver en si grande hâte et lui demanda avec sollicitude
comment allaient les affaires de son neveu Richard. Osmond lui ayant raconté en détail tout ce qu'il avait fait,
et l'ayant réjoui plus que de coutume par un tel récit, ils
montèrent tous deux à cheval et allèrent trouver Hugues
le Grand. Lui ayant raconté l'affaire et demandé conseil,
ils reçurent de lui le serment par lequel il engagea sa foi
à secourir l'enfant. Aussitôt ils se rendirent à Couci, avec
une grande armée, et, ayant enlevé Richard, ils le conduisirent en grande joie dans la ville de Senlis. (Guillaume de Jumièges, *Histoire des Normands*, livre IV,
chap. IV.)

Osmond franchit les murailles de la ville.

Louis II, comte de Flandre, avait succédé en 1346, à l'âge de seize ans, à son père Louis Ier. Les Flamands, d'accord avec le roi d'Angleterre, voulaient lui faire épouser Isabelle, fille de ce prince ; tandis que le duc Jean de Brabant s'était entendu avec Philippe VI, de Valois, roi de France, pour unir le jeune comte de Flandre à la maison de Brabant, en lui donnant sa fille. Louis II se refusait au mariage que ses sujets prétendaient lui imposer, « ne voulant pas, dit Froissart, avoir à femme la fille de celui qui avoit son père occis, et lui dût-on donner la moitié du royaume d'Angleterre. Quand les Flamands ouïrent ce, si dirent que leur sire étoit trop françois et mal conseillé, et qu'il ne leur feroit jà bien puisqu'il ne vouloit croire leur conseil. Si le prirent et le mirent en prison courtoise ; et bien lui dirent que jamais il n'en istroit (sortiroit), s'il ne créoit leur conseil.

« Longuement fut le jeune comte au danger (pouvoir) de ceux de Flandre et en prison courtoise ; mais il lui ennuyoit, car il n'avoit pas ce appris. Finablement il mua son propos ; je ne sais s'il le fit par cautelle ou de volonté ; mais il dit à ses gens qu'il créroit leur conseil, car plus de bien lui pouvoit venir d'eux que de nul autre pays. Ces paroles resjouirent moult les Flamands ; si le mirent tantost hors de prison et lui accomplirent une partie de ses

déduits, tant que d'aller en rivière et à ce étoit-il moult
enclin ; mais il avoit toujours bonnes gardes, afin qu'il ne
leur échappât ou fût emblé (enlevé), qui l'avoient empris
à garder sur leurs têtes, et qui étoient du tout de la faveur
du roi d'Angleterre... Cette chose précéda et dura tant que
le jeune comte de Flandre eut en convent à ses gens que
volontiers il prendroit à femme la fille du roi d'Angleterre, et ainsi les Flamands le signifièrent au roi et à la
reine, qui se ténoient devant Calais, que ils voulsissent
venir en l'abbaye de Bergues et là amener leur fille, car
ils y ameneroient leur seigneur ; et là se concluroit ce mariage. »

Les fiançailles eurent lieu en effet, et les Flamands ramenèrent ensuite avec eux leur souverain.

« Le jeune comte de Flandre, poursuit Froissart, qui
étoit revenu en son pays entre ses gens, alloit toujours en
rivière et montroit par semblant que ce mariage aux Anglais lui plaisoit très-grandement ; et s'en tenoient les
Flamands ainsi que pour tous asseurés, et n'y avoit mais
sur lui si grand regard comme paravant. Si ne connois-
soient pas bien encore la condition de leur seigneur ; car
quelque semblant qu'il montroit dehors, il avoit dedans
le courage tout françois, ainsi qu'il le prouva par œuvres ;
car un jour il étoit allé voler en rivière, et fut la semaine
qu'il devoit épouser la dessus dite damoiselle d'Angleterre, et jeta son fauconnier un faucon après le héron, et
le comte aussi un. Si se mirent ces deux faucons en chasse
et le comte après, ainsi que pour les loirrer (leurrer) en
disant : « Hoie ! hoie ! » Et quand il fut un petit élongé,
et qu'il y eut l'avantage des champs, il férit son cheval des
éperons et s'en alla toujours en avant, sans retourner, par
telle manière que ses gardes le perdirent ; si s'en vint ledit
comte en Artois, et là fut asseuré ; et puis vint en France
devant le roi Philippe et les François, auxquels il conta
ses aventures, et comment par grand'subtilité il étoit

échappé de ses gens et des Anglois. Le roi de France en eut grande joie et dit qu'il avoit trop bien ouvré, et autant en dirent les François ; et les Anglois, d'autre part, dirent qu'il les avoit trahis. » (Froissart, *Chroniques*, livre I, chap. xxxi.)

Jacques III, roi d'Écosse, voyait avec anxiété l'ascendant
que ses frères, le duc d'Albany et le comte de Mar, avaient
acquis sur les cœurs de ses sujets ; et les insinuations des
hommes vils et obscurs dont le roi faisait sa société intime
changèrent bientôt cette anxiété et ces soupçons en une
haine mortelle et implacable. Ces indignes favoris se mirent donc à remplir l'esprit du roi de terreur et d'ap-
préhensions sur les dangers qu'il prétendait que lui préparaient ses frères. Ils lui racontèrent que le comte de Mar
avait consulté des sorcières pour savoir quand et comment
le roi mourrait, et qu'elles lui avaient répondu que ce serait
de la main de ses plus proches parents. Ils amenèrent
aussi à Jacques un astrologue qui lui dit qu'il y avait en
Écosse un lion qui serait mis à mort par ses lionceaux.
Tout cela fit une telle impression sur l'esprit timide et
jaloux du roi, qu'il fit arrêter ses frères. Albany fut enfermé dans le château d'Édimbourg ; mais le sort de Mar
fut décidé sur-le-champ. Le roi le fit étouffer dans un
bain où, selon d'autres historiens, lui fit tirer jusqu'à la
dernière goutte de son sang.

Albany courait grand risque d'éprouver le même sort ;
mais quelques-uns de ses amis de France ou d'Écosse
avaient dressé leur plan pour le délivrer. Un petit sloop

entra dans la rade de Leith, chargé de vins de Gascogne, et deux feuillettes furent envoyées en présent au prince captif. La garde du château ayant permis qu'elles fussent portées dans la chambre d'Albany, le duc en les examinant en secret, trouva dans l'une une grosse boule de cire renfermant une lettre qui l'exhortait à s'échapper et lui promettait que le petit bâtiment qui avait apporté le vin serait prêt à le recevoir s'il pouvait gagner le bord de l'eau. On le conjurait en outre de se hâter, parce qu'il devait avoir la tête tranchée le jour suivant Un gros rouleau de cordes était aussi renfermé dans le même tonneau, pour qu'il pût descendre du haut des murs du château jusqu'au pied du rocher sur lequel il est bâti. Son chambellan, serviteur fidèle, partageait la prison de son maître et promit de l'aider dans son entreprise.

Le point principal était de s'assurer du capitaine des gardes. Dans ce dessein, Albany l'invita à souper avec lui, sous prétexte de goûter le bon vin dont on lui avait fait présent. Le capitaine, après avoir posé des gardes où il croyait qu'il pouvait y avoir du danger, se rendit dans la chambre du duc, accompagné de trois soldats, et partagea la collation qui lui fut offerte. Après le souper, le duc lui proposa de jouer au trictrac, et le capitaine, assis à côté d'un grand feu et travaillé par le vin que le chambellan ne cessait de lui verser, commença à s'assoupir, ainsi que les soldats, à qui le vin n'avait pas été épargné davantage. Alors le duc d'Albany, homme vigoureux, dont le désespoir doublait encore les forces, s'élança de la table, et frappa de son poignard le capitaine, qui tomba roide mort. Il se défit de la même manière de deux des soldats, pendant que le chambellan expédiait le troisième, et ils jetèrent leurs corps dans le feu. Ils vinrent d'autant plus facilement à bout de ces pauvres diables, que l'ivresse et la surprise les avaient presque hébétés. Ils prirent alors les clefs dans la poche du capitaine, et, montant sur les murs, choisirent un coin reculé, hors de la vue des gardes, pour effectuer leur périlleuse descente.

Le chambellan voulut essayer la corde en descendant le premier, mais elle était trop courte; il tomba et se cassa la cuisse. Il cria.alors à son maître d'allonger la corde.

Albany retourna à sa chambre, prit les draps de son lit, les attacha à la corde, et se trouva bientôt sain et sauf au pied du rocher. Alors il prit son chambellan sur ses épaules, le porta dans un lieu sûr, où il pût rester caché jusqu'à ce que sa blessure fût guérie, et se rendit sur le bord de la mer, où, au signal convenu, une barque vint le prendre et le conduisit au sloop, qui fit voile à l'instant pour la France.

Pendant la nuit, les gardes, qui savaient que leur officier était avec trois hommes dans l'appartement du duc, n'eurent aucun soupçon de ce qui se passait; mais, lorsqu'au point du jour ils aperçurent la corde qui pendait le long du mur, ils prirent l'alarme et se précipitèrent dans la chambre du duc; ils y trouvèrent le corps d'un des soldats en travers de la porte et ceux du capitaine et des deux autres étendus dans le feu. Le roi fut très-surpris d'une évasion si extraordinaire, et il ne voulut y ajouter foi qu'après avoir examiné la place de ses propres yeux. (Walter Scott, *Histoire d'Écosse*, Ire série, chap. xix.)

Sir George Douglas et son frère le comte d'Angus, qui avait épousé la reine Marguerite, s'étaient emparés de la personne du roi Jacques V encore enfant; le comte d'Angus administrait le royaume et faisait les fonctions de régent, quoiqu'il n'en prit pas le titre; en un mot, ces deux seigneurs manœuvraient de manière à substituer leur famille, sur le trône d'Écosse, à la famille régnante. Plusieurs tentatives pour délivrer le roi avaient échoué, deux batailles avaient même été livrées sans succès par les partisans de Jacques V, et, au commencement de la seconde, s'apercevant que le roi cherchait l'occasion de fuir, George Douglas lui avait dit : « Il est inutile que Votre Grâce pense à nous échapper; si nos ennemis vous tenaient par un bras et nous par l'autre, nous vous mettrions en pièces plutôt que de vous lâcher. » Ils avaient chargé de sa garde spéciale cent hommes choisis, commandés par un des leurs, Douglas de Parkhead.

Toutes les tentatives par la force ouverte ayant échoué, Jacques résolut d'avoir recours à la ruse. Il obtint de sa mère, la reine Marguerite, de lui céder le château de Stirling, qui lui avait été assigné à titre de douaire, et d'en confier la garde à un gentilhomme en qui il pouvait avoir toute confiance. Ce qu'il désirait se fit avec beaucoup de mystère. S'étant ainsi préparé un asile, Jacques épia l'oc-

casion de s'y réfugier, et, pour endormir la vigilance des
Douglas, il montra tant de déférence au comte d'Angus,
qu'on ne douta plus qu'il eût pris son parti, et que désespérant de s'échapper, il se fût résigné à son esclavage.

Jacques habitait alors Falkland, résidence royale, située
favorablement pour la chasse à tir et au faucon, son amu-
sement favori.

Le comte d'Angus, Archibald et George Douglas, venaient
de s'absenter tous trois, appelés sur d'autres points du
royaume par leurs affaires ou leurs plaisirs, et il ne restait auprès du roi que Douglas de Parkhead et les cent
hommes sur la vigilance desquels les autres savaient qu'ils
pouvaient compter. Jacques crut le moment favorable.
Pour détourner les soupçons, il annonça qu'il se lèverait
le lendemain de bonne heure pour courre le cerf. Douglas
de Parkhead, ne se doutant de rien, se retira dans son appartement après avoir placé les sentinelles ; mais le roi ne
se vit pas plutôt seul qu'il appela John Hart, son page de
confiance. « John, lui dit-il, m'aimes-tu? — Plus que
moi-même, répondit le jeune serviteur. — Et veux-tu risquer tout pour moi ? — Ma vie, s'il le faut, » répondit John
Hart. Alors le roi lui expliqua son projet, et, sous la livrée
d'un simple valet, il se rendit à l'écurie avec son page,
comme pour faire les préparatifs de la chasse du lendemain. Les gardes, trompés par son déguisement, le laissèrent passer sans obstacle. Trois bons chevaux les attendaient, tout sellés et tout bridés ; car le roi avait déjà mis
dans sa confidence un de ses domestiques, qui avait fait
d'avance les dispositions nécessaires.

Le roi monta à cheval avec ses deux fidèles serviteurs
et il galopa toute la nuit, léger comme un oiseau qui vient
de s'échapper de sa cage. Au point du jour, il arriva au
pont de Stirling. Comme on ne pouvait traverser le Forth
que sur ce pont ou en bateau, Jacques ordonna de fermer
les portes qui le défendaient et de ne laisser passer qui

que ce fût. Il était bien fatigué quand il arriva au château de Stirling, où il fut reçu avec joie par le gouverneur, qu'il avait placé lui-même dans cette forteresse. On leva les ponts-levis, on abattit les herses, on plaça des gardes partout, enfin on prit toutes les mesures que dictait la prudence. Mais le roi craignait tellement de retomber au pouvoir des Douglas, que, malgré toute sa fatigue, il ne voulut se coucher que lorsqu'il eut les clefs du château entre ses mains et qu'il les eut placées sous son oreiller.

Le lendemain matin, l'alarme fut grande à Falkland. George Douglas était revenu la nuit même du départ du roi, sur les onze heures. En arrivant, il demanda où était Jacques, et on lui dit qu'il dormait déjà parce qu'il devait partir de grand matin pour la chasse; il se retira donc de son côté dans une sécurité complète. Mais, le matin venu, il apprit des nouvelles bien différentes. Un nommé Peter Carmichael, bailly d'Abernethy, vint frapper à sa porte et lui demanda s'il savait où était le roi à l'heure qu'il était. « Il est à dormir dans sa chambre, dit sir George. — Vous vous trompez, reprit Carmichael, il a traversé le pont de Stirling la nuit dernière. »

Douglas, s'élançant de son lit, courut à la chambre du roi, frappa à coups redoublés, et, ne recevant pas de réponse, fit enfoncer la porte. En trouvant l'appartement vide, il s'écria : « Trahison! le roi est parti! » dépêcha des courriers à ses frères et envoya dans toutes les directions pour rassembler ses partisans et tâcher de reprendre le roi. Mais le roi fit publier à son de trompe qu'il déclarerait traître quiconque du nom de Douglas approcherait à douze milles de sa personne ou prendrait part à l'administration du royaume. Les Douglas durent se soumettre, et dès lors commença la décadence de leur maison. Jacques V ne leur pardonna jamais. (Walter Scott, *Histoire d'Écosse*, Ire série, chap. xxiii.)

Cœlius Secundus Curion, zélé luthérien, ayant osé accuser de mensonge en pleine église, à Casale, un jacobin qui avait proféré en chaire les calomnies les plus odieuses contre le chef de la Réforme, fut arrêté aussitôt par ordre de l'inquisiteur de Turin. Après avoir été transféré successivement dans plusieurs prisons, il parvint à s'échapper d'une manière assez adroite pour que ses ennemis l'accusassent d'avoir eu recours à la magie. Afin de se disculper d'une accusation fort dangereuse à cette époque, il publia dans un petit dialogue latin, intitulé *Probus*, la relation de son évasion. Nous en traduisons les passages suivants.

« J'étais, dit-il, enfermé depuis huit jours dans ma nouvelle prison, où l'on m'avait mis aux pieds d'énormes pièces de bois, quand je fus soudainement inspiré par le ciel. Lorsque le jeune homme chargé de me garder entra dans ma chambre, je commençai à le supplier qu'il délivrât l'un de mes pieds de ses entraves. Il devait lui suffire que je fusse, par un seul pied, attaché à une masse si énorme... Comme il était sans malice, il se laissa persuader et délivra un de mes pieds. Ainsi se passa ce jour et le suivant, pendant lesquels je me mis à l'ouvrage. J'étais revêtu d'une chemise de toile; je m'en dépouillai et, ôtant en même temps le bas qui couvrait la jambe qu'on m'avait laissée libre, j'en fis un paquet auquel je donnai la

forme d'une jambe, et j'y adaptai un soulier. Il me manquait encore quelque chose qui pût lui donner de la con-
sistance. J'étais fort embarrassé et je cherchais avec inquiétude de tous les côtés, quand j'aperçus un bâton de
roseau sous une rangée de siéges. Je le saisis avec empressement, l'introduisis dans la fausse jambe, et, cachant ma
vraie jambe sous mon manteau, j'attendis le succès de ma
ruse... Le brave garçon revint le surlendemain, vers la
vingtième heure (deux heures du soir environ) me demandant comment j'allais. « Je n'irais pas mal, dis-je, si vous
vouliez bien mettre mes liens à mon autre jambe, afin que
chacune d'elles pût reposer à son tour. » Il y consentit et
m'attacha ma fausse jambe. »

Le prisonnier, la nuit venue, ayant donné à ses gardiens le temps de s'endormir, et les entendant ronfler,
ôta sa fausse jambe, remit sa chemise et son bas, puis alla
ouvrir sans bruit la porte de son cachot qui n'était fermée
à l'intérieur que par un simple verrou. C'était là le plus
difficile, et il parvint ensuite, mais non sans quelque
peine, à escalader les murs de sa prison. (Ludovic Lalanne,
Curiosités biographiques.)

Benvenuto Cellini vivait à Rome depuis près de vingt ans, produisant ces merveilles d'orfèvrerie dont la plupart ont malheureusement disparu et que lui commandaient les papes, les princes de l'Église et les grands seigneurs qui visitaient la ville éternelle. Fidèle serviteur de Clément VII, il prenait part à la défense du château Saint-Ange assiégé par l'armée du connétable de Bourbon, et le pape avait en lui assez de confiance pour le charger de démonter les pierreries du trésor et de les lui cacher dans l'épaisseur de ses vêtements. Plus tard, il gravait pour ce pape et pour son successeur des monnaies qui rivalisent avec ce que l'antiquité nous a laissé de plus beau en ce genre. Cependant le caractère ombrageux et violent de Cellini lui avait attiré de nombreuses et redoutables inimitiés, ses mœurs faisaient scandale à une époque et dans un pays où l'on était pourtant fort tolérant à cet égard, et les mémoires qu'il a laissés sont loin de le justifier des vices que lui reprochaient ses contemporains. Un orfèvre nommé Pompeo avait cherché à le perdre auprès de Clément VII, et Cellini n'était pas homme à pardonner; aussi, dans l'interrègne qui suivit la mort de ce pape, il poignarda Pompeo en plein jour, au milieu de Rome. Cependant Paul III lui avait fait délivrer sa grâce, l'avait chargé de travaux importants, et le fougueux artiste s'en

occupait activement, quand un de ses ouvriers l'accusa
d'avoir détourné, lors du siége de Rome, une partie des
pierreries du trésor papal. Paul III pardonnait facilement
un meurtre, mais n'entendait pas raillerie quand il s'a-
gissait de son trésor. De plus, Pierre-Louis Farnèse, fils
du pape, était l'ennemi mortel de Cellini. C'était plus
qu'il ne fallait pour que l'artiste fût perdu.

« Un matin, dit-il dans ses Mémoires, j'étais sorti pour
faire un tour de promenade, et prenant par la rue Julia,
je débouchai au coin de la Chiavica. Là, le bargello Crespino, avec sa troupe de sbires, s'avança vers moi et me
dit : « Tu es prisonnier du pape. — Crespino, lui dis-je, tu
« me prends pour un autre. — Non, me répondit-il, tu es
« Benvenuto, l'habile artiste, je te connais très-bien, et
« j'ai ordre de te conduire au château Saint-Ange, où vont
« les seigneurs et les hommes de talent comme toi. »

« Quatre de ses agents s'étant jetés sur moi, et voulant
m'enlever de force une dague que j'avais au côté et des
anneaux que je portais au doigt : « Que personne de vous
« ne le touche, leur dit Crespino, il suffit que vous fassiez
« votre office en l'empêchant de fuir ; » puis, s'approchant
de moi, il me demanda poliment mes armes. Comme je
les lui remettais, je remarquai que nous étions sur le lieu
même où j'avais tué Pompeo. Ils m'emmenèrent au château et m'enfermèrent dans une chambre élevée au-dessus
du donjon. Ce fut la première fois de ma vie que je goûtai
de la prison ; j'avais trente-sept ans. »

Il ne fut pas difficile à Benvenuto de se justifier du
crime dont on l'accusait ; néanmoins on le retint en prison malgré les instances de l'ambassadeur de France,
Montluc, qui le réclamait au nom de François Ier. Le châtelain, ou gouverneur du château Saint-Ange, était Florentin
et, plein d'attentions pour son malheureux compatriote, il
lui laissa une certaine liberté dans l'enceinte du château,
après lui avoir demandé sa parole de ne pas s'enfuir.

Peu après, sur quelques soupçons, il le fit enfermer étroitement, puis bientôt lui rendit sa liberté relative.

« Quand je vis, dit Benvenuto, les choses se passer avec
tant de rigueur, je commençai à penser à mes affaires, et
me dis : Si quelque autre accès de colère survenait à cet
homme et qu'il ne se fiât pas à moi, je serais dégagé de
ma parole et je mettrais un peu en œuvre mes moyens. Je
commençai donc à me faire apporter des draps de lit neufs,
en grosse toile, et quand ils étaient sales, je ne les ren-
voyais pas. Lorsque mes serviteurs me les redemandaient,
je leur disais de n'en pas parler, parce que je les avais
donnés à quelques-uns de ces pauvres soldats de garde qui,
si la chose se savait, courraient risque des galères. Je
vidai peu à peu une paillasse, qui devait me servir de cachette, et dont je brûlai la paille dans la cheminée de ma
prison ; puis je divisai les draps en bandes larges d'un
tiers de brasse (environ 0^m,20). Quand j'en eus fait une
quantité qui me parut suffisante pour descendre de toute
la hauteur du donjon, je dis à mes serviteurs que j'avais
donné ces draps, qu'ils m'en apportassent de fins et que
dorénavant je les leur rendrais.

« Le châtelain avait tous les ans une certaine maladie
qui lui faisait perdre complètement la raison, et, quand
ce mal commençait, il parlait et babillait sans cesse. Sa
manie était chaque année différente ; ainsi, une fois, il crut
être une cruche à huile, une autre fois, une grenouille, et
il sautait comme une grenouille ; une autre fois, il se crut
mort et il fallut l'enterrer. C'est ainsi que tous les ans il
tombait dans une folie différente. Cette année, il s'imagina
qu'il était une chauve-souris, et, tout en se promenant, il
faisait de temps en temps à demi-voix des petits cris comme
ceux de la chauve-souris ; il agitait aussi ses mains et son
corps comme s'il voulait voler. Ses médecins, qui s'en étaient
aperçus, et ses vieux serviteurs lui donnaient toutes les
distractions qu'ils pouvaient imaginer, et comme ils

« Je divisai les draps en bandes. » (Benvenuto Cellini.)

croyaient voir que ma conversation lui était agréable, à
chaque instant ils venaient me chercher et me conduisaient
près de lui. Il me demanda un jour si j'avais jamais eu
l'idée de voler, et, sur ma réponse affirmative, il voulut
savoir comment je m'y prendrais. Je lui répondis que,
parmi les animaux qui volent, on ne pouvait en imiter ar-
tificiellement qu'un seul : la chauve-souris. Quand le pauvre
homme entendit ce mot de chauve-souris, sur lequel rou-
laient alors toutes ses idées folles, il poussa un grand cri :
« C'est vrai, c'est vrai, dit-il, c'est cela, c'est cela ; » puis se
tournant vers moi : « Benvenuto, si l'on te donnait tout ce
qu'il te faut, pourrais-tu voler? — Oui, si vous m'en laissez
libre, je me sens capable de voler jusqu'à Prati avec une
paire d'ailes que je ferai moi-même en toile fine et cirée.
— Et moi aussi, dit-il, je pourrais le faire, mais le pape m'a
commandé de te garder avec autant de soin que la pru-
nelle de ses yeux, et je vois bien que tu es un diable adroit
qui t'enfuirais ; aussi je vais te faire enfermer avec cent
clefs pour que tu ne t'échappe pas. » Je me mis à le supplier, en lui rappelant que j'avais pu m'enfuir déjà, mais
que je n'avais pas voulu manquer à ma parole ; je le priai
pour l'amour de Dieu, et au nom de toutes les bontés qu'il
avait eues pour moi, de ne pas ajouter un plus grand mal
à ceux que j'endurais. Pendant que je lui parlais ainsi, il
ordonnait que je fusse lié, mené en prison et bien renfermé. Voyant qu'il n'y avait plus de remède, je lui dis en
présence de ses gens : « Enfermez-moi bien et gardez-moi
bien, car je m'échapperai malgré tout. » On m'emmena,
et je fus enfermé avec le plus grand soin.

     « Alors, je me mis à réfléchir sur le moyen de m'évader.
Dès que je me vis renfermé, j'examinai en détail ma prison,
et croyant avoir trouvé un sûr moyen d'en sortir, je cherchai comment je pourrais descendre du haut de cette
énorme tour ou donjon, qu'on nomme le Mastio. Je pris
les bandes de toile neuve que j'avais faites avec mes draps

et solidement cousues, je calculai la longueur qu'il m'en
fallait pour descendre, puis, cela fait et tout étant préparé
de ce côté, je m'armai d'une paire de tenailles que j'avais
prises à un Savoyard enrôlé dans les gardes du château ;
cet homme était chargé du soin des tonneaux et des ci-
ternes, il s'amusait en outre à faire de la menuiserie, et
parmi les tenailles dont il se servait, il y en avait une paire
de très-grandes qui me parurent être mon fait ; je les lui
pris et les cachai dans ma paillasse. Quand vint le temps
de m'en servir, je me mis à tâter avec cet outil les clous
des pentures, mais comme la porte était double en épaisseur, les rivures de ces clous ne pouvaient se voir, en
sorte que j'eus beaucoup de peine à arracher le premier
sur lequel je m'essayai ; à la fin pourtant j'en vins à bout.
Ce premier clou enlevé, je cherchai comment faire pour
qu'on ne s'en aperçût pas. Aussitôt, pétrissant ensemble de
la rouille et de la cire, j'obtins une pâte de couleur exactement semblable à celle de la tête des clous, et je m'en servis pour imiter sur les trous des pentures ces têtes de clous
arrachés. A mesure que j'en arrachais un, je le reprodui-
sais en cire.

« Je laissai les pentures fixées, à leurs extrémités, par
quelques-uns des clous que j'avais arrachés d'abord, puis
coupés et replacés avec ce qu'il fallait de solidité pour
maintenir les pentures. Tout cela fut très-difficile à faire,
parce que le châtelain rêvait toutes les nuits que je m'étais
enfui, et envoyait d'heure en heure visiter la prison.
L'homme chargé de cette visite avait bien le nom et les
façons d'un sbire ; il s'appelait le Bozza (nom qui signifie
à la fois bosse et bourde), et il en menait toujours un autre
avec lui, qui se nommait Giovanni, surnommé le Pedignoné
(l'engelure) ; c'était un soldat, le Bozza était domestique.
Ce Giovanni ne venait pas de fois à ma prison qu'il ne me
dit quelque injure. Il était de Prato, et avait été garçon
apothicaire dans son pays ; il regardait soigneusement tous

les soirs les pentures, toute la prison, et je lui disais :
« Gardez-moi bien, parce que je veux m'enfuir à tout prix.»
Ces paroles avaient fait naître une grande inimitié entre
nous ; aussi je cachais avec le plus grand soin, dans ma
paillasse, toute ma ferraille, comme les tenailles, un poignard de bonne dimension, d'autres objets analogues,
ainsi que mes bandes de toile, et, quand il faisait jour, je
balayais ma chambre. J'ai toujours aimé beaucoup la propreté, mais alors j'y mettais de la recherche ; après avoir
balayé, je faisais mon lit avec beaucoup de soin, et je l'or-
nais de fleurs que je me faisais apporter tous les matins
par le Savoyard à qui j'avais soustrait les tenailles. Quand
arrivaient le Bozza et le Pedignone, je leur disais toujours
de ne pas approcher de mon lit, de ne pas le salir et le
déranger. Quelquefois ils y touchaient comme pour me
railler, alors je leur criais : « Ah ! sales fainéants, si je
prends à l'un de vous son épée, je vous châtierai d'importance. Croyez-vous donc qu'il vous appartienne de toucher
au lit d'un homme comme moi ? Je m'inquiète peu de risquer ma vie, car je suis sûr de vous ôter la vôtre ; laissez-
moi donc avec mes chagrins et mes tribulations, n'ajoutez
pas à mes peines, ou je vous ferai voir ce que peut faire
un homme au désespoir. » Ils rapportèrent mes paroles au
châtelain, qui leur défendit expressément d'approcher de
mon lit et de venir dans ma chambre avec leurs épées,
tout en leur recommandant beaucoup de soin dans leur
service. Mon lit une fois assuré contre toute visite, tout le
reste me parut déjà fait, car toute mon entreprise dépen-
dait de ce lit.

« Un soir (c'était jour de fête), le châtelain se trouva
plus malade que jamais ; dans un paroxysme de folie, il
répétait sans cesse à ses gens qu'il était une chauve-souris,
et que s'ils apprenaient que Benvenuto se fût envolé, ils le
laissassent s'envoler aussi, qu'il me rejoindrait certainement parce qu'il volerait de nuit mieux que moi. « Benve-

« nuto, disait-il, est une imitation de chauve-souris, mais
« moi je suis une vraie chauve-souris, et comme il m'a été
« donné en garde, laissez-moi faire, je le rattraperai bien,
« moi. » Cet état durait depuis plusieurs nuits, ses domestiques étaient épuisés de fatigue et je l'avais appris de différents côtés, surtout par le Savoyard, qui s'intéressait à
moi. Résolu de m'enfuir cette nuit à tout prix, je commençai par prier Dieu très-dévotement, suppliant Sa Divine
Majesté de me défendre et de m'aider dans cette entreprise périlleuse, puis je m'occupai de tout ce qu'il me
restait à faire et je travaillai toute la nuit. Environ deux
heures avant le jour, j'enlevai les pentures avec beaucoup
de peine ; l'huisserie, sur laquelle battait la porte, et le
verrou m'empêchaient d'ouvrir, et je fus obligé de déchi-
queter le bois ; à la fin pourtant j'ouvris et, me chargeant
de mes bandes de toile que j'avais roulées sur deux morceaux de bois comme deux bobines de fil, je sortis et me
dirigeai vers la droite du donjon. Après avoir soulevé deux
tuiles, je montai facilement sur le toit. J'étais en pourpoint blanc avec une paire de chausses blanches et des
brodequins dans l'un desquels j'avais mis mon poignard.
Prenant un des boûts de ma bande, je l'accrochai à un
morceau de tuile antique scellé dans le mur du donjon.
Cette tuile faisait saillie de quatre doigts à peine et la
bande s'y accrochait comme un étrier ; après l'avoir sus-
pendue ainsi, je me tournai vers Dieu et dis : « Seigneur
« mon Dieu, viens à mon aide, car tu sais que ma cause
« est juste et que je m'aide moi-même. » Me laissant aller
tout doucement, et me soutenant par la force des bras,
j'arrivai à terre. Il n'y avait pas de lune, mais la nuit était
claire. Quand je fus à terre, je regardai cette grande hauteur d'où j'étais descendu si hardiment, et je m'en allai
tout joyeux, me croyant libre, mais je ne l'étais pas encore.

« Le châtelain avait fait construire de ce côté deux murs
assez hauts qui renfermaient son écurie et son poulailler,

le tout fermé à l'extérieur par de gros verrous. Désespéré de ne pouvoir sortir de là, je marchais au hasard en pensant à ma triste position, quand je heurtai du pied une grande perche couverte de paille. Je la dressai, non sans beaucoup de peine, le long du mur, puis, à force de bras, je m'élevai jusqu'au haut de ce mur. Il se terminait par un chaperon à angle aigu ; ce qui ne me permit pas de tirer à moi la perche, mais j'attachai à son extrémité une partie de ma seconde bande ; la première était restée pendue au donjon. Enfin je descendis en dehors du mur, dont l'escalade m'avait beaucoup fatigué ; j'avais les mains écorchées et tout en sang. Après m'être un peu reposé, sentant mes forces revenues, je montai à la dernière enceinte des murs qui regarde Prati et, posant à terre mon rouleau de bandes, j'allais le fixer à un créneau pour franchir ce dernier escarpement comme j'avais fait de la hauteur du donjon, quand j'aperçus près de moi une sentinelle. Arrêté dans mon entreprise et en péril de la vie, je me disposais à attaquer ce soldat ; mais en me voyant marcher à lui d'un air résolu et le poignard à la main, cet homme s'éloigna rapidement. Je revins bien vite à mes bandes ; un autre garde était près de là, mais peut-être ne voulut-il pas me voir. J'attache ma bande à un créneau et je me laisse glisser, mais soit fatigue, soit que je me crusse près de terre, j'ouvris les mains, je tombai, ma tête porta sur le sol et je restai sans connaissance pendant une heure et demie, autant que j'en puis juger.

« Au point du jour, la fraîcheur qui précède le lever du soleil me fit revenir à moi, mais je ne recouvrai pas tout d'abord la mémoire ; il me semblait qu'on m'avait coupé la tête et que j'étais en purgatoire. Peu à peu je repris mes sens, je vis que j'étais hors du château et je me rappelai ce que je venais de faire. Portant les mains à ma tête, je les en ramenai tout ensanglantées ; puis,

en m'examinant bien, je vis que je n'avais pas de blessure
grave; mais en voulant me relever je reconnus que j'avais
la jambe droite cassée à trois doigts du talon. Sans perdre
courage pour cela, je tirai de mon brodequin mon poignard et son fourreau qui se terminait par une grosse
boule : la pression de cette boule sur l'os en avait causé la
fracture; je jetai le fourreau et, coupant avec le poignard
un bout de la bande qui me restait, je rajustai ma jambe
de mon mieux, puis, mon poignard à la main, je me traînai
sur mes genoux vers la porte de la ville. Elle était fermée,
mais voyant qu'une des pierres du seuil n'était pas très-
grosse, j'essayai de la desceller; elle s'ébranla, céda bientôt à mes efforts et, après l'avoir arrachée, je passai par
l'ouverture. Il y avait plus de cinq cents pas de l'endroit
où j'étais tombé jusqu'à cette porte.

« A peine étais-je entré dans Rome, que des chiens se
jetèrent sur moi et me mordirent cruellement; comme ils
revenaient à la charge, je les frappai de mon poignard et
j'en piquai un si vigoureusement qu'il s'enfuit en hurlant;
les autres, emportés par leur instinct, se mirent à sa poursuite, et moi je me traînais aussi vite que possible, toujours rampant sur mes genoux, dans la direction de l'é-
glise de la Traspontina.

« Arrivé à l'entrée de la rue qui tourne vers Sant'-Angiolo,
je me dirigeai vers Saint-Pierre, mais il faisait grand jour
et je courais risque d'être découvert ; aussi, voyant passer
un porteur d'eau qui conduisait son âne chargé de jarres
pleines d'eau, je l'appelai et le priai de me prendre sur
ses épaules et de me porter sur les marches de Saint-
Pierre. « Je suis, lui dis-je, un pauvre garçon qui, pour
« sauver l'honneur d'une dame, ai voulu descendre par la
« fenêtre ; je me suis cassé la jambe en tombant, et, comme
« la maison d'où je sors est celle d'une grande famille, je
« cours risque d'être mis en pièces ; emporte-moi donc, je
« t'en supplie, tu auras un écu d'or pour ta peine; » et je

« Des chiens se jetèrent sur moi et me mordirent cruellement. » (Benvenuto Cellini.)

mis la main à ma bourse où j'en avais un bon nombre.
Aussitôt il me prit dans ses bras, me porta sur les marches
de Saint-Pierre et, me laissant là, courut bien vite retrouver son âne. Pour moi, continuant à me trainer sur mes
genoux, je me dirigeai vers la demeure du duc Ottavio. La
duchesse sa femme était fille de l'Empereur, et avait été
mariée au duc Alexandre de Florence. Je savais que plusieurs de mes amis étaient venus de Florence à Rome
avec cette grande princesse et qu'elle me voulait beaucoup
de bien.

« Je m'en allais donc vers la demeure de Son Excel-
lence, où j'aurais été en sûreté. Mais comme ce que je venais de faire était trop merveilleux pour un homme, Dieu
ne permit pas que je m'abandonnasse à tant de vaine
gloire et voulut, pour mon bien, m'infliger une correction
plus sévère encore que celle par où je venais de passer.

« Pendant que je m'en allais rampant sur les marches
de Saint-Pierre, je fus reconnu par un serviteur du cardinal Cornaro, qui était logé au Vatican. Cet homme courut
à la chambre du cardinal, l'éveilla et lui dit : « Monsei-
« seigneur Révérendissime, Benvenuto votre protégé est en
« bas, il s'est enfui du château et se traine tout ensanglanté.
« Il parait avoir une jambe cassée et nous ne savons où il
« va. — Allez vite, dit aussitôt le cardinal, courez et appor-
« tez-le-moi, ici, dans ma chambre. » Quand je fus près de
lui, il me dit que je n'avais rien à craindre et envoya chercher sur-le-champ les premiers médecins de Rome ; puis
il me fit mettre dans une chambre secrète et s'en alla aussitôt demander ma grâce au pape.

« Cependant une grande rumeur s'était élevée dans
Rome, car on avait déjà remarqué les bandes attachées
au donjon du château, et tout Rome courait voir cette
chose inimaginable. Le cardinal Cornaro rencontra au
Vatican messire Roberto Pucci, lui raconta les détails
de mon évasion et comment j'étais caché dans une de

4

ses chambres, puis tous deux allèrent se jeter aux genoux
du pape, qui leur dit tout d'abord : « Je sais ce que vous
« voulez de moi. » — « Très-saint Père, dit alors messire
« Pucci, nous vous demandons en grâce de nous donner
« ce pauvre homme ; ses talents méritent qu'on ait pour
« lui quelques égards, et il vient de montrer un courage
« et une adresse qui semblent au-dessus de l'humanité.
« Nous ne savons pour quelles fautes Votre Sainteté l'a fait
« mettre en prison, mais si elles sont pardonnables, nous
« vous supplions de nous accorder sa grâce. » Le pape, un
peu honteux, leur répondit qu'il m'avait fait emprison-
ner parce que j'étais trop présomptueux; mais, ajouta-
t-il, son mérite nous est connu, nous voulons le retenir
près de nous et nous avons résolu de lui faire assez de
bien pour qu'il n'ait pas besoin de retourner en France.
Je regrette qu'il soit si malade ; dites-lui qu'il se hâte de
guérir et qu'ensuite nous lui ferons oublier les maux qu'il
a soufferts. »

« Ces deux grands personnages m'apportèrent cette
bonne nouvelle de la part du pape[1]. »

Le gouverneur de Rome vint aussi lui demander si quelqu'un ne l'avait pas aidé dans sa fuite.

« Retourné près du pape, il lui répéta ce qu'il tenait de
moi, en présence du seigneur Pierre-Louis Farnèse : tout
le monde se récriait d'étonnement, et le pape dit: « C'est
« vraiment quelque chose de prodigieux. — Très-saint
« Père, reprit le seigneur Pierre-Louis, il vous en fera bien
« d'autres si vous le mettez en liberté, car c'est bien

---

[1] En continuant son récit, Benvenuto fait dire à Paul III que lui-
même, dans sa jeunesse, s'était évadé du château de Saint-Ange, et il
donne comme bien connus la cause de son incarcération et les détails de son évasion. Mais, outre que les dates s'accorderaient mal
avec les faits qu'avance Cellini, nous n'avons pu trouver nulle part
ailleurs la moindre trace de ces faits, trop importants dans la vie
d'un pape, et d'un pape comme Paul III, pour n'avoir pas laissé,
s'ils étaient vrais, de vestiges dans l'histoire.

« l'homme le plus audacieux... Je veux vous en conter une
« que vous ne savez pas. Avant que vous le fissiez mettre
« au château Saint-Ange, ce même Benvenuto, sur quel-
« ques mots d'un gentilhomme du cardinal Santa Fiore,
« s'emporta jusqu'à le menacer de le battre, et le cardinal,
« instruit de l'affaire, dit que, s'il s'en mêlait, il guérirait
« une bonne fois ce maître fou. Benvenuto le sut, et, comme
« le palais du cardinal est en face de son atelier, un jour
« que le cardinal s'était mis à la fenêtre, votre Benvenuto
« prit son mousquet avec lequel il met une balle à tous
« coups dans un liard, et il allait tirer sur le cardinal
« quand celui-ci, averti à temps, se retira. Benvenuto,
« pour donner le change, tira sur un pigeon qui nichait
« dans le toit du palais, et, chose incroyable, lui emporta
« la tête. Maintenant, que Votre Sainteté fasse de lui ce
« qu'elle voudra ; j'ai voulu vous avertir. L'idée pourrait
« venir à cet homme, qui se dit injustement puni, de tirer
« sur Votre Sainteté. C'est un caractère féroce, rien ne
« l'arrête. Il a donné à Pompeo deux coups de poignard
« dans la gorge, au milieu de dix hommes qui le gar-
« daient. » Le gentilhomme de Santa Fiore était présent
et confirma ce que le fils du pape venait de raconter.

« Le pape était encore sous l'impression fâcheuse de ce
que lui avait dit son fils, lorsque, deux jours après, le cardinal Cornaro vint lui demander un évêché pour un de ses
gentilshommes, messire André Centano. Le pape lui avait
en effet promis un évêché, il y en avait un de vacant, et
le cardinal rappelait au pape sa promesse. « C'est vrai,
« dit le pape, et je veux vous donner ce que je vous ai pro-
« mis ; seulement j'ai une demande à vous faire, c'est de
« me rendre Benvenuto. — Très-saint Père, vous m'avez
« accordé sa grâce et sa liberté ; que dira le monde de vous
« et de moi? — Vous voulez votre évêché, répliqua le pape,
« et moi je veux Benvenuto ; qu'on en dise ce qu'on vou-
« dra. — Que Votre Sainteté me donne l'évêché, dit le bon

« cardinal; pour le reste, Votre Sainteté jugera de ce
« qu'elle veut et peut faire. — J'enverrai chercher Benve-
« nuto, dit le pape, un peu honteux de manquer à sa pa-
« role, et je le mettrai dans les chambres basses de mon
« jardin particulier, où rien ne lui manquera pour sa gué-
« rison. Ses amis pourront venir le voir, et je le défrayerai
« de tout. » — Le cardinal revint à son appartement et
m'envoya dire par messire André que le pape voulait qu'il
me remît entre ses mains, mais que je serais logé dans
son jardin particulier et libre de recevoir mes amis. Alors
je suppliai messire André de dire au cardinal qu'il ne me
livrât pas au pape et me laissât faire comme je l'enten-
drais, que je me ferais envelopper d'un matelas et porter
en lieu sûr, hors de Rome; car s'il me livrait au pape,
c'était m'envoyer à la mort.

« Le cardinal se serait, je crois, prêté à l'exécution de
mon projet; mais messire André, qui tenait à son évêché, fit savoir la chose au pape, qui m'envoya prendre
aussitôt. »

Bien traité pendant quelque temps, dans sa nouvelle
prison, Cellini fut peu après transporté à Torre di Nona,
puis au château Saint-Ange. Le châtelain, toujours fou et
courroucé de se voir braver par son prisonnier, le fit
jeter dans un cachot souterrain, où la lumière ne pénétrait que pendant une heure et demie chaque jour. Il
y resta quatre mois, sans autre moyen d'occuper son
esprit que la lecture de la Bible et des Chroniques de
Villani, que lui avait envoyées le châtelain. Ce pauvre
maniaque se sentait mourir, et, attribuant sa mort
à Benvenuto, tantôt il redoublait de cruauté envers lui,
tantôt il s'adoucissait un peu. De son premier cachot, il le
fit porter dans un autre encore plus profond, véritable
cul de basse-fosse, particulièrement redouté depuis qu'on
y avait fait mourir de faim un certain prédicateur nommé
Foiano. Cependant l'ambassadeur de France, Montluc, de-

mandait au pape, avec insistance et de la part de Fran-
çois Ier, qu'il rendit la liberté à Cellini. Le châtelain, revenu à la raison, peu de jours avant de mourir, l'avait
aussi recommandé à Paul III. Enfin, le cardinal de Ferrare,
venant de France, alla rendre ses devoirs au pape, qui le
retint à dîner, pensant, dit Cellini, qu'un bon repas dé-
liait la langue, et qu'il le ferait causer ainsi plus facilement sur certains sujets importants. Le cardinal, en habile
diplomate, accepta l'invitation et conta au pape les joyeu-
setés de la cour de France ; puis, quand il le vit fort égayé,
en bonne disposition et ne pouvant rien refuser à son
hôte, il le supplia, au nom du roi, de lui accorder la grâce
de Cellini. Le pape y consentit et lui dit avec force éclats
de rire : « Je veux que vous l'emmeniez sur-le-champ avec
vous. » Les ordres nécessaires fûrent donnés et, sans attendre au lendemain, le cardinal envoya chercher immédiatement Cellini, qui sortit du château Saint-Ange, cette
fois pour n'y plus rentrer.

Lorsque les lords écossais confédérés, à qui Marie Stuart s'était rendue après sa défaite à Carberryhill, eurent pris le parti de la retenir prisonnière et de la détrôner, ils la renfermèrent dans le château de Loch Leven, situé dans une île du lac de ce nom. Ils choisirent cette forteresse, non-seulement à cause de sa position, mais surtout parce que la royale captive devait y être placée sous la surveillance de la personne qui la détestait le plus, Marguerite Erskine, mère de William Douglas, le possesseur de Loch Leven. Cette femme avait eu de Jacques V un fils qu'elle s'obstinait à considérer comme héritier légitime de la couronne d'Écosse, et que Marie Stuart avait, suivant elle, dépossédé du rang qui lui était dû. Au ressentiment de l'orgueil blessé et de l'ambition déçue, s'ajoutait chez elle l'ardeur d'une piété intolérante. Elle était zélée presbytérienne, et son caractère, ses croyances, sa parenté, ses rancunes, faisaient d'elle une gardienne inexorable de la pauvre reine.

Après avoir été contrainte par la violence de renoncer à la couronne en faveur de son fils, Marie Stuart fut soumise à une surveillance encore plus dure, de peur qu'elle ne s'adressât aux souverains étrangers pour réclamer leur appui, ou qu'elle ne concertât son évasion avec les amis qu'elle avait en Écosse. Enfermée dans une tour grossière

et incommode, au milieu d'une petite ile où elle avait à
peine un espace de soixante pieds pour se promener, elle
ne pouvait écrire que pendant les repas où le sommeil de
ses gardiens, dont, les filles couchaient même auprès
d'elle. Mais toutes ces précautions, dit M. Mignet, devaient
être insuffisantes. Sa beauté, sa grâce, ses malheurs,
exerçaient un irrésistible pouvoir sur ceux qui l'appro-
chaient. L'un des fils de Marguerite Erskine, George Douglas, frère utérin du régent Murray, se laissa gagner à sa
douceur et toucher par ses afflictions. Bientôt même, épris
de la séduisante prisonnière, qui ne découragea pas ses
espérances, il résolut de la délivrer. Une première fois,
trompant la surveillance de sa mère, il fit sortir Marie
Stuart du château, sous les vêtements de la blanchisseuse
qui apportait son linge à Loch Leven. La captive, ainsi dé-
guisée, avait franchi toutes les portes sans être reconnue.
Elle était entrée dans le bateau qui devait la conduire sur
l'autre bord, où l'attendait George Douglas et quelques
autres de ses partisans. Elle se croyait sauvée ; mais, au
milieu de la traversée, un des bateliers, croyant s'adresser
à une fille de sa condition, voulut par plaisanterie lever
son voile. Marie y porta vivement la main pour ne pas
laisser voir son visage, et la blancheur et la beauté de
cette main firent deviner au batelier que c'était la reine
qu'il conduisait. Ainsi découverte, Marie fit bonne contenance : elle commanda aux bateliers, sous peine de la vie,
de la déposer sur l'autre bord. Mais ceux-ci, redoutant
plus la sévérité du laird de Loch Leven que les menaces
d'une reine détrônée, la ramenèrent dans la forteresse.

Après cette malheureuse tentative du 25 mars, George
Douglas avait été renvoyé de l'île ; mais il y avait conservé
des intelligences avec un jeune parent, enfant de quinze à
seize ans, nommé le petit Douglas, qui était resté dans le
château et servait sa mère en qualité de page.

La prisonnière, désespérant de sa liberté, voyait en outre

devenir plus sévères chaque jour les mesures de surveillance que l'on prenait contre elle. Cherchant partout
des soutiens, elle écrivait à la reine Élisabeth, à Catherine
de Médicis et à Charles IX, pour les supplier d'avoir pitié
d'elle et de lui venir en aide. Au moment où elle se croyait
ainsi condamnée à un emprisonnement sans fin, George
Douglas, avec l'aide de son cousin le jeune page, préparait son évasion, tandis que les Seaton et les Hamilton,
avertis par lui, se tenaient prêts à recevoir la reine à sa
sortie du château. Le dimanche 2 mai 1568 fut choisi
pour cette seconde fuite, mieux concertée que la première. Les repas se faisaient en commun à Loch Leven,
et, pendant que tout le monde mangeait, les portes de la
forteresse étaient fermées, et les clefs étaient placées sur
la table, à côté du châtelain. Au repas du soir, le petit
Douglas, en posant un plat devant le laird, réussit à
s'emparer des clefs. Il conduisit Marie et sa suivante hors
de la tour, lorsque tout le monde fut livré au repos, ferma
les portes du château derrière eux pour empêcher qu'on
les poursuivît, plaça la reine et la femme qui l'accompagnait dans un petit esquif, et rama vigoureusement jusqu'à ce qu'ils eussent atteint l'autre bord, après avoir
eu la précaution de jeter au milieu du lac les clefs du
château. Au moment de commencer leur aventureux
voyage, le jeune homme fit un signal convenu en plaçant
à une fenêtre une lumière qui pouvait être vue de l'extrémité la plus éloignée du lac, pour informer ses amis que
le plan avait réussi.

Lord Seaton et plusieurs membres de la famille des
Hamilton les attendaient à l'endroit du débarquement. La
reine monta à cheval sur-le-champ et se dirigea en toute
hâte sur Niddry, résidence des Seaton, dans le Lothian
occidental, d'où elle se rendit, après quelques heures de
repos, au château-fort d'Hamilton. Elle y fut reçue par
l'archevêque de Saint-André et le lord Claude, qui était

Il rama vigoureusement jusqu'à ce qu'ils eussent atteint l'autre bord. (Marie Stuart.)

allé à sa rencontre avec cinquante chevaux. La nouvelle
de cette évasion, dit Walter Scott, se répandit en Écosse
avec la rapidité de l'éclair, et partout elle fut reçue avec
enthousiasme. Le peuple se rappelait l'affabilité, la grâce,
la beauté et les malheurs de Marie ; s'il se souvenait de
ses erreurs, c'était pour dire qu'elles avaient été assez
sévèrement punies. Le dimanche, Marie était encore une
triste captive, abandonnée sans secours dans une tour
solitaire ; et le samedi suivant, elle se trouvait à la tête
d'une puissante confédération, par laquelle neuf comtes,
huit lords, neuf évêques et quantité de gentilshommes du
plus haut rang s'étaient engagés à la défendre et à lui
rendre sa couronne. Mais ce rayon d'espoir ne dura qu'un
instant.

Les clefs jetées dans le lac par le page y furent retrou-
vées en 1805 par un pêcheur, et sont déposées à Kinross.
On appelle encore *Mary's Knowe* (Éminence de Marie) l'endroit où la reine fugitive débarqua sur la rive méridionale
du lac.

Lors du massacre de la Saint-Barthélemi, et au moment où les égorgeurs pénétraient dans la rue de Seine, le sieur de la Force, qui habitait ce quartier, pressé par son frère de s'échapper avec lui et d'autres gentilshommes protestants, ne voulut pas abandonner son fils aîné, convalescent et hors d'état de le suivre. Il s'enferma dans sa maison avec ses deux enfants, et se vit bientôt entouré de soldats qui venaient les mettre à mort. Il offrit au chef de ces misérables deux mille écus de rançon, et on les conduisit dans une maison de la rue des Petits-Champs, où ils furent laissés à la garde de deux Suisses, après que le sieur de la Force eut donné sa parole de ne pas chercher à s'échapper non plus que ses enfants. Esclave de sa parole, le malheureux père résista aux offres de salut qui lui furent faites par ses gardiens, et ne voulut pas consentir à ce que même son plus jeune fils fût mis en sûreté.

« Le lendemain matin, disent les Mémoires de la Force, arriva le comte de Coconas, avec quarante ou cinquante soldats suisses et français ; tous montèrent au logis, et Coconas dit au sieur de la Force : « Je suis venu vous cher-« cher par ordre de Monsieur, frère du roi, qui a été averti « que vous êtes détenu prisonnier et veut parler à vous. »

« Son abord et sa contenance firent assez connaître son dessein ; cependant voyant comme ils voulaient se mettre

dans un état plus décent et prendre leur cape, il ajouta
qu'il n'était besoin de tant de cérémonies, mais qu'ils se
hâtassent seulement de le suivre. Et soudain les dépouillè-
rent de leurs manteaux, chapeaux et bonnets : de sorte
qu'ils jugèrent bien que c'était pour les faire mourir.

« Le sieur de la Force leur représenta qu'on ne les conduisait pas au Louvre, mais bien à la boucherie ; il se
plaignit fort qu'on manquât ainsi à la parole qu'on lui
avait donnée, assurant que l'argent qu'il avait promis pour
sa rançon était prêt.

... « Coconas les fit sortir de la maison ayant chacun
deux hommes à leurs côtés... et commencèrent alors à les
mener à la tuerie.

« Le père marchait le premier ; son fils aîné ensuite, et
le cadet venait le dernier. Étant arrivés au fond de la rue
des Petits-Champs, près le rempart, les soldats crièrent :
Tue ! Tue ! On donne d'abord plusieurs coups de poignard
à l'aîné des enfants, qui s'écrie en tombant : *Ah ! mon Dieu,
je suis mort !* Le père, se retournant vers son fils, est aussitôt percé de coups ; le plus jeune, couvert de sang, mais
qui par miracle n'avait point été atteint, s'écria aussi,
comme inspiré du ciel : *Je suis mort !* et en même temps il
se laissa tomber entre son père et son frère, qui, bien que
par terre, reçurent encore force coups, tandis que lui
n'eut pas seulement la peau percée. Dieu le protégea si
visiblement, que, quoique les meurtriers les dépouillassent
et les laissassent tout nus et sans chemises, ils ne reconnu-
rent jamais qu'il y en avait un qui n'avait aucune blessure.

« Comme ils crurent les avoir achevés, ils se retirèrent
en disant : Les voilà bien tous trois !

« Si le corps du jeune Caumont ne fut point frappé, son
esprit fut en récompense cruellement agité ; car on lui a
ouï dire que son père avait demeuré longtemps à expirer et qu'il l'entendit plusieurs fois sangloter. Quelle
angoisse et quelle perplexité de se trouver entre un père

et un frère cruellement massacrés et dont les sanglots
étaient autant de coups de poignard qui lui perçaient le
cœur! et s'il considérait l'avenir, que devait-il en attendre? quelle espérance selon le monde pouvait-il concevoir? Car, quoique Dieu l'eût préservé jusque-là, il voit
bien que sans un miracle aussi marqué que le premier, il
ne peut se sauver et se garantir de la furie enragée d'un
peuple mutiné.

« Il demeura ainsi tout nu, jusqu'à ce que, sur les quatre heures du soir, ceux des maisons voisines sortant,
soit par curiosité, soit dans le désir de profiter de ce que
les bourreaux pouvaient avoir laissé, s'approchent pour
visiter les corps. Un marqueur du jeu de paume de la rue
Verdelet, voulant lui arracher un bas de toile qui lui était
resté à une jambe, le retourna, car il avait le visage contre
terre, et le voyant si jeune, s'écria : « Hélas ! celui-ci n'est
« qu'un pauvre enfant; n'est-ce pas grand dommage? quel
« mal pouvait-il avoir fait?

« Ce qu'oyant le jeune Caumont, il leva doucement la
tête et lui dit tout bas : *Je ne suis pas mort ; je vous prie,*
sauvez-moi la vie.

« Mais soudain lui mettant la main sur la tête : *Ne bouge≈,*
dit-il, *car ils sont encore là.* Ce qu'il fit ; et ledit homme
se promenant par là peu de temps après, s'en revint à lui
et lui dit: *Levez-vous, car ils s'en sont allés ;* et soudain lui
jeta un méchant manteau sur les épaules, car il était tout
nu, et faisant semblant de le frapper, le fait marcher devant lui. « Qui menez-vous donc là? demandèrent les voi-
« sins. — C'est mon petit neveu qui est ivre et que je fouet-
« terai à bon escient,» répondit le marqueur. Il le conduisit
ainsi chez lui, passant devant plusieurs corps de garde,
car il y en avait encore à tous les coins de rue, et le mena
tout au haut de sa maison, dans une petite chambre où sa
femme et son neveu se trouvaient : là il le fit cacher dans
la paille de son lit.

« Ne bougez, dit-il au jeune Caumont, car ils sont encore là. »

« Un peu après, ledit marqueur s'étant aperçu qu'il avait quelques bagues au doigt, il se mit à lui représenter qu'il était si pauvre qu'il n'avait pas seulement de quoi lui donner à manger et lui demanda ses bagues. Le jeune Caumont de la Force les donna toutes, à la réserve d'un seul diamant qu'il gardait parce qu'il venait de sa mère, ce que la femme du marqueur ayant entendu, lui dit que puisqu'on lui sauvait la vie, il était bien juste qu'il donnât tout. Il eut beau répondre qu'il ne pouvait se défaire de cette bague, parce que, venant de sa mère, elle servirait à le faire reconnaître, cette femme opiniâtre la voulut absolument, et dit que si on ne la lui donnait pas, elle le ferait reprendre. Alors il la lui donna, et quand elle l'eut, elle lui apporta alors un morceau à manger et une chopine de vin. Après quoi le dit marqueur lui demanda ce qu'il voulait devenir, et lui offrit de le conduire partout où il voudrait aller. Il pria que ce fût au Louvre, où il avait une sœur nommée madame de Larchant, qui était auprès de la reine. A cela le marqueur répondit : « Mon enfant, je n'oserais vous mener là, même il y a tant de corps de garde à passer que quelqu'un vous reconnaîtrait et qu'on nous tuerait tous deux. » Lors le jeune de la Force lui proposa de le mener à l'Arsenal, où logeait sa tante, madame de Brisambourg, à quoi le marqueur accéda plus volontiers, disant : « Cela est bien loin, mais je vous mènerai plutôt là, car j'irai tout le long des remparts et nous ne rencontrerons personne. »

« Le matin dès le plus petit point du jour, il lui donne de mauvaises chausses de toile toutes crasseuses, le pourpoint de même, et le manteau qu'il lui avait prêté la veille, avec un méchant bonnet rouge sur lequel il avait mis une croix de plomb. Équipé de la sorte, il le conduisit par-dessus les remparts jusqu'à l'Arsenal. Ils arrivèrent à la première porte que le jour était à peine commencé ; mais comme ladite porte se trouvait fort éloignée des bâtiments, le

5

jéune la Force dit à celui qui l'avait si heureusement conduit : « Demeurez ici, je vous renverrai les habits que vous
m'avez prêtés, avec les trente écus que je vous ai promis. »

« Il demeura longtemps à la porte, n'osant pas heurter,
de crainte qu'on ne lui demandât qui il était. Au bout de
quelque temps, quelqu'un venant à sortir, il s'avança dex-
trement sans qu'on lui dit rien ; il traversa donc toute la
première basse-cour et s'en alla jusqu'au droit du logis,
regardant s'il ne voyait personne de sa connaissance, car
il jugeait bien que sous ses mauvais accoutrements, on ne
le laisserait point entrer. Il n'osait dire son nom, craignant
de rencontrer quelque bourreau de l'espèce de ceux auxquels il avait échappé.

« Il est à propos de mentionner ici qu'un page du sieur
de la Force s'était sauvé au moment du massacre ; il se
nommait La Vigerie, mais dans la maison on l'appelait
l'Auvergnat pour le distinguer d'avec son frère. Lorsque
Coconas eut fait sortir M. de la Force et ses fils de la maison où deux Suisses les gardaient, un de ces Suisses dit au
page : « Sauvez-vous, car on va dépêcher ceux-ci. » Il se
sauva ; mais il s'arrêta à quelques pas de là jusqu'à ce
qu'il eut entendu crier : Tue, tue, et qu'il eut vu tomber
le père et ses deux enfants ; il se retira la même nuit à
l'Arsenal, et il lui fut d'autant plus facile d'échapper qu'il
portait une livrée semblable à celle du comte de la Marck,
qui était un des chefs du massacre, et ainsi ledit Auvergnat disait à tous les corps de garde : « Je suis un page du
comte de la Marck, et je vais trouver de sa part M. le maréchal de Biron à l'Arsenal, » où, étant arrivé, il se rendit
auprès de madame de Brisambourg et lui raconta comme
il avait vu tuer M. de la Force et ses deux enfants, ce qui
fut un sujet de grande affliction à cette bonne dame, leur
tante et veuve d'un de leurs oncles.

« Nous avons laissé le jeune de la Force fort en peine de

savoir comment il ferait pour entrer dans l'Arsenal ; Dieu
lui suscita un moyen qui fut que, comme on ouvrait la
porte, il aperçut l'Auvergnat, qu'il appela par son nom ;
mais il n'en eut point de réponse, soit que le croyant mort,
il ne reconnut pas sa voix, soit qu'il ne l'entendit point.
On rouvrit une seconde fois la porte et, le page y étant
encore, il appela deux ou trois fois « : l'Auvergnat ! l'Auvergnat ! » Le page sortit aussitôt. « Qui êtes-vous ? » lui dit-il.
Le jeune la Force répondit : « Quoi ! ne me reconnaissez-
vous point ? » L'ayant considéré plus attentivement : « Eh !
mon Dieu, c'est vous, monsieur, je ne vous reconnaissais
pas ! » Lors il lui demanda s'il n'y avait point quelques-
uns des gens de son père à l'Arsenal, et le page, le faisant
entrer, le mena vers un gentilhomme de sa maison, nommé
Beauvilliers du Maine, qui se promenait avec le maître
d'hôtel de madame de Brisambourg, qui furent tous deux
fort surpris et ravis de le voir, le croyant mort, sur le
rapport du page. Ils le conduisirent aussitôt à la chambre
de ladite dame, qui était encore au lit, grandement affli-
gée de tant de malheurs. Arrivés qu'ils furent en sa présence, soudain elle l'embrassa toute baignée de larmes,
croyant qu'on les avait tous dépêchés, et louant Dieu de
le voir, lui demanda comment il s'était sauvé.

  « Lors il lui raconta brièvement comme quoi Dieu l'a-
vait assisté, et comme le pauvre marqueur du jeu de
paume l'avait retiré chez lui et conduit jusque-là, qu'il
lui avait promis trente écus pour sa peine et de lui rendre
ses habits, et qu'il était à la porte attendant le tout. Madame de Brisambourg le fit mettre au lit dans la chambre
de ses femmes, et envoya aussitôt les trente écus audit
marqueur et les habits de son neveu. Environ deux heures
après, on lui fit apporter un habit de page des livrées de
M. le maréchal de Biron, qui était lors grand maître de
l'artillerie, puis l'ayant fait passer par la chambre dudit
sieur, on le conduisit dans son cabinet pour qu'il ne fût

ni vu ni connu de personne, et de peur qu'il ne s'ennuyât,
on lui bailla auprès de lui ledit page l'Auvergnat.

« Il fut là deux jours, au bout desquels on donna avis à
M. le maréchal que l'on avait fait entendre au roi qu'il
s'était retiré plusieurs huguenots dans l'Arsenal, et que Sa
Majesté avait résolu d'envoyer visiter partout ; ce qui mit
le maréchal dans une telle colère, qu'il dit qu'il empêcherait bien de venir ceux qui voulaient contrôler ses actions,
et fit pointer trois ou quatre pièces de canon vers la porte
de l'Arsenal.

« Cependant malgré toutes les précautions que l'on prit
pour cacher le jeune de la Force, la nouvelle de sa délivrance vint jusqu'au Louvre ; ce qui fit que la reine mère,
à la sollicitation de M. de Larchant, capitaine de ses
gardes, envoya un gentilhomme à l'Arsenal demander de
sa part le jeune de la Force. On répondit qu'il n'y était
point, et pendant cette conversation on le fit sortir du cabinet de M. le maréchal et on le conduisit dans la chambre
de ses filles, où on le fit cacher entre deux petits lits d'enfants ; on le couvrit de vertugadins que l'on portait en ce
temps-là, ce qui fit dire à plusieurs que madame de Brisambourg l'avait caché sous son vertugadin.

« Ensuite le gentilhomme ayant visité partout, rapporta
à la reine qu'il n'avait point trouvé celui qu'il cherchait ;
ce qui mit le sieur de Larchant au désespoir, car il avait
grand intérêt à la mort du jeune de la Force, puisque
ayant épousé une fille du premier lit de sa mère, il devenait héritier de tous les biens de M. de la Force par la mort
de son fils ; et même disait-on assez publiquement dans le
Louvre et dans Paris que l'on n'aurait pas donné ordre de
massacrer ces deux jeunes innocents, sans l'intérêt qu'y
avait ledit sieur de Larchant.

« Le jeune de la Force demeura ainsi caché jusqu'à environ une heure après minuit : on l'ôta de là pour le ramener dans le même cabinet du maréchal ; madame de

Brısambourg, qui avait pris grand soin de son neveu, n'eut point de patience qu'elle ne l'eût fait changer de lieu, à cause que le bruit était qu'il s'était sauvé et retiré à l'Arsenal.

« Le sieur de Born, lieutenant général de l'artillerie, vint le lendemain matin prendre le prétendu page, le mena déjeuner en lieu particulier et après cela lui dit : « Suivez-moi. » Alors il le sortit de l'Arsenal et le conduisit chez M. Guillon, contrôleur de l'artillerie, qui était de ses amis, et donna instruction au jeune homme que si on s'enquérait qui il était, il répondit qu'il s'appelait Beaupuy, se faisant fils de M. de Beaupuy qui était lieutenant de la compagnie de gendarmes du maréchal de Biron, l'exhortant expressément de ne point sortir du logis où il le menait et de ne rien faire qui pût le faire reconnaître. M. de Born étant monté à cheval, à cause qu'il avait une jambe de bois, pour aller chez le sieur Guillon, le jeune la Force le suivit à pied d'assez loin dans les rues, où il a avoué qu'il était dans des transes continuelles, ce qui n'est pas difficile à croire, vu les extrémités et grands périls auxquels il s'était rencontré.

« Étant arrivé à la maison du contrôleur, Born lui dit : « Vous êtes de mes amis, je vous prie, faites-moi le plaisir de garder ici ce jeune homme qui est mon parent; fils de M. de Beaupuy, qui commande la compagnie de gendarmes de M. le maréchal de Biron, je l'ai fait venir ici pour le mettre page ; mais j'attends que tout ce tumulte où vous voyez que nous sommes soit passé. » Ce que le contrôleur lui accorda volontiers; mais encore qu'il fût de ses amis, Born ne voulut jamais lui donner connaissance de ce qu'était le jeune homme, quoique Guillon se doutât bien qu'il ne lui disait pas tout.

« Il était en ce logis depuis sept ou huit jours, et le contrôleur, qui allait tous les jours à l'Arsenal pour savoir ce qu'il avait à faire, ne manquait pas à l'heure du dîner de se rendre chez lui. Il arriva qu'au bout de ce temps-là, sur l'heure qu'il avait coutume de rentrer, le jeune homme, entendant heurter à la porte et se trouvant prêt, s'avança pour ouvrir, croyant que c'était son hôte ; il se rencontra que c'était quelqu'un qui le connaissait ; ce que voyant, il repousse vivement la porte. L'autre lui cria : « Laissez-moi entrer, j'ai à parler à vous. » Étant entré, il lui dit que madame de Brisambourg l'envoyait là, et qu'elle était en peine de ses nouvelles et où il était ; et après cela il sortit de ce logis. Le contrôleur s'en revenant pour diner, lui demanda, comme il avait toujours accoutumé, si quelqu'un était venu à la maison. La Force lui dit que oui, et lui raconta tout ce qui s'était passé ; ce qui lui donna l'alarme de telle sorte que, laissant le dîner, il monta soudain à cheval pour aller trouver M. de Born, et l'en avertir. Celui-ci, pour s'éclaircir de ce qui en était, s'en va chez madame de Brisambourg, qui en fut aussi fort étonnée, n'ayant envoyé personne. »

Madame de Brisambourg, prévoyant que tôt ou tard son neveu pourrait être reconnu, avait obtenu de son frère le maréchal de Biron qu'il demandât au roi un passe-port pour son maître d'hôtel et un page qu'il envoyait, disait-il, en Guyenne chercher son équipage et sa compagnie de gendarmes. On mit le jeune de la Force, comme page, sous la conduite d'un gentilhomme qui représentait le maître d'hôtel. M. de Born leur fit franchir sans difficultés les portes de Paris, et ils se dirigèrent vers leur destination. La route ne se fit pas sans encombre. A deux journées de Paris, le jeune homme reconnaît la robe de chambre de son frère sur les épaules d'un de leurs bourreaux, qui se vante de ses exploits, mais en même temps il apprend que son oncle a échappé au massacre avec une centaine de gentilshommes. Plus loin, le guide du jeune proscrit manque leur faire faire un mauvais parti dans une auberge où il a l'imprudence de blâmer publiquement la Saint-

Barthélemy. Enfin, après s'être vus plusieurs fois encore
en péril, ils arrivèrent le huitième jour de leur voyage en
Guyenne, « au château de Castelnau-des-Mirandes, où s'é-
tait retiré le sieur de Caumont, qui reçut son sien neveu
avec une si grande joie et contentement qu'il n'est pas
croyable, l'ayant cru mort jusque-là, et voyant que Dieu
l'avait préservé d'un si grand danger. » (*Mémoires de Cau-*
mont de la Force.).

« La reine (Catherine de Médicis), soupçonnant le vigoureux esprit et le corps laborieux de son gendre, détenait
la dernière de ces parties par les gardes qu'on lui avait
donnés, qui étaient soldats choisis, passionnés catholi-
ques, et qui, la plupart, avaient exécuté au massacre (de
la Saint-Barthélemy) : elle avait aussi ceux qui commandaient en la chambre et en la garde-robe, tous affidés à la
détention de ce prince : duquel la courtoisie et agréable
conversation fit de ses geôliers ses gardes et (pour la plupart) exécuteurs de ses volontés. Il sut bien rendre les espions doubles et se servir de ses ennemis... L'autre partie
prisonnière était arrêtée par amourettes que la reine même
suscitait... Ce fut cette chaine qui le ramena en sa prison,
en un dessein qu'il avait fait pour se sauver au bois de
Vincennes, et mit en fuite ceux qui l'avaient assisté en
cette affaire, ou rendit fort étonnés ceux qui par opinia-
treté demeurèrent auprès de lui, qui furent Jonquières,
son maître d'hôtel, Aubigné, son écuyer, et Armagnac,
son premier valet de chambre. Encore de ces trois, le premier fut éloigné en Picardie... Mais pour ce qu'autant de
fois qu'on promettait (à Henri) la lieutenance générale, les
desseins de partir étaient renversés, et ces deux, qui restaient au roi de Navarre, se préparaient à quitter sans dire
adieu, quand un soir d'Armagnac ayant tiré le rideau du

lit, où son maître tremblait d'une fièvre éphémère, comme
ces deux avaient l'oreille près du chevet de leur maître,
ils l'entendirent soupirer, et puis plus attentivement ouïrent qu'il achevait de chanter le psaume 88, au couplet qui
déplore l'éloignement des fidèles amis. Armagnac pressa
l'autre de prendre ce temps pour parler hardiment ; ce
conseil suivi promptement et le rideau ouvert, voici les
propos que ce prince entendit.

« .....Quel esprit d'étourdissement vous fait choisir
d'être valet ici, au lieu d'être le maître là, le mépris des
méprisés, où vous seriez le premier de tous ceux qu'on
redoute ? N'êtes-vous point las de vous cacher derrière
vous-même, si le cacher était permis à un prince né comme
vous ? Vous êtes criminel de votre grandeur et des offenses
que vous avez reçues : ceux qui ont fait la Saint-Barthélemy
s'en souviennent bien et ne peuvent croire que ceux qui
l'ont soufferte l'aient mise en oubli... Vous n'avez rien à
craindre tant que de demeurer. Pour nous, nous parlions
de nous enfuir demain, quand vos propos nous ont fait
tirer le rideau. Avisez, sire, qu'après nous, les mains qui
vous serviront n'oseraient refuser d'employer sur vous le
poison et le couteau. »

« ......Il arriva sur ces entrefaites que Fervaques et Lavardin, mécontents, firent sentir leur désir de changement
à ceux qui trafiquaient le départ du roi de Navarre. Le premier se découvrit à Aubigné, l'autre fit porter les mêmes
assurances par Roquelaure ; et pour conférer en liberté
de ces choses, le roi de Navarre et ces deux se promenè-
rent en un coche fermé des deux côtés par les rues de
Paris. Là fut arrêté de se voir une après-soupée au logis
de Fervaques... Donc les sept, enfermés et s'étant déli-
vrés de plusieurs fâcheux, se prêtèrent serment : à savoir,
les six au roi de Navarre, et lui à eux, de ne se dédire
point par quelque caresse qui se présentât et d'être ennemis jusqu'à la mort de quiconque décèlerait l'entreprise.

Cela prononcé, le roi de Navarre les baisa tous six à la joue, et eux à lui la main droite.

« Le dessein était qu'au vingtième de février, dix-huit jours après le complot, Lavardin se saisirait du Mans, Roquelaure, son lieutenant, ferait de même à Cherbourg; et cependant leur maître étendrait ses longes jusqu'à aller chasser aux forêts de Saint-Germain, étant toujours sous la garde de Saint-Martin d'Anglouse, maître de la garde-robe, et de Spalungue, lieutenant des gardes. Le lendemain, au point du jour, le roi de Navarre s'alla jeter dans le lit du duc de Guise, et avec les alliances qu'ils avaient fait de « Maître » et de « Compère, » eurent plusieurs familiers discours. Ceux du Béarnais tendant à ce point qu'aux dépens de plusieurs vanités et vanteries de ce qu'il ferait quand il serait général, le duc courût en apprêter à rire au Roi, comme il avait déjà fait auparavant... et ainsi il trompa à son tour, par la même feinte, qui l'avait trompé; car on a su pour certain que, sans ce coup de langue, on faisait naître une affaire pour lui rompre cette chasse, où il n'alla de tous les conjurés qu'Armagnac.

« Aubigné se trouva le lendemain soir au cabinet du roi (Henri III) pour prendre congé; là il découvrit Fervaques collé à l'oreille du Roi et le Roi attentif à son discours, tellement qu'on avait été plus d'une heure et demie à lui gratter les pieds sans qu'il pensât à se mettre au lit. D'ailleurs l'attention de son esprit sauva la vie au preneur de congé; car encore que le Roi eût la face tournée droit à la porte, cela n'empêcha pas qu'il ne trouvât moyen de la regagner en se couvrant de l'huissier, et feignant de se vouloir pourmener à la lune, où il guetta Fervaques jusqu'à deux heures après minuit. Au sortir du château, il lui empoigna le bras en sursaut, disant : « Qu'avez-vous fait, misérable? » Cet homme ainsi surpris ne put déguiser, et après avoir conté les bienfaits qu'il recevait du Roi, qu'un autre prince ne pouvait remplacer : *Allez*, dit-il, *sauvez votre maître.*

« Pour à quoi parvenir il fallut courir à l'écurie, où depuis trois semaines, par prévoyance, on avait accoutumé de piquer les chevaux en une carrière ouverte. Comme cela se pratiquait, les écuyers voient passer le prévôt des marchands que le Roi avait envoyé querir pour ne laisser rien échapper aux portes de la ville; mais avant l'ordre mis, les chevaux sortirent. De là Roquelaure fut averti pour prendre la porte et le chemin de Senlis, ce qu'il ne se fit pas dire deux fois; puis, ayant empoigné les écuyers auprès de Luzarches, il sut de l'un d'eux que tout était découvert. Partant, il s'avança porter au roi de Navarre cette nouvelle, et la nécessité qui le pressait de partir, en attendant celui qui en savait plus de particularités. Ce prince donc achevait sa chasse et avait couru dès le soleil levant, quand il trouva ses chevaux au faubourg de Senlis, qui avaient repu. A l'abord, il demande à son avertisseur : « Qu'y a-t-il? » La réponse fut : « Sire, le Roi sait tout par « Fervaques qui me l'a confessé : le chemin de la mort et « de la honte c'est Paris, ceux de la vie et de la gloire sont « partout ailleurs et, pour les lieux les plus commodes, « Sédan ou Alençon. Il est temps de sortir des ongles de « vos geôliers pour vous jeter dans le sein de vos vrais « amis et bons serviteurs. — Il n'en faut point tant, » répond ce prince.

« Sans plus long discours il se défait de Saint-Martin et de Spalungue, que deux des siens voulaient tuer; il aima mieux s'en servir à retarder les poursuites du Roi. Il appela Saint-Martin le premier, lui enjoignant d'aller dire comment Roquelaure l'était venu avertir de certains bruits qui couraient à la cour de lui; il ne demandait que la moindre parole du Roi, ou de retourner à la cour pour éteindre ces bruits, ou de continuer sa chasse. Celui-là dépêché, il fit semblant de se loger et de vouloir ouïr des comédiens passant par là que les premiers venus avaient fait apprêter. Après quelque temps écoulé, il appelle Spalungue, lui dit que le Roi devait aller à Beauvais-Nangi; de quoi il ne s'était pas souvenu en dépêchant Saint-Martin, qu'il allât donc à Charenton, où, s'il ne trouvait le Roi passé, il lui porterait confirmation à Paris du premier message. Cela servit beaucoup ; car Saint-Martin trouva l'alarme au camp, qu'on allait dépêcher aux compagnies pour battre tous les chemins, et tout fut arrêté à l'arrivée du premier qui fut au lever du Roi. L'autre, qui laissa le grand chemin, s'égara vers Saint-Maur, et ne vint qu'à l'après-dînée. A la vérité, quand la reine vit le second espion envoyé, elle ne douta plus de la fraude, mais les avertissements ne vinrent que le jour couchant, et vous verrez où était le roi de Navarre à ce point-là ; car dès le soir ayant jeté les yeux sur ce qui lui était le plus fidèle, il emmena le comte de Grammont, Caumont fils de la Valette et, depuis, duc d'Épernon, Chalandray, le Mont de Maras et Poudins, ou pour les engager à son parti, ou pour diminuer les avis de la cour. Il y eut de la peine à démêler les forêts en une nuit très-obscure et fort glaceuse : le secours de Frontenac lui fut en cela fidèle et bien à propos.

« Il passe donc l'eau au point du jour à une lieue de Poissy, perce un grand pays de Beauce, tout semé de chevau-légers, repait deux heures à Châteauneuf; là, prend son maréchal-des-logis, l'Épine, pour guide, à l'heure où les compagnies pouvaient être averties, et le lendemain il entra d'assez bonne heure dans Alençon. Dedans trois jours arrivèrent à Alençon deux cent cinquante gentilshommes et entre autres Fervaques, par l'accident que je vous vais conter. Cependant que les deux écuyers, à Paris, préparaient leurs chevaux, comme je vous ai dit, Crillon passa devant eux au trot, et l'un d'eux l'ayant suivi, le vit arrêté devant le Croissant et appelant Fervaques par la

fenêtre ; c'était pour lui dire (et non sans jurer) : « Écoute :
« dès que tu as été sorti du cabinet, le Roi s'est jeté dans
« le lit, tout en feu, et nous a dit : Voyez ce traître ; il a
« mis la fuite en la tête de mon beau-frère et mille mé-
« chants desseins avec cela, et puis me l'est venu décou-
« vrir pour trahir tous les deux ensemble. Je ne lui ferai
« pas trancher la tête, mais il sera pendu. » Cela certifié
à la sauce des reniements, « adieu, dit-il, songe à toi, pour
« moi je ne veux pas qu'on me trouve ici ; ne me ruine
« pas pour t'avoir fait un trait d'ami. » Ce fut à Fervaques
à s'habiller et à se cacher. Arrivé à Alençon, quoique le
gentilhomme, qui l'avait vu au cabinet du roi et parlé à
lui hors du Louvre, lui maintînt sa trahison, s'étant ex-
cusé que la dame de Carnavalet avait averti la première
et l'avait forcé de se découvrir, le roi de Navarre prit cette
couverture et l'accepta à son service. » (D'Aubigné, *Histoire
universelle*, livre II, chap. xx.)

Charles de Guise, fils aîné de Henri de Guise, assassiné à Blois, avait été arrêté lors de la mort de son père, en 1588, et enfermé au château de Tours. Ce ne fut que trois ans après, en 1591, qu'il parvint à s'échapper.

« Le duc, dit le président de Thou, avait pris jour avec Claude de la Chastre et son fils pour se sauver le 15 août, fête de la Vierge. Il communia ce jour-là dans le but de mieux tromper ses gardes et de leur ôter tout soupçon qu'il pensât à s'échapper. Il remarqua qu'on avait coutume de fermer les portes après le dîner, et qu'on en portait les clefs chez un échevin ; il choisit ce temps pour exécuter son dessein. Il monta avec beaucoup de vitesse dans une haute tour qui donnait sur le pont hors de la ville ; et ayant enfermé ses gardes dans une grande salle où ils mangeaient, il tira la porte de la tour sur lui et la ferma au verrou, pour avoir le temps de se sauver pendant qu'ils la rompraient. Tout lui réussit à souhait. Son valet de chambre, qui l'aidait dans cette occasion, attacha à une corde qu'il tenait prête pour cet effet un morceau de bois en travers, sur lequel le duc s'assit pour descendre sans danger. Ensuite le valet lâcha doucement la corde. Voyant son maître en bas, il attacha fortement cette même corde à un poteau, et se laissa couler avec plus de danger que son maître, qu'il atteignit à Saint-Côme en suivant le cours du fleuve. Les gardes du duc furent dans une grande consternation. Rouvray, gouverneur de Tours, envoya de tous côtés pour répandre la nouvelle de la fuite de ce duc, afin qu'on prît les armes et qu'on se mît sur ses traces. Il fit rompre la porte de la tour ; ceux qu'il employa à la briser, n'ayant trouvé personne, se joignirent à leurs compagnons qui couraient dans la ville. Il se passa beaucoup de temps jusqu'à ce qu'on apportât les clefs pour ouvrir la porte du pont et les autres portes. Ignorant de quel côté il s'était dirigé, on envoya de toutes parts, mais inutilement. »

« Dès qu'il fut descendu, dit Davila, il prit le chemin de la campagne, le long de la Loire, où il ne manqua pas de trouver deux hommes qui lui tenaient un cheval prêt. S'étant mis alors à galoper à toute bride, il s'en alla joindre le fils du seigneur de la Chastre, le baron de Maison. Celui-ci l'attendait au delà du Cher, avec trois cents chevaux, qui l'accompagnèrent jusqu'à Bourges, où il fut reçu avec de grandes démonstrations d'allégresse. » (Ludovic Lalanne, *Curiosités biographiques*.)

Marie de Médicis, après l'assassinat de Concini, son favori, se voyant écartée des affaires par les intrigues de
Luynes, demanda et obtint la permission de se retirer à
Blois (mai 1617), où elle ne tarda pas à être prisonnière.
Luynes l'entoura d'espions, et logea des compagnies de
cavalerie dans les villages voisins pour surveiller ses moindres mouvements. Mais le duc d'Épernon et d'autres seigneurs mécontents, s'étant retirés de la cour, cherchèrent
pour donner plus d'importance à leur parti, à délivrer la
reine mère, afin de la placer à leur tête.

« Celui qui disposa M. d'Épernon à cette entreprise, dit
Fontenay-Mareuil, fut M. de Ruccellai, lequel ne pensait
qu'à rendre service à la Reine mère, et particulièrement
pour sa liberté qu'il désirait passionnément. Et comme il
ne jugeait personne plus propre pour y contribuer que
M. de Bouillon, tant pour la réputation où il était, et sa
place de Sédan où il lui pourrait donner retraite, que pour
le crédit qu'il avait parmi les Huguenots, dont on pourrait
être obligé de se servir, en un voyage qu'il fit à Blois,
inconnu, le proposa-t-il à la Reine, et eut d'elle la permission de lui en parler, et de lui promettre tout ce qui serait
à propos pour cela. Ce qu'ayant fait, quoique avec beaucoup de peine, parce qu'il fallut y aller de nuit et tout seul
de peur d'être découvert, M. de Bouillon s'en excusa,

disant qu'étant vieux, malsain, et assez bien avec le Roy, il voulait jouir de la grâce qu'il lui avait faite après la mort du maréchal d'Ancre et achever ses jours en repos, mais qu'il y avait M. d'Épernon, nouvellement venu à Metz, fort mal satisfait de M. de Luynes, lequel ayant beaucoup de santé, et de grands établissements dans le royaume, y serait bien plus propre que lui. »

Ruccellai en écrivit à la Reine mère, et, ayant obtenu son consentement à cet égard, fit faire des propositions à d'Epernon, qui les accueillit d'abord avec assez de méfiance, puis se laissa persuader, et, ayant fait venir chez lui Ruccellai, « l'y tint quelques jours enfermé pour parler à loisir de tout ce qu'il faudrait faire; et puis le renvoya à la Reine pour lui dire et l'assurer que, pourvu qu'elle pût sortir du château de Blois et passer seulement le pont qui est sur la rivière de Loire, qu'il se trouverait de l'autre côté avec telle compagnie, que, malgré les chevau-légers (car ils y étaient encore alors), et tout ce qui s'y pourrait opposer, il la mènerait à Angoulême, et partout où il lui serait nécessaire d'aller. » La Reine fit savoir à Ruccellai que c'était chose facile, et celui-ci pressa d'Épernon de hâter l'exécution de leur projet, mais d'Épernon voulut absolument remettre l'entreprise au mois de février de l'année suivante.

De Luynes, toujours soupçonneux et désirant pénétrer les sentiments de la Reine, lui dépêcha un homme dont il était sûr pour lui dire que le Roi irait à Blois au premier jour et la ramènerait avec lui ; l'envoyé devait aussi faire de la part de Luynes des protestations de service fort expresses, assurer la Reine qu'elle serait traitée à l'avenir comme elle pourrait désirer, et particulièrement « bien observer tant ses paroles que son visage, et de tous ceux qui l'approcheraient, pour voir s'il n'y aurait rien de changé. Mais pas un des gens de la Reine ne savait encore rien de ses desseins ; et pour elle, comme elle avait déjà

juré sans scrupule, aussi joua-t-elle encore cette fois-là
si bien, que l'agent de Luynes revint persuadé qu'elle
attendait impatiemment le Roi, et ne demandait pour être
bien avec M. de Luynes qu'à oublier toutes choses. »

D'Épernon, ayant pris toutes ses mesures, se rendit à
Confolens, où l'archevêque de Toulouse l'attendait avec
plus de deux cents de ses amis, mais il n'y avait pas de
nouvelles de la Reine mère comme il s'y attendait. Cependant « il était trop engagé pour s'en dédire : c'est pourquoi il ne laissa pas d'aller à Loches, et d'envoyer au
même temps M. du Plessis à la Reine mère pour l'avertir
de son arrivée et savoir ce qu'elle voulait faire; pendant
quoi elle n'était pas sans inquiétude de n'avoir point de
lettres, et de ne savoir rien de ce qui se passait. Mais enfin
M. du Plessis étant arrivé, et lui ayant dit comme M. d'É-
pernon était à Loches, et tout si bien disposé qu'elle
pourrait s'en aller quand il lui plairait, elle se résolut de
le faire dès la nuit même.

« Ce fut alors seulement qu'elle s'en découvrit au comte
de Brennes, son premier écuyer, à La Masure et Merçay,
exempt de ses gardes, et à la signora Caterine, sa première femme de chambre, auxquels seuls elle se confia,
commandant au comte de Brennes de se trouver devant
cinq heures du matin à la porte de sa chambre, et que son
carrosse, avec six chevaux, fût en même temps au delà du
pont; et pour les autres elle les retint auprès d'elle pour
faire ses paquets et serrer ses pierreries.

« Avec ces trois hommes donc et une seule femme de
chambre, le 22 février, à six heures du matin, sortant par
la fenêtre d'une salle qui répond sur la terrasse, de
laquelle, parce qu'il y avait un endroit de la muraille qui
était tombé, on pouvait facilement descendre en bas, et
aller au pont sans passer par la porte du château ni par
la ville. Ce qu'elle fit en s'asseyant et se laissant glisser
sur la terre, qui était éboulée; après quoi, elle fut sur le

pont, où elle rencontra deux hommes qui passaient déjà, dont l'un, à ce qu'elle-même disait, la voyant menée par deux autres à une heure si indue, en fit un fort mauvais jugement ; mais l'autre, plus spirituel, la reconnut, et, jugeant bien qu'elle se sauvait, lui souhaita bon voyage.

« Au bout du pont elle trouva son carrosse, et, y montant avec ceux qui l'accompagnaient, alla à Montrichard où M. de Toulouse, ne se croyant pas obligé d'aller plus en avant, s'était arrêté pour s'assurer du passage de la rivière du Cher. M. d'Épernon fut au-devant d'elle jusqu'à une lieue de Loches, et elle y séjourna deux jours pour se reposer et écrire au Roi. De là elle se rendit à Angoulême. »

Après de longs pourparlers et des intrigues nombreuses, où de Luynes et Richelieu, alors évêque de Luçon, déployèrent toute leur habileté, ayant vu ses partisans se brouiller entre eux et l'abandonner pour la plupart, Marie de Médicis partit d'Angoulême pour aller trouver à Tours Louis XIII et Anne d'Autriche, qui l'y attendaient.

« Le Roi et la Reine la furent recevoir à deux lieues de Tours, où ils se firent de grandes caresses... La Reine mère, après avoir été huit à dix jours avec le Roi, s'en alla à Chinon attendre que l'entrée qu'on lui préparait à Angers fût prête ; et le roi alla à Compiègne, parce que la peste était à Paris. » (*Mémoires* de Fontenay-Mareuil, collection Michaud-Poujoulat.)

Enveloppé dans la ruine de Barneveld, dont il était l'admirateur et le ferme partisan, Grotius fut condamné à la confiscation de ses biens et à une prison perpétuelle. On l'enferma dans le château de Louvenstein près de Gorcum. C'était en 1619, et Grotius avait alors trente-six ans. Étroitement gardé, il n'avait d'autre consolation que l'étude et la compagnie de sa femme, Marie de Reygesberg, qui avait demandé la permission de le visiter. On lui accorda l'autorisation d'entrer dans la prison de son mari, mais en lui signifiant que, si elle en sortait, on ne l'y laisserait plus rentrer. Plus tard cependant on lui permit de sortir deux fois par semaine.

Cette captivité durait déjà depuis dix-huit mois lorsque Muys van Holi, un des ennemis déclarés de Grotius et qui avait été son juge, avertit les États généraux qu'il avait reçu de bonne part l'avis que leur prisonnier cherchait les moyens de se sauver; on envoya un agent à Louvenstein pour examiner ce qui s'y passait, mais il ne trouva rien qui pût faire croire que l'avis fût motivé. Il était vrai cependant que Marie de Reygesberg n'était occupée que d'un seul projet, celui de procurer la liberté à son mari. On avait permis à Grotius d'emprunter des livres à ses amis. Lorsqu'il les avait lus, il les renvoyait dans un coffre, où l'on mettait aussi son linge, que l'on envoyait blanchir à Gorcum.

La première année, les gardes de la prison visitaient exactement le coffre lorsqu'il était emporté de Louvenstein ; mais, accoutumés à n'y trouver que des livres et du linge, ils se lassèrent de l'examiner et ne prirent pas même la peine de l'ouvrir. La femme de Grotius remarqua cette négligence, et conçut la pensée de la mettre à profit. Elle confia son dessein à son mari et lui persuada de tenter sa délivrance en se mettant dans le coffre. Auparavant, et afin de ne pas l'exposer à être privé d'air, elle pratiqua des trous étroits et difficiles à apercevoir du dehors, vers l'une des extrémités du coffre, et elle obtint de lui de s'y renfermer plusieurs fois, en y restant autant de temps qu'il en fallait pour aller de Louvenstein à Gorcum ; elle se tenait assise sur le coffre, pour éprouver pendant combien de temps il pourrait supporter cette posture gênée. Quand il en eut pris une habitude suffisante, elle ne songea plus qu'à profiter d'une occasion favorable.

Cette occasion se présenta bientôt. Le commandant de la forteresse s'absenta pour affaires de service. La femme de Grotius alla rendre visite à la commandante, et dans la conversation elle lui dit qu'elle voudrait renvoyer un coffre plein de livres ; que son mari était si faible qu'elle le voyait avec peine travailler avec tant d'application. Après avoir ainsi prévenu la commandante, elle retourna dans la chambre de son mari et l'enferma dans le coffre. Un valet et une servante étaient dans la confidence, et la femme de Grotius fit courir le bruit que son mari ne se portait pas bien, afin qu'on ne fût pas surpris de ne pas le voir. Deux soldats emportèrent le coffre, et l'un d'eux, le trouvant plus pesant qu'à l'ordinaire, dit : « Il faut qu'il y ait quelque arminien là dedans, » faisant allusion à une secte de cette époque, à laquelle appartenait Grotius et dont le nom était proverbial. La femme de Grotius répondit froidement : « En effet, il y a des livres arminiens. » On fit descendre le coffre par une échelle avec beaucoup de

peine. Le même soldat insista pour qu'on ouvrît le coffre,
afin de voir ce qu'il contenait; il alla même chez la femme
du commandant, et lui dit que la pesanteur du coffre lui
faisait penser que quelque chose de suspect y était enfermé et qu'il serait à propos de l'ouvrir. La commandante
ne le voulut pas, soit que son intention fût de fermer com-
plaisamment les yeux, soit par négligence. Elle répondit
qu'il n'y avait que des livres dans ce coffre, d'après ce que
lui avait assuré la femme de Grotius, et qu'on pouvait le
porter au bateau. La femme d'un autre soldat, qui se trouvait sur le passage, dit tout haut qu'il y avait plus d'un
exemple de prisonniers qui s'étaient sauvés dans des coffres. Toutefois, on porta le coffre au bateau. La servante
de Grotius avait ordre de l'accompagner jusqu'à Gorcum
et de le déposer dans une maison qu'on lui indiqua. Quand
le coffre fut à Gorcum, on voulut le charger sur un traineau ; mais la servante dit au maître du bateau qu'il s'y
trouvait des objets fragiles et le pria de le faire porter
avec attention. Il fut donc mis sur un brancard et porté
chez David Dazelaër, un des amis de Grotius et parent de
sa femme. Quand la servante se vit seule, elle ouvrit le
coffre, et Grotius en sortit, sans y avoir beaucoup souffert,
quoique resserré si longtemps dans un espace de trois
pieds et demi de longueur. Il prit un habit de maçon, une
règle et une truelle à la main, et, par une porte de derrière de la maison, il se dirigea sur la place de Gorcum,
qu'il traversa pour gagner la porte de la ville donnant sur
la rivière. Là, il entra dans un bateau qui le conduisit à
Valvic en Brabant. Il s'y fit connaître à quelques arminiens
et loua une voiture pour Anvers. Il prit les précautions
nécessaires pour n'être pas reconnu sur la route, et arriva heureusement à Anvers.

Cependant on croyait à Louvenstein qu'il était malade,
et sa femme, pour lui donner le temps de se sauver, assu-
rait que sa maladie était dangereuse ; mais, dès qu'elle eut

Elle enferma son mari (Grotius) dans le coffre.

appris par le retour de sa servante qu'il était en Brabant et conséquemment en sûreté, elle avoua aux gardes que l'oiseau avait pris son vol. Le commandant, qui était de retour, courut à l'appartement du prisonnier, demandant à sa femme où il était caché. Après l'avoir laissé chercher quelque temps, elle lui raconta le stratagème dont elle s'était servie. On commença par l'enfermer plus étroitement ; mais elle présenta une requête aux États généraux, et quelques jours après elle fut mise en liberté.

Isaac Arnauld était gouverneur de Philipsbourg pendant l'hiver de 1635. Cette place, défendue par des fortications en terre et un large fossé dont l'eau était constamment gelée, n'avait qu'une garnison insuffisante. « Les impériaux, bien avertis de toutes ces choses, dit l'abbé Arnauld dans ses Mémoires, eurent peu de peine à former leur plan d'attaque et à l'exécuter. Ils trouvèrent la garnison sous les armes, mais trop faible pour pouvoir soutenir un assaut général. Toute la conduite et toute la valeur du gouverneur ne purent lui servir qu'à se bien défendre et à vendre chèrement sa liberté, après que toute sa garnison eut été passée au fil de l'épée. Fait prisonnier avec ceux de ses compagons d'infortune qui survivaient, il fut enfermé successivement dans plusieurs villes, et en dernier lieu à Esslingen.

« Il n'ignora pas dans sa prison les bruits qui couraient de lui à la cour; on l'accusait d'avoir fait perdre Philipsbourg à la France par sa négligence. Dès lors, il ne pensa plus qu'à trouver les moyens de se sauver pour venir détruire ces bruits par sa présence; ce fut dans cette vue qu'il refusa d'être prisonnier sur sa parole. L'entreprise n'était pas aisée, étant gardé par des soldats qui l'accompagnaient le soir quand on le menait prendre l'air, et qui couchaient dans son logis, à la porte de sa chambre. Il ne

laissa pas néanmoins d'y réussir. Il observa la hauteur de
sa fenêtre qui regardait dans le fossé de la ville où il était,
et il ne douta point que, s'il y pouvait descendre, il ne
pût se remettre en liberté. Il avait fait pratiquer quelques
cavaliers français qui étaient au service de l'empereur,
dans l'espérance de leur donner de l'emploi dans son régiment de carabins, et il leur tint en effet parole lorsqu'il
fut de retour en France. La difficulté était donc d'avoir
des cordes pour descendre dans le fossé de la ville, qui,
pour être bien avant en Allemagne et hors d'insulte, n'était
point gardée régulièrement. Pour cela, il s'avisa, toutes
les fois qu'on le menait promener, de faire jouer ses
gardes à divers jeux, sous prétexte de se divertir ; et,
comme il leur donnait pour boire et qu'ils s'y divertissaient
eux-mêmes, ils étaient les premiers à le proposer. Parmi
ces jeux, il y en avait un qu'ils appelaient sangler l'âne.
Celui-ci parut bien propre à son dessein ; car, comme il fallait une brasse de corde pour lier un de ceux qui jouaient,
il jetait une pièce d'argent au premier venu pour en aller
acheter et ne faisait pas rendre son reste. Si peu de
corde ne pouvait donner de soupçons et n'était propre à
aucun usage : ainsi on la jetait d'ordinaire quand le jeu
était fini ; mais quelques-uns de ceux qui étaient à lui
avaient soin de la ramasser sans faire semblant de rien
et en badinant. Quand il s'en vit assez pour son dessein, il
donna jour à ses cavaliers dont j'ai parlé et se sauva heureusement avec eux. Il est aisé de croire qu'ils firent diligence ; ainsi, ce fut M. Arnauld le premier qui nous en
apprit la nouvelle.

« Arrivé à Paris, il se constitua prisonnier à la Bastille
et demanda qu'on examinât son affaire. Il y fut quelques
mois, après lesquels il sortit bien justifié. » (*Mémoires de
l'abbé Arnauld*, collection Michaud-Poujoulat.)

Le duc de Beaufort, un des chefs du parti de la Fronde, accusé d'avoir voulu faire assassiner le cardinal Mazarin, fut arrêté au Louvre, par ordre de la reine Anne d'Autriche, et enfermé au donjon de Vincennes. Après y être resté cinq ans, il parvint à s'évader avec le secours de ses amis. Voici comment cette évasion est racontée dans les Mémoires de madame de Motteville.

« Le jour de la Pentecôte, premier du mois de juin 1648, le duc de Beaufort, prisonnier depuis cinq ans dans le bois de Vincennes, s'échappa de sa prison environ sur le midi. Il trouva le moyen de rompre ses chaînes par l'habileté de ses amis et de quelques-uns des siens, qui, en cette occasion, le servirent fidèlement. Il était gardé par un officier des gardes du corps et par sept ou huit gardes qui couchaient dans sa chambre, et qui ne l'abandonnaient point. Il était servi par des officiers du roi, n'ayant auprès de lui pas un de ses domestiques ; et, par-dessus tout cela, Chavigny, gouverneur du bois de Vincennes, qui n'était pas son ami. L'officier qui le gardait, nommé La Ramée, avait pris avec lui, à la prière d'un de ses amis, un certain homme qui, sous prétexte d'un combat qui le mettait en peine à cause des édits du Roi qui défendaient les duels, avait témoigné désirer cet asile pour s'en sauver. Il est à croire néanmoins qu'il était conduit en ce lieu par

les créatures de ce prince, et peut-être du consentement
de l'officier ; mais j'ignore cette particularité et n'en
suis persuadée que par les apparences. Cet homme d'a-
bord, pour faire le bon valet et montrer qu'il n'était pas
inutile, s'ingérait plus que tout autre à bien garder le
prisonnier, et même on dit à la reine, en lui contant cette
histoire, qu'il allait jusqu'à la rudesse. Soit qu'il fût là
pour servir le duc de Beaufort, soit qu'alors il se laissât
gagner par ce prince, il s'en servit enfin pour communiquer
ses pensées à ses amis et pour prendre connaissance des
desseins qui se faisaient pour sa liberté. Le temps venu
pour l'exécution de toutes leurs méditations, ils choisirent exprès le jour de la Pentecôte, parce que la solennité
de cette fête occupait tout le monde au service divin.
A l'heure que les gardes dînaient, le duc de Beaufort demanda à La Ramée de s'aller promener en une galerie où
il avait obtenu permission d'aller quelquefois se divertir.
Cette galerie est plus basse que le donjon où il était
logé, mais néanmoins fort haute, suivant la profondeur
des fossés, sur quoi elle regarde des deux côtés. La Ramée
le suivit à cette promenade et demeura seul avec lui dans
la galerie. L'homme gagné par le duc de Beaufort fit semblant d'aller dîner avec les autres ; mais, contrefaisant le
malade, il prit seulement un peu de vin et, sortant de la
chambre, ferma la porte sur eux et quelques portes qui
étaient entre la galerie et le lieu où ils faisaient leur repas.
Il alla ensuite trouver le prisonnier et celui qui le gardait
et, en entrant dans la galerie, il la ferma aussi et prit les
clefs de toutes les portes. En même temps le duc de Beaufort, qui était d'une taille avantageuse, et cet homme qui
était de son secret, se jetèrent sur La Ramée et l'empêchèrent de crier ; et, sans le vouloir tuer, quoiqu'il fût périlleux de ne pas le faire, s'il n'était point gagné, ils le bâil-
lonnèrent, le lièrent par les pieds et par les mains, et le
laissèrent là. Aussitôt ils attachèrent une corde à la fe-

nêtre, et se descendirent l'un après l'autre, le valet le premier, comme celui qui eût été très-rigoureusement puni,
s'il eût manqué de se sauver. Ils se laissèrent côuler tous
deux jusque dans le fossé, dont la profondeur est si grande,
qu'encore que leur corde fût longue, elle se trouva trop
courte de beaucoup; si bien qu'en se laissant choir de la
corde en bas, le prince s'exposa au hasard de se pouvoir
blesser, ce qui en effet lui arriva. La douleur le fit évanouir, et il demeura longtemps en cet état sans pouvoir
reprendre ses esprits. Étant revenu à lui, quatre ou cinq
des siens, qui étaient de l'autre côté du fossé, et qui l'avaient
vu presque mort avec une terrible inquiétude, lui jetèrent
une autre corde qu'il s'attacha lui-même autour du corps
et, de cette sorte, ils le tirèrent à force de bras jusqu'à eux ;
le valet qui l'avait assisté étant toujours servi le premier,
suivant la parole que le prince lui avait donnée, et qu'il
garda ponctuellement. Quand il fut en haut, il se trouva
en mauvais état ; car, outre qu'il s'était blessé en tombant, la corde qu'il avait liée autour de son corps pour
monter, lui avait pressé l'estomac par les secousses
qu'il avait endurées dans cette occasion. Mais ayant repris
quelques forces par la vigueur de son courage et par la
peur de perdre le fruit de ses peines, il se leva et s'en alla
hors de ce lieu se joindre à cinquante hommes de cheval
qui l'attendaient au bois prochain. Un gentilhomme des
siens, qui était à cette expédition, m'a depuis conté
qu'aussitôt après avoir vu cette troupe l'environner de tous
côtés, la joie de se voir en liberté et parmi les siens fut
si grande qu'en un moment il se trouva guéri de tous ses
maux, et, sautant sur un cheval qu'on lui avait préparé,
il s'en alla et disparut comme un éclair, ravi de respirer
l'air sans contrainte, et de pouvoir dire comme le roi
François Ier, dans le moment qu'il mit le pied en France
en revenant d'Espagne : « Ah ! je suis libre. » Une femme
cueillait des herbes dans un jardin au bord du fossé et

un petit garçon virent tout ce qui se passa en ce mystère ; mais ses hommes qui étaient en embuscade les avaient
tellement menacés pour les obliger à se taire, que, n'ayant
pas beaucoup d'intérêt d'empêcher que le prince ne se
sauvât, elle et son fils étaient demeurés avec eux fort
paisiblement à regarder tout ce qu'ils avaient fait. Aussitôt
qu'il fut parti, la femme alla le dire à son mari, qui était
le jardinier du lieu, et tous deux allèrent avertir les gardes. Mais il n'était plus temps, les hommes ne pouvaient
plus changer ce que Dieu avait ordonné, et les étoiles,
qui semblent quelquefois marquer les arrêts du souverain,
avaient appris déjà à beaucoup de personnes, par un astrologue nommé Goësel, que le duc de Beaufort devait partir
le même jour. Cette nouvelle surprit d'abord toute la cour
et particulièrement ceux à qui elle n'était pas indifférente.
Le ministre en fut sans doute affligé, mais, à son ordinaire, il ne le témoigna pas. » Plus loin madame de Motteville ajoute : « La reine et le cardinal Mazarin en parlè-
rent fort honnêtement et ne firent qu'en rire, disant que
M. de Beaufort avait bien fait. » (*Mémoires de madame
de Motteville,* collection Michaud-Poujoulat.)

En 1652, le cardinal de Retz, qui avait joué un si grand
rôle dans les troubles de la Fronde, perdait son temps à
négocier avec les ministres, lorsqu'il fut arrêté au Louvre,
le 19 décembre. Enfermé d'abord à Vincennes, il fut obligé
de se démettre de l'archevêché de Paris, pour obtenir sa
translation au château de Nantes, dont Chalucet était gouverneur. Ce fut de là qu'il s'évada, et voici ce qu'il raconte
à ce sujet dans ses Mémoires :

« M. le maréchal de la Meilleraye et M. le premier président de Bellièvre me vinrent prendre à Vincennes.....
Comme le maréchal était tout estropié de la goutte, il ne
put monter jusqu'à ma chambre, ce qui donna le temps à
M. de Bellièvre, qui m'y vint prendre, de me dire en descendant les degrés, que je me gardasse bien de donner
une parole que l'on allait me demander. Le maréchal, que
je trouvai au bas de l'escalier, me la demanda effectivement ;
c'était de ne point me sauver. Je lui répondis que les prisonniers de guerre donnaient des paroles, mais que je n'a-
vais jamais ouï dire qu'on en exigeât des prisonniers d'État.
M. de Bellièvre prit la parole et dit : « Vous ne vous entendez
pas ; M. le cardinal ne refuse pas de vous donner sa parole,
si vous voulez vous y fier absolument, et ne lui donner
auprès de lui aucuns gardes. Mais si vous le gardez,

monsieur, à quoi vous servirait cette parole ? car tout homme que l'on garde en est quitte. »

« Le premier président jouait à jeu sûr, car il savait que la reine avait fait promettre au maréchal qu'il me ferait toujours garder à vue. Il regarda M. de Bellièvre et il lui dit : « Vous savez si je puis faire ce que vous me proposez; allons, continua-t-il, en se tournant vers moi, il faut donc que je vous garde ; mais ce sera d'une manière de laquelle vous ne vous plaindrez pas.

« Je demeurai purement à la garde de M. le maréchal de la Meilleraye, qui me tint parole; car l'on ne pouvait rien ajouter à la civilité avec laquelle il me garda. Tout le monde me voyait; on me cherchait même tous les divertissements possibles ; j'avais presque tous les soirs la comédie. Toutes les dames s'y trouvaient, elles y soupaient souvent. L'exactitude de la garde fut égale à l'honnêteté. On ne me perdait jamais de vue, que quand j'étais retiré dans ma chambre, et l'unique porte qui était à cette chambre était gardée par six gardes, jour et nuit. Il y avait une fenêtre très-haute qui répondait de plus dans la cour, dans laquelle il y avait toujours un grand corps de garde, et celui qui m'accompagnait toutes les fois que je sortais, composé de ces six hommes dont j'ai parlé ci-dessus, se postait sur la terrasse d'une tour d'où il me regardait quand je me promenais dans un petit jardin qui est sur une manière de bastion ou de ravelin qui répond sur l'eau...

« Je me résolus de penser tout de bon à me sauver. M. le premier président m'en pressait et Montrésor me fit donner un petit billet, par le moyen d'une dame de Nantes, où il y avait : « Vous devez être conduit à Brest dans « la fin du mois si vous ne vous sauvez. » La chose était très-difficile. Le préalable fut d'amuser le maréchal. Je connus en cette circonstance que les gens les plus défiants sont très-souvent les plus dupes. Je m'ouvris ensuite à

7

M. de Brissac, qui faisait de temps en temps des voyages à
Nantes et qui me promit de me servir. Comme il était en
fort grand équipage, il marchait avec beaucoup de mulets.
Cette quantité de coffres me donna la pensée qu'il ne serait pas impossible que je me fourrasse dans l'un de ces
bahuts. On le fit faire exprès un peu plus grand qu'à l'ordinaire. L'on fit un trou par le dessous, afin que je pusse
respirer ; je l'essayai même, et il me parut que ce moyen
était praticable et d'autant plus aisé qu'il était simple et
qu'il n'était pas même nécessaire de le communiquer à
beaucoup de gens.

« M. de Brissac l'avait entièrement approuvé. Il fit un
voyage à Machecoul, qui le changea complétement. Il revint donc à Nantes convaincu, à ce qu'il disait, que j'é-
toufferais dans ce bahut... et il me donna sa parole qu'il
me servirait pour ma liberté en tout ce qui ne regarderait
pas le dedans du château : nous prîmes toutes nos mesures sur un plan que je me fis à moi-même, aussitôt que
le premier m'eut manqué.

« J'ai déjà dit que je m'allais quelquefois promener sur
une manière de ravelin qui répond sur la rivière de Loire ;
et j'avais observé que, comme nous étions au mois d'août,
elle ne battait pas contre la muraille et laissait un petit espace de terre jusqu'au bastion. J'avais aussi remarqué
qu'entre le jardin qui était sur ce bastion et la terrasse
sur laquelle mes gardes demeuraient quand je me promenais, il y avait une porte que Chalucet y avait fait mettre,
pour empêcher les soldats d'y aller manger son raisin. Je
formai sur ces observations mon dessein, qui fut de tirer,
sans faire semblant de rien, cette porte après moi, qui
étant à jour par des treillis n'empêchait pas les gardes de
me voir, mais qui les empêcherait au moins de venir à
moi ; de me faire descendre par une corde que mon médecin et l'abbé Rousseau, frère de mon intendant, me tien-
draient, et de faire trouver des chevaux au bas du ravelin,

et pour moi et pour quatre gentilshommes que je faisais
état de mener avec moi. Ce projet était d'une exécution
très-difficile. Il ne se pouvait exécuter qu'en plein jour, entre deux sentinelles, qui n'étaient qu'à trente pas l'une de
l'autre, à la portée d'un demi-pistolet, et mes six gardes me
pouvaient tirer à travers les barreaux de la porte. Il fallait
que les quatre gentilhommes qui devaient venir avec moi
et favoriser mon évasion, fussent bien juste à se trouver au
bas du ravelin, parce que leur apparition pouvait aisément
donner de l'ombrage. Je ne me pouvais passer d'un moindre nombre, parce que j'étais obligé de passer par une
place qui était toute proche et qui était le promenoir ordinaire des gardes du maréchal. Si mon dessein n'eût été
que de sortir de prison, il eût suffi d'avoir les regards nécessaires à tout ce que je viens de marquer, mais il s'éten-
dait plus loin, et j'avais formé celui d'aller droit à Paris et
de paraître publiquement. J'avais encore d'autres préten
tions qui étaient sans comparaison plus difficiles. Il fallait
que je passasse en diligence de Nantes à Paris, si je ne
voulais être arrêté par les chemins, où les courriers du
maréchal de la Meilleraye ne manqueraient pas de donner
l'alarme; il fallait que je prisse mes mesures à Paris
même, où il m'était aussi important que mes amis fussen
avertis de ma marche, qu'il me l'était que les autres n'en
fussent point informés... Il n'y eût rien eu de plus extraordinaire dans notre siècle que le succès d'une évasion
comme la mienne, si elle se fût terminée à me rendre
maître de la capitale du royaume, en brisant mes fers.
Tout ce plan fut renversé en un moment, quoique aucune
des machines sur lesquelles il était bâti n'eût manqué.

« Je me sauvai un samedi 8 d'août, à cinq heures du
soir; la petite porte du jardin se referma après moi presque naturellement; je descendis (un bâton entre les jambes) très-heureusement du bastion, qui avait quarante pieds
de haut. Un valet de chambre, qui est encore à moi, qui

s'appelle Fromentin, amusa mes gardes en les faisant boire.
Ils s'amusèrent eux-mêmes à regarder un jacobin qui se
baignait et qui, de plus, se noyait. La sentinelle qui était à
vingt pas de moi, mais en lieu d'où il ne pouvait pourtant
me joindre, n'osa me tirer, parce que lorsque je le vis
compasser la mèche, je lui criai que je le ferais pendre s'il
tirait, et il avoua à la question qu'il crut, sur cette menace,
que le maréchal était de concert avec moi. Deux petits
pages, qui se baignaient et qui, me voyant suspendu à la
corde, crièrent que je me sauvais, ne furent pas écoutés
parce que tout le monde s'imagina qu'ils appelaient les
gens au secours du jacobin qui se baignait. Mes quatre
gentilshommes se trouvèrent à point nommé au bas du ravelin, où ils avaient fait semblant de faire abreuver leurs
chevaux, comme s'ils eussent voulu aller à la chasse ; je
fus à cheval moi-même avant qu'il y eût seulement eu la
moindre alarme ; et, comme j'avais quarante relais, posés
entre Nantes et Paris, je serais infailliblement arrivé le
mardi à la pointe du jour, sans un accident que je puis
dire avoir été le fatal et le décisif du reste de ma vie.

« Aussitôt que je fus à cheval, je pris la route de Mauve,
qui est, si je ne me trompe, à cinq lieues de Nantes, sur la
rivière, et où nous étions convenus que M. de Brissac et
M. le chevalier de Sévigné m'attendraient avec un bateau
pour la passer. La Ralde, écuyer de M. le duc de Brissac,
qui marchait devant moi, me dit qu'il fallait galopper
d'abord pour ne pas donner le temps aux gardes de M. le
maréchal de fermer la porte d'une petite rue du faubourg
où était leur quartier, et par laquelle il fallait nécessairement passer. J'avais un des meilleurs chevaux du monde
et qui avait coûté mille écus à M. de Brissac. Je ne lui
abandonnai pas toutefois la main, parce que le pavé était
très-mauvais et très-glissant; mais un gentilhomme à moi
qui s'appelait Boisguérin, ayant crié de mettre le pistolet
à la main, parce qu'il voyait deux gardes du maréchal qui

ne songeaient pourtant pas à nous, je l'y mis effectivement, en le présentant à la tête de celui des gardes qui
était le plus près de moi, pour l'empêcher de prendre la
bride de mon cheval : le soleil, qui était encore fort haut,
donna dans la platine, la réverbération fit peur à mon
cheval qui était vif et vigoureux, il fit un grand soubre-
saut et il retomba des quatre pieds. J'en fus quitte pour
l'épaule gauche qui se rompit contre la borne d'une porte.
Un autre gentilhomme à moi, nommé Beauchesne, me releva et me remit à cheval, et quoique je souffrisse des
douleurs effroyables et que je fusse obligé de me tirer les
cheveux de temps en temps pour m'empêcher de m'évanouir, j'achevai ma course de cinq lieues avant que le
grand-maître, qui me suivait à toute bride avec tous les
coureurs de Nantes, m'eût pu joindre. Je trouvai au lieu
destiné M. de Brissac et le chevalier de Sévigné, avec le
bateau ; je m'évanouis en y entrant. L'on me fit revenir en
me jetant un verre d'eau sur le visage. Je voulus remonter
à cheval quand nous eûmes passé la rivière ; mais les
forces me manquèrent et M. de Brissac fut obligé de me
faire mettre dans une grosse meule de foin, où il me laissa
avec un gentilhomme à moi, nommé Montet, qui me tenait
entre ses bras. Il emmena avec lui Joly, qui seul avec
Montet avait pu suivre, les chevaux des autres ayant
manqué, et il tira droit à Beaupréau, à dessein d'y as-
sembler la noblesse pour me venir tirer de ma meule de
foin.

« J'y demeurai caché plus de sept heures, avec une
incommodité que je ne puis exprimer. J'avais l'épaule
rompue et démise ; j'y avais une contusion terrible ; la
fièvre me prit sur les neuf heures du soir, et l'altération
qu'elle me donnait était encore cruellement augmentée
par la chaleur du foin nouveau. Quoique je fusse sur le
bord de la rivière, je n'osais boire, parce que, si nous fus-
sions sortis de la meule Montet et moi, nous n'eussions eu

personne pour raccommoder le foin qui eût paru remué,
et qui eût donné lieu par conséquent à ceux qui couraient
après moi d'y fouiller. Nous n'entendions que des cavaliers qui passaient à droite et à gauche... M. de la Poise
Saint-Offanges, homme de qualité du pays, que M. de
Brissac avait averti en passant chez moi, vint sur les deux
heures après minuit me prendre dans cette meule, après
qu'il eut remarqué qu'il n'y avait plus de cavaliers aux
environs. Il me mit sur une civière à fumier, et il me fit
porter par deux paysans dans la grange d'une maison qui
était à lui, à deux lieues de là. Il m'y ensevelit encore
dans le foin ; mais comme j'y avais de quoi boire, je m'y
trouvai même délicieusement.

« M. et madame de Brissac me vinrent prendre au bout
de sept ou huit heures avec quinze ou vingt chevaux, et
ils me menèrent à Beaupréau, où je ne demeurai qu'une
nuit jusqu'à ce que la noblesse fût assemblée. M. de Brissac mit ensemble, dans ce peu de temps, plus de deux
cents gentilshommes. M. de Retz le joignit à quatre lieues
de là avec trois cents. Nous passâmes presque à la vue de
Nantes, d'où quelques gardes du maréchal sortirent pour
escarmoucher. Ils furent repoussés vigoureusement jusque
dans la barrière, et nous arrivâmes heureusement à Machecoul, qui est dans le pays de Retz, avec toute sorte de
sûreté. »

De Machecoul, le cardinal de Retz se fit transporter non
sans difficultés à Belle-Isle, et quelques jours après gagna Saint-Sébastien, d'où, avec des passe-ports d'Espagne,
il se rendit enfin à Rome. (*Mémoires* du cardinal de Retz,
collection Michaud.)

QUIQUÉRAN DE BEAUJEU

— 1671 —

Paul-Antoine Quiquéran de Beaujeu, chevalier de Malte,
s'était acquis la réputation d'un des premiers hommes de
mer de son temps, par le nombre et le bonheur de ses
combats contre les Turcs. Au mois de janvier 1660, la
tempête l'ayant obligé de relâcher dans un mauvais port
de l'Archipel, il y fut investi et attaqué par les trente
galères de Rhodes, que le capitan-pacha Mazamet commandait en personne. Il en soutint le feu pendant un jour
entier, et n'y succomba qu'après avoir épuisé toutes ses
munitions et perdu les trois quarts de son équipage. Il
était chargé de fers, et on le menait comme en triomphe,
quand une nouvelle tempête, beaucoup plus violente que
la première, s'éleva et mit la flotte victorieuse en tel danger que Mazamet se vit réduit à implorer le secours de
son prisonnier, et ce ne fut pas en vain. Le chevalier de
Beaujeu le sauva par l'habileté de sa manœuvre et le pénétra de tant d'estime et de reconnaissance que, voulant
le sauver à son tour, il supprima sa qualité de chevalier,
et le confondit avec les plus vils esclaves; mais le grand-
vizir, qui en avait probablement eu avis, demanda à les
voir et, reconnaissant Beaujeu à sa mine guerrière, ou au
rapport qu'on lui en avait fait, le fit mettre au château des
Sept-Tours, sans espérance de rançon ni d'échange. La
Porte rejeta toutes les propositions qui en furent faites, au

nom même du roi; et les Vénitiens tentèrent avec aussi
peu de succès de le faire comprendre dans le traité de
Candie. Un de ses neveux, âgé de vingt-deux ans, forma le
dessein de l'aller délivrer et l'exécuta. Il passa à Constan-
tinople avec M. de Nointel, ambassadeur de France : il eut
la liberté de voir le prisonnier, où ne la refusait à personne
dans un lieu aussi sûr. On se contentait de fouiller, au
premier corps de garde, ceux qui se présentaient, d'y retenir leurs armes, jusqu'à de simples couteaux, et même
des clefs, s'ils en avaient.

Le chevalier de Beaujeu fut d'abord effrayé d'un projet
qui pouvait avoir les suites les plus funestes; mais onze
années de prison, jointes au goût qu'il conservait encore
pour les entreprises hasardeuses, et à la confiance que lui
inspirait le courage du jeune homme, ne lui permirent
pas de balancer longtemps. Dès lors, son neveu commença
à lui porter chaque fois une certaine quantité de corde
dont il s'entourait le corps, et quand ils jugèrent qu'il y en
avait assez, ils convinrent du jour, de l'heure et du signal.
Le signal donné, le chevalier descendit, et la corde se
trouvant de quatre à cinq toises trop courte, il s'élança
dans la mer qui baigne le pied du château. Le bruit qu'il
fit en tombant fut entendu de quelques Turcs qui passaient
dans un brigantin, et ils allèrent droit à lui ; mais le neveu,
arrivant à force de rames dans un esquif bien armé, les
écarta, recueillit son oncle, et le conduisit à bord d'un
vaisseau du roi que montait le comte d'Apremont, son
ami, qui le ramena heureusement en France, où il a vécu
encore longtemps dans le sein de sa famille, revêtu de la
commanderie de Bordeaux, que le grand maître lui conféra
immédiatement après son retour.

L'évasion du chevalier coûta la vie au kaïmakan, gouverneur du château des Sept-Tours. (Roze, *Éloge de l'é-
vêque de Castres.*)

Le chevalier de Beaujeu s'élança dans la mer.

Débarqué en Écosse pour tenter de reconquérir le trône
des Stuarts, Charles II avait vu ses espérances ruinées par
la bataille de Worcester, pendant laquelle il avait fait
preuve d'un grand courage et d'un remarquable talent
militaire. Il a laissé un journal complet de sa fuite et des
péripéties qu'elle présenta. Nous en extrayons les faits
principaux.

En voyant la bataille perdue, la première pensée du
roi fut de gagner Londres avant que la nouvelle de sa défaite
y fût parvenue, s'il était possible ; mais les personnes de sa
suite ne furent pas de cet avis et lui-même reconnut bientôt l'impossibilité de le faire. Il lui fallait se débarrasser
d'un grand nombre de cavaliers qui l'accompagnaient et
étaient un danger pour lui bien plus qu'une sûreté. Il y
parvint peu à peu, grâce à la fatigue qui les fit rester en
arrière pour la plupart. Ne sachant trop de quel côté se
diriger, Charles, encore suivi d'une soixantaine de gentilshommes ou d'officiers, marcha dans la direction de Wool-
verhampton, traversa pendant la nuit et sans être aperçu
une ville voisine, occupée par un détachement de l'armée
républicaine, et gagna sur l'avis d'un de ses fidèles un endroit nommé White-Ladys, maison écartée appartenant à
une honnête famille du nom de Penderell, composée de
cinq frères, qui tous concoururent à sauver le roi proscrit,
avec le courage et le désintéressement le plus admirable.

Au moment où Charles arrivait en ce lieu, un paysan vint lui dire que trois mille hommes de sa cavalerie étaient près de là, commandés par Leslie, mais dans le plus grand désordre. La suite du roi le pressait pour qu'il se joignit à Leslie, et cherchât ainsi à regagner l'Écosse, mais il jugea sagement la chose impossible.

« Ceci, dit-il, me fit prendre la résolution de me déguiser et de tâcher de gagner Londres à pied sous les habits d'un paysan et vêtu d'un haut-de-chausse de gros drap gris, d'un pourpoint de cuir et d'un justaucorps vert que je pris dans la maison de White-Ladys; je coupai de plus mes cheveux très-court, et jetai mes propres vêtements dans un puits, afin que personne ne pût s'apercevoir que quelqu'un s'en était dépouillé. Je ne communiquai mon projet à personne qu'à lord Wilmot, tous les autres me prièrent de ne pas leur faire connaître mes desseins, de peur des aveux qu'ils pourraient être contraints à faire. Lord Wilmot se dirigea donc vers Londres, les autres gens de qualité et officiers qui m'avaient suivi allèrent joindre les trois mille cavaliers débandés de Leslie et, presque aussitôt après leur réunion à cette troupe, furent mis en déroute par un simple détachement de cavalerie.

« Dès que je fus déguisé, je pris avec moi un paysan nommé Richard Penderell, que M. Giffard croyait pouvoir me garantir honnête homme. Le matin du lendemain de la bataille, je quittai la maison avec lui; je me trouvai bientôt dans un grand bois et me tins sur la lisière le plus près possible du chemin, afin de mieux reconnaître ceux qui nous poursuivaient. »

Un corps de cavalerie passa sur la route, mais, peut-être parce qu'il plut toute la journée, personne ne s'avisa de fouiller ce bois, où Charles passa le jour entier sans nourriture. Son compagnon Richard Penderell ne connaissait pas la route de Londres, et cela contribua à faire changer au roi son itinéraire. La nuit venue, ils gagnèrent non sans difficultés la demeure d'un gentilhomme du nom de Wolf, à qui Penderell fit connaître un peu imprudemment le nom du fugitif qui lui demandait asile. Wolf les reçut avec empressement et loyauté. La maison était surveillée, les cachettes connues, pour avoir trop souvent servi dans ces temps de proscription ; le roi fut caché dans une grange. La nuit suivante il revint sur ses pas et gagna la demeure d'un des frères de Penderell, où il sut que Wilmot était réfugié dans le voisinage et qu'il y avait aussi , près de là un certain major Careless que le roi connaissait comme digne de toute confiance. Il le fit venir et lui ayant demandé conseil : « Il serait également dangereux pour Votre Majesté, lui dit Careless, soit de demeurer dans la maison où elle se trouve, soit de se jeter dans le bois ; je ne connais qu'un moyen de passer la journée de demain, c'est de monter sur un grand chêne placé au milieu d'une jolie plaine bien ouverte : de là nous pourrons voir tout autour de nous ; et l'ennemi fouillera certainement le bois. »

« J'approuvai cette idée ; Careless et moi nous partîmes donc, emportant avec nous, pour toute la journée, une légère provision de pain, de fromage et de petite bière, mais rien de plus ; et nous montâmes sur le grand chêne ; ébranché trois ou quatre ans auparavant, il avait repoussé depuis et était devenu si gros et si touffu que l'œil ne pouvait percer à travers, nous y restâmes le jour entier.... Pendant que nous étions sur notre arbre, nous vîmes des soldats aller et venir dans le plus épais du bois pour chercher ceux qui auraient pu s'y sauver, et de temps en temps regarder hors du bois. »

Ce chêne devint célèbre dans la suite sous le nom de Chêne royal, et finit par disparaître, enlevé morceau à morceau par les jacobites.

Après s'être concerté avec Wilmot caché dans le voisinage, et le colonel Lane qui demeurait près de là, il fut

convenu que Charles voyagerait comme domestique d'une
sœur de ce dernier.

« La nuit suivante je partis pour me rendre chez le colonel Lane ; j'y changeai mes vêtements contre un habit
un peu meilleur et convenable à un homme de service.
C'était un surtout de drap gris. Le lendemain, mistress
Lane et moi nous nous mîmes en route pour Bristol. Mais
nous n'eûmes pas marché deux heures que la jument que
je montais perdit un de ses fers. Nous nous vîmes donc
forcés d'en aller chercher un dans un village écarté. Tout
en tenant le pied de mon cheval, je questionnais le maréchal sur ce qu'il y avait de nouveau. « Rien que je sache,
me dit-il, depuis l'excellente nouvelle de la défaite de ces
coquins d'Écossais. » Je lui demandai encore si l'on n'a-
vait donc pas mis la main sur quelques-uns des Anglais qui
s'étaient joints aux Écossais. « Je n'ai pas entendu dire,
répondit-il, qu'on se fût emparé de ce scélérat de Charles
Stuart ; on a pris quelques-uns des autres, mais non pas
lui. — Pour ce coquin-là, dis-je, si on le tenait, il mé-
riterait plus que tous les autres d'être pendu pour avoir
amené les Écossais dans le royaume. » A cela il s'écria
que c'était parler en brave homme et nous nous sépa-
râmes ainsi. »

Après d'autres aventures assez menaçantes, ils arrivèrent dans la maison de M. Norton, parent de mistress
Lane. Le roi y fut présenté par elle, au sommelier Pope,
comme son domestique malade et digne d'intérêt. Le lendemain, pendant qu'il déjeunait avec quelques gens de
service, un de ces hommes se mit à faire une description
si détaillée de la bataille de Worcester, que Charles
le prit pour un soldat de Cromwell ; il sut bientôt que
c'était au contraire un soldat de l'armée royale, et en
continuant à le questionner il apprit qu'il avait fait partie
du régiment des gardes. — « Je lui demandai quel homme
était le roi ; il me répondit en me faisant une exacte des-

cription des vêtements que je portais et du cheval que je
montais dans l'action, puis me regardant, il ajouta que le
roi était d'au moins trois pouces plus grand que moi. Je
me hâtai de quitter la sommellerie, beaucoup plus effrayé
quand je sus que cet homme était un de mes propres soldats. »

Charles apprit quelques instants après que Pope le sommelier l'avait reconnu, et cet homme lui ayant été donné
pour honnête et incapable de trahison, il jugea sagement
que le plus sûr était de se confier à lui, ce qu'il fit immédiatement. Pope se mit tout entier à ses ordres, et lui
rendit les plus grands services. Au moment où le roi allait
partir pour se rendre chez un de ses partisans, la mai-
tresse de la maison, mistress Norton, fut prise des douleurs de l'enfantement ; elle était cousine de mistress Lane,
dont Charles passait pour le domestique, et on ne pouvait
trouver de prétexte plausible pour que mistress Lane
quittât en ce moment sa parente. On s'avisa de fabriquer
une lettre adressée à mistress Lane, et lui annonçant que
son père était dangereusement malade. Ainsi motivé, le
départ eut lieu avec sécurité, et les fugitifs arrivèrent à
Trent, chez Frank Wyndham. Tandis qu'il y était, Charles,
entendant sonner les cloches en réjouissance, s'informa
du motif, et apprit qu'un cavalier de l'armée de Cromwell se vantait d'avoir tué le roi et de porter son justaucorps.

Cependant Wyndham avait nolisé un navire, et Charles,
accompagné de ce fidèle gentilhomme et d'une dame
Coningsby, était allé l'attendre au point où il devait s'embarquer. Le navire n'ayant pas paru, on se dirigea vers
Burport, l'endroit le plus proche.

« En y arrivant, nous vîmes les rues pleines d'habits
rouges. C'étaient quinze cents soldats de Cromwell. A cette
vue Wyndham troublé me demanda ce que je prétendais
faire. « Il nous faut, répondis-je, entrer effrontément dans

la meilleure auberge de la ville et y demander la meilleure chambre... » Nous nous rendîmes donc à cheval dans la plus fameuse auberge de l'endroit ; nous en trouvâmes la cour remplie de soldats ; je mis pied à terre, et prenant les chevaux par la bride, je pensai que le mieux était de me jeter à l'étourdie au milieu de la foule et de conduire nos montures à l'écurie à travers ces soldats ; je le fis, et eux se mirent fort en colère de ma grossièreté. »

Arrivé dans l'écurie, Charles se trouva en présence d'un nouveau danger. Le palefrenier prétendit le reconnaître pour un ancien camarade, qu'il avait connu à Exeter. Le roi eut assez de présence d'esprit pour profiter de cette demi-méprise et répondit : « C'est vrai, j'ai été au service de M. Potter, mais je suis pressé en ce moment, mon maître va à Londres et reviendra bientôt ; à mon retour nous renouvellerons connaissance devant un pot de bière. » Peu de temps après, le roi et sa suite rejoignirent lord Wilmot hors de la ville, mais le maître du vaisseau qu'on avait retenu, cédant aux craintes de sa femme, se refusa à remplir ses engagements. Charles reprit, consterné, le chemin de Trent. Un autre vaisseau qu'on s'était procuré à Southampton fut saisi par les autorités pour un transport de troupes, et des bruits mystérieux qui circulaient aux environs rendirent périlleux un séjour plus prolongé chez le colonel Wyndham. Le roi trouva près de Salisbury, à Heale, un asile où il resta cinq jours, pendant lesquels le colonel Gunter, par l'entremise d'un négociant royaliste, nommé Mansel, arrêta un bâtiment charbonnier qui se trouvait à New-Shoreham. Charles se rendit à la hâte à Brighton, où il soupa avec Gunter, Mansel et Tattershall, le maître du bâtiment. A table, Tattershall tint ses yeux fixés sur le roi ; puis, après souper, prenant Mansel à part, il se plaignit d'avoir été trompé. Le gentleman habillé en gris était le roi ; il le connaissait bien, ayant été pris par lui, puis relâché avec bonté, lorsque,

Ils se mirent fort en colère de ma grossièreté. (Charles II.)

8

comme prince de Galles, il commandait la flotte royale
en 1648. L'avis en fut promptement donné à Charles, qui,
pour plus de sûreté, trouva moyen de retenir ses convives
à boire et à fumer le reste de la nuit.

Avant son départ, comme il était seul dans une chambre,
l'aubergiste entra et, passant derrière lui, lui baisa la
main qui s'appuyait sur le dos d'une chaise en disant :
« Je ne doute pas, si je vis, que je ne devienne un lord
et ma femme une lady. » Charles se mit à rire, pour montrer qu'il avait compris, et rejoignit la compagnie dans
l'autre pièce. A quatre heures du matin, le 16 octobre, ils
se rendirent tous à Shoreham. Quand Charles et Wilmot,
qui seul l'accompagnait plus loin, furent dans la barque,
Tattershall tomba aux genoux du roi et lui jura que, quelle
que pût en être la conséquence, il le conduirait sain et sauf
sur les côtes de France. Le bâtiment aidé de la marée se
dirigea vers l'ile de Wight comme s'il faisait route pour
Deal, sa destination. Mais vers cinq heures du soir, Charles, ainsi qu'il en était convenu avec Tattershall, s'adressa
aux hommes de l'équipage. Il leur dit que son compagnon
et lui étaient des négociants en faillite qui fuyaient leurs
créanciers, il les pria de se joindre à lui pour décider le
patron à les conduire en France et, comme dernier argu-
ment, il leur donna vingt shellings pour boire. Tattershall
fit beaucoup d'objections, mais, à la fin, avec une répu-
gnance apparente, il se dirigea vers les côtes de France.
Au point du jour ils aperçurent la ville de Fécamp, et en
même temps ils découvrirent au vent une voile suspecte
que l'on crut être un corsaire d'Ostende. C'était un cabo-
teur français ; mais, sans attendre qu'on s'en fût assuré, la
chaloupe fut mise à la mer et les deux fugitifs furent conduits sains et saufs dans le port. (*Mémoires de Charles II*,
Collection Guizot. — *Histoire d'Angleterre*, par Lingard.)

. Blanche Gamond appartenait à une famille protestante de Saint-Paul-Trois-Châteaux. Lorsque, après la révocation de l'édit de Nantes, .la persécution se déchaîna contre les réformés, mademoiselle Gamond, dont, à ce moment, l'ardente piété semble revêtir une légère teinte d'exaltation, forma le projet de s'enfuir du royaume. La ville de Saint-Paul était investie et les dragons parcouraient et fouillaient les pays d'alentour pour y découvrir et saisir.les protestants. .Blanche sortit de la ville et erra quelque temps, seule d'abord, puis avec ses parents, qui l'avaient rejointe. Tantôt dans les pays habités, tantôt dans les forêts, exposés aux intempéries,. ils parcoururent ainsi une partie du Dauphiné, se séparèrent encore, pour échapper plus facilement aux dragons, et notre pauvre héroïne allait franchir la frontière avec son frère et sa mère, quand elle fut arrêtée près de Goncelin, petite ville du Grésivaudan. Le frère échappa aux soldats, mais sa mère et sa sœur, maltraitées brutalement par les hommes qui les avaient découvertes dans leur retraite, furent conduites à Grenoble et mises dans une basse-fosse. Blanche Gamond avait alors vingt et un ans. Longtemps elle eut à souffrir les plus cruelles tortures, injuriée, battue sans pitié, mourant de faim, atteinte de maladies graves, elle supporta tout courageusement et avec la résignation d'un martyr.

Voici comment elle raconte une tentative d'évasion qui eut pour elle de bien tristes conséquences :

« On nous vint dire de nous apprêter, que nous devions partir dans trois jours pour l'Amérique. Et quand vous serez sur la mer, nous dit-on, on vous fera passer sur une planche fort étroite et ensuite on vous jettera dans la mer, afin de faire perdre la race des huguenots et de se défaire de vous. Je leur dis : « Cela m'importe peu que les poissons mangent mon corps ou les vers de la terre; cela est une même chose. »

« Quand on nous eut laissées seules, Suzanne, de Montélimart, dit : « Nous nous devrions sauver par cette fenêtre. Il faut rompre les fers, » dit-elle. Je lui dis : « Cela est si bas et nous sommes si hautes que nous nous tuerions ou nous estropierions, et ensuite nous serions reprises et nous serions plus maltraitées. Si je suis reprise et qu'on me donne les étrivières de la manière que je les ai reçues, je ne m'en relèverai jamais; ainsi je cherche ma mort, tellement que j'aime mieux aller en Amérique. Dieu nous en délivrera comme il l'a fait de la Rapine. » La Rapine ou d'Hérapine, condamné antérieurement pour vol sous son vrai nom de Guichard, était devenu directeur de l'hôpital de Valence, et chargé d'employer tous les moyens possibles pour convertir les protestants, il s'acquittait de ces fonctions avec le cynisme et la férocité d'un scélérat.

« Suzanne me dit : « Si on avait fait à moi ce qu'on a fait à vous, je serais morte. Mais enfin on nous fait mourir de faim, et de plus on nous doit bientôt mener en Amérique, et comme nous sommes malades, nous tomberons toujours plus mal, et on nous jettera à la mer que nous ne serons pas à demi mortes. Nous pourrions passer par cette fenêtre. Il semble que nous méprisions les moyens que Dieu nous fournit : pour moi je suis dans le dessein que nous passions par là. Enfin on coupa un linceul (un drap) et, après en avoir fait des bandes, on les noua et cousit ensemble, et on attacha une pierre à un filet (fil) pour prendre la mesure de la hauteur de la fenêtre ; elle était fermée à clef, avec un cadenas, lequel on ouvrit par artifice. Et comme nous étions au quatrième étage, les bandes furent trop courtes, il fallut qu'on y ajoutât deux linceuls jusqu'à ce qu'elles touchassent terre; elles étaient attachées à la poutre du couvert, qui tenait les toits. Après quoi je mis la tête à la fenêtre, puis je dis à mes chères· sœurs : « Hélas ! nous nous tuerons, car cela me fait frayeur de regarder en bas, tant c'est profond.

« Ce même soir, quand notre garde fut endormie, nous tâchâmes d'aller à la fenêtre à pieds nus, car nous appréhendions que le prêtre qui était couché dans une chambre au-dessous de la nôtre ne nous entendît marcher ; c'est pourquoi nous allions doucement et à pieds nus. La première qui sortit fut Suzanne, de Montélimart, et mademoiselle Terrasson de Die la suivit, ensuite moi et mademoiselle Anne Dumasse, de la Salle, en Languedoc. Quand j'eus sorti de la fenêtre et que je commençai à tenir le drap, les forces me faillirent et j'entendais craqueter les os de mes bras. De plus, ma jupe tenait à un clou de la fenêtre : il fallut me soutenir d'un bras et y porter ma main pour défaire ma jupe. Je ne me sentis plus de force ni de courage : et je m'écriai : « Seigneur Jésus, reçois mon esprit ! » et après je pris le drap avec les dents. Je me soutenais par les dents, et derechef je pris le drap avec mes deux mains, et les ayant jointes ensemble, je me laissai aller en bas ; en sorte que je tombai du quatrième étage sur des pierres de taille, et je dis : « Mon Dieu, miséricorde ! je suis morte ou estropiée pour ma vie ! » .

« Des très-chères sœurs qui m'attendaient, il y en eut deux qui me changèrent de place en me disant : Où vous êtes-vous fait mal ? » Je leur dis : « Partout, puisque Dieu le veut ; mais de plus j'ai la cuisse rompue ou défaite. Je

Il fallut me soutenir d'un bras. (Blanche Gamond.)

vous prie, attachez-la-moi de mon tablier. » Et ainsi je portais ma cuisse, et de l'autre main je pris mes deux sœurs et elles m'aidèrent à marcher. Je fis soixante ou soixante-dix pas de chemin ; mais quand nous fûmes à la porte du faubourg de Valence, nous la trouvâmes fermée. On m'aida à monter la muraille, mais quand je fus dessus et que je vis que j'étais si haute, et que cela était si bas, je dis à mes trois chères sœurs : « Ceci est un second précipice; je n'ai pas le courage de descendre là-bas. Laissez-moi, allez-vous-en. » Elles me descendirent de la muraille et me laissèrent là, puis elles tâchèrent de descendre avec beaucoup de peine. Un moment après, mademoiselle Dumasse vint me crier derrière la muraille : « Nous nous en allons, nous vous regrettons extrêmement et vous laissons à regret. Dieu veuille vous préserver de la main de nos ennemis! je vous souhaite toute sorte de bénédictions et de prospérités ; je vous prie aussi de me donner votre bénédiction. » Je lui dis : « Qui suis-je, moi, pour vous donner ma bénédiction? mais je vous la souhaite de la part de Dieu... Je le prie ardemment qu'il vous veuille conduire en toutes vos voies ; et je vous conjure de vous en aller au plus tôt, car il n'y a que trop de moi qui sois exposée à être reprise.

« Ainsi je restai toute seule au chemin, mais non pas sans de cruelles et violentes douleurs que je sentais, dont je n'avais pas un moment de relâche. Et comme il n'était pas encore jour, j'élevai mon cœur à Dieu... Puis je restai évanouie l'espace d'un quart d'heure ; mais je n'avais personne qui me consolât ni qui me soulageât d'une goutte d'eau ou de vinaigre pour me faire revenir de cet évanouissement, mais sitôt que j'en revenais, je m'écriais : « Seigneur! ne m'abandonnez pas... » De temps en temps je restais là sans avoir aucun mouvement en moi-même ; puis je pensais que quand il serait jour on ne manquerait pas de me reprendre et que je serais remise dans l'hôpi-

tal ; mais je disais : « O Dieu ! si tu me voulais accorder
cette grâce qu'aujourd'hui tu misses fin à mes peines ; car
la mort m'est meilleure que la vie... C'est assez vécu ! Retire maintenant mon âme, ô Éternel ! mais s'il te plaisait,
ô mon Dieu, qu'aujourd'hui on me mît dans le sépulcre
et non pas dans l'hôpital...

« Le jour commença à venir.. Je n'eus jamais la force
de me relever, afin que ceux qui passaient au chemin ne
connussent que j'étais estropiée ; j'eus tant seulement la
force de tirer mon taffetas sur ma face, afin que ceux qui
passaient ne me vissent... Pendant que je priais j'étais in-
terrompue par les douleurs que me causaient ma cuisse
disloquée et mon pied démis... Il passa un monsieur qui
me dit : « Mademoiselle, vous seriez mieux d'être à votre
maison que d'être là, et il vous serait plus honnête. —
Monsieur, je lui dis, si vous saviez qui je suis, vous ne me
tiendriez pas ce langage. »

Un moment après on vint ouvrir la porte du faubourg ;
et tous ceux qui passaient là ne manquaient pas de faire
de mauvais jugements de moi de me voir couchée à un
chemin, et de si bon matin. »

Elle supplia un passant de lui faire venir une demoiselle
Marsilière, protestante convertie au catholicisme et qu'elle
connaissait, tout en priant Dieu de lui susciter un bon samaritain qui eût pitié d'elle. Mademoiselle Marsilière
n'avait rien de commun avec le bon samaritain.

« Est-ce vous qui me demandez ? dit-elle en arrivant
près de la pauvre blessée. — Oui, mademoiselle, sauvez-
moi la vie, je vous prie, aidez-moi, traînez-moi derrière
un buisson, et que je meure là sans que personne me voie. »
Alors elle me dit que je la voulais perdre et la mettre
en risque et malheur. « Je m'en vais, dit-elle, qu'on ne me
voie, on me mettrait en prison. » Et comme elle avait été
de la religion, je lui dis : « Auriez-vous bien le courage
de me laisser dans ce chemin ? Ayez au moins la bonté de

m'aider à me traîner derrière cette muraille, afin que ceux qui passent ne me voyent. »

Les adjurations de la pauvre Blanche ne purent lui obtenir le moindre secours ni même une bonne parole de la prudente et charitable personne qu'elle avait appelée à son aide. Cette misérable la quitta, puis revint bientôt avec l'aumônier de l'hôpital qu'elle avait été chercher et qui, sans prendre souci des souffrances de l'infortunée, commença par lui faire subir un interrogatoire sur son évasion, ses complices, etc. Enfin deux hommes la prenant par les épaules et par les pieds, la transportèrent à l'hôpital, où on la déposa dans la cour sur des pierres.

Nous ne pouvons transcrire ici le long supplice de la pauvre fille pendant les trois mois qui suivirent. Elle souffrit avec sa patience et son courage ordinaires, mais la lecture de pareilles atrocités rendrait féroce l'homme le plus doux.

On la remit enfin entre les mains de ses parents. Elle guérit contre toute espérance, et se retira en Suisse avec sa famille. (*Bulletin de la Société de l'histoire du protestantisme français*, 1867.)

Jean Bart avait été chargé d'escorter un convoi de vingt bâtiments marchands; il montait une frégate, *la Railleuse*, de 28 canons, et avait pour second le chevalier de Forbin, commandant *les Jeux*, frégate de 24. Attaqués par deux vaisseaux anglais, l'un de 48 et l'autre de 42 canons, les deux braves capitaines se sacrifièrent pour sauver le convoi. Jean Bart perdit presque tout son équipage et fut blessé légèrement à la tête. Forbin reçut six blessures et perdit les deux tiers de son monde. Il fallut se rendre, mais la flotte marchande était sauvée, tous les officiers anglais et un nombre considérable de leurs matelots ou soldats avaient été tués.

Conduits à Plymouth par le contre-maître anglais, qui avait dû prendre le commandement des deux vaisseaux et des deux prises, Jean Bart et Forbin croyaient être traités comme prisonniers sur parole, mais le gouverneur de la ville ne crut pas devoir leur faire cet honneur. On les enferma dans une sorte d'auberge, dont les fenêtres étaient grillées et aux portes de laquelle on plaça des sentinelles. Aussi les deux capitaines n'eurent-ils tout d'abord qu'une pensée, celle de s'évader, sans même attendre que leurs blessures fussent guéries. Un pêcheur d'Ostende, parent de Jean Bart, on a même dit que c'était Gaspard Bart, son frère, vint relâcher à Plymouth, parvint à pénétrer dans

la prison de nos marins, et s'entendit avec eux sur les
moyens de les délivrer. Il leur apporta une lime avec laquelle ils coupèrent les barreaux de leurs fenêtres, cachant
les brèches qu'ils y faisaient avec de la mie de pain mêlée
de suie.

Il se trouva de plus que le chirurgien, envoyé près
d'eux pour soigner leurs blessures, était Flamand, prisonnier lui-même des Anglais, et non moins désireux que
ses deux malades de recouvrer sa liberté. Enfin les deux
mousses qu'on avait mis au service des prisonniers se
laissèrent gagner par eux. Les deux capitaines étaient
assez pourvus d'argent et assez connus pour qu'on se fiât
à leurs promesses. Il ne restait plus qu'à se procurer une
embarcation ; les deux mousses, qui pouvaient sortir libre-
ment et aussi souvent qu'ils le voulaient, se chargèrent
de la leur trouver. Ils avisèrent un jour sur le port une
chaloupe norvégienne, dont le patron ivre-mort dormait
profondément. Transporter l'ivrogne dans une embarcation voisine, délier l'amarre du canot et le conduire dans
un coin écarté fut pour les deux jeunes gens l'affaire de
quelques instants. Puis ils coururent à la prison. On peut
juger s'ils y furent bien accueillis.

Quand le chirurgien vint faire sa visite, on le chargea
d'aller dire au plus vite au pêcheur ostendais de porter
dans le canot détourné par les mousses tous les objets de
première nécessité pour une navigation de quelques jours;
c'est-à-dire du pain, du fromage, de la bière, un compas
de route et une carte marine. Si tout réussissait à souhait,
le chirurgien devait revenir à minuit, avec le pêcheur et
les deux mousses, sous les fenêtres de la prison. Une
pierre lancée doucement contre les vitres devait servir de
signal aux prisonniers.

A l'heure dite, ce signal impatiemment attendu se fit
entendre. Les prisonniers enlèvent les barreaux de la fenêtre, fixent solidement les draps de leurs lits, noués bout

à bout, descendent l'un après l'autre et arrivent à terre
sans accident. Le chirurgien, le pêcheur et les deux mousses, qui les attendaient, les conduisirent en toute hâte à
la petite crique où était amarré le canot norvégien ; ils
s'embarquèrent aussitôt, à l'exception du pêcheur, qui retourna tranquillement à son bord.

En quittant Plymouth, nos fugitifs eurent une chaude
alerte. Un bâtiment de guerre qui surveillait le port, les
aperçut et, gouvernant sur eux, leur cria « : *Where goes the
boat?* » (Où va la chaloupe ?) Par bonheur Jean Bart savait
un peu d'anglais; il répondit d'une voix assurée : « *Fisher-
man* » (pêcheur), et le bâtiment anglais s'éloigna sans
méfiance.

Pendant que la petite embarcation se dirigeait vers les
côtes de France, le lieutenant de Forbin, prisonnier comme
son capitaine, avait dû se résigner à le voir partir sans le
suivre. Il avait un bras de moins, une corpulence extrême
et, sans pouvoir rendre aucun service durant la traversée,
il aurait singulièrement compromis l'entreprise. Il resta
donc dans la prison, et vint en aide aux fugitifs en amu-
sant les gardes au moment décisif, puis, les oiseaux
envolés, en parlant à haute voix et sur des tons différents,
comme s'il se fût entretenu avec ses compagnons. Bientôt
après le brave officier retira de la fenêtre les draps qui
avaient servi à l'évasion, et alla se coucher tranquillement.

Le lendemain, il montra la plus grande surprise quand
on lui dit que ses compagnons s'étaient enfuis, feignit de
ne pas croire qu'ils eussent pu l'abandonner ainsi et
s'emporta contre eux en les maudissant comme des traîtres. Les Anglais se laissèrent prendre à sa ruse et le
questionnèrent sur ce qui s'était passé les jours précé-
dents, espérant qu'il pourrait leur fournir quelques indices
sur la direction suivie par les fugitifs. — « Ces traîtres,
dit-il, ne m'ont rien confié de leur dessein ; tout ce que je

sais, c'est que Bart, ayant fait faire des souliers neufs il y a deux jours, dit en les essayant qu'ils étaient excellents pour une longue marche. » Les Anglais, trompés par ce renseignement, envoyèrent dans toutes les directions des cavaliers à la poursuite des deux capitaines, qui se trouvaient alors au milieu de la Manche.

La mer était calme et un brouillard épais dérobait aux croiseurs la petite barque, qui s'avançait lentement vers la France. Pendant deux jours et deux nuits, Jean Bart ne quitta pas l'aviron, ramant avec une vigueur infatigable. L'embarcation n'avait que deux avirons; encore étaient-ils d'une grandeur inégale. Jean Bart manœuvrait le plus grand, les deux mousses et le chirurgien se relayaient au petit. Quant à Forbin, que ses blessures mettaient hors d'état de tenir la rame, il resta au gouvernail pendant toute la traversée.

On découvrit enfin la côte de Bretagne, et les fugitifs, exténués de fatigue, débarquèrent à Hanqui, petit village à quelques lieues de Saint-Malo. Plus de quarante-huit heures s'étaient écoulées depuis leur départ de Plymouth, mais leur captivité, en y comprenant ces deux jours de navigation, n'avait duré que onze jours. Ils furent reçus avec des transports de joie et comme en triomphe, car les capitaines marchands sauvés par eux avaient exalté leur courage et leur dévouement patriotique, mais tous s'accordaient à croire qu'ils avaient péri dans le combat.

Le premier soin de Jean Bart et de Forbin fut de faire indemniser le pêcheur ostendais que les Anglais avaient rendu responsable de leur fuite, et de faire racheter le brave lieutenant, qui fut rendu à la liberté un mois après l'évasion de son chef. (Adolphe Badin, *Histoire de Jean Bart*. Paris, Hachette, 1867. — *Mémoires du chevalier de Forbin*.)

Duguay-Trouin commandait la frégate *la Diligente*, de
40 canons, lorsqu'il tomba par un temps de brume au
milieu d'une escadre de six vaisseaux anglais de 50 à 70
canons. Après quatre heures de combat avec cinq de ces
navires, il résistait encore aux instances de ses officiers
qui le suppliaient de se rendre, quand un boulet mort le
jeta sur le pont sans connaissance. Lorsqu'il revint à lui,
il était prisonnier des Anglais. On lui donna d'abord la
ville de Plymouth pour prison, et bientôt il eut noué
quelques relations qui lui furent utiles lorsque, peu après,
on le resserra plus étroitement. Une des compagnies char-
gées de la garde de la prison avait pour capitaine un Français réfugié, qui devint éperdument amoureux d'une
jeune marchande de la ville. Duguay-Trouin reçut ses
confidences et promit de faire tous ses efforts pour décider
la jeune femme à l'épouser. Profitant du relâchement de
surveillance que cette intrigue lui procurait, il sut mettre
la marchande dans ses propres intérêts, et s'entendit avec
le capitaine d'un navire suédois qui lui vendit une embarcation garnie de tous les objets nécessaires, et lui prêta
six de ses matelots pour l'aider dans sa fuite. Pendant que
son gardien le croyait occupé à plaider sa cause auprès de
la belle marchande dans une auberge voisine où il lui
avait permis de se rendre à cet effet, Duguay-Trouin sau-

tait par-dessus le mur du jardin, avec un autre officier prisonnier comme lui, et trouva au rendez-vous assigné son maître d'équipage, son chirurgien, son valet et les six matelots suédois qui escortèrent les fugitifs jusqu'à la chaloupe.

« Nous nous embarquâmes, dit-il dans ses Mémoires, vers les six heures du soir. Aussitôt nous fîmes route, et trouvâmes en passant dans la rade deux vaisseaux de guerre anglais qui nous interrogèrent ; nous leur répondîmes comme aurait fait un bateau pêcheur anglais, et continuant notre chemin, nous étions à la pointe du jour en dehors de la grande rade. Nous nous trouvâmes alors assez près d'une frégate anglaise qui entrait à Plymouth. Je ne sais par quel caprice elle s'opiniâtra à vouloir nous parler ; mais il est certain que nous allions être repris, si le vent, qui cessa tout d'un coup, ne nous eût mis en état de nous éloigner à force de rames.

« Nous la perdîmes enfin de vue, et nous nous trouvâmes en pleine mer, outrés de lassitude d'avoir ramé si long-temps et avec autant d'action. La nuit vint, pendant laquelle nous nous relevions, mon maître d'équipage et moi, pour gouverner, sur un compas de route éclairé d'un petit fanal. Je me trouvai, tenant le gouvernail, si excédé de fatigue, que le sommeil me surprit ; mais je fus bien promptement et bien cruellement réveillé par un coup de vent qui, donnant subitement et avec impétuosité dans la voile, coucha la chaloupe et la remplit d'eau en un instant. Aussitôt je larguai l'écoute et, poussant en même temps le gouvernail à arriver vent arrière, j'évitaï par cette prompte manœuvre un naufrage d'autant plus désastreux que nous étions éloignés de plus de 15 lieues de toute terre. Mes compagnons qui dormaient furent aussi bientôt réveillés, ayant de l'eau par-dessus la tête. Notre biscuit et notre baril de bière, dans lequel la mer entra, furent entièrement gâtés, et nous fûmes très-longtemps à vider l'eau avec nos chapeaux... Le jour suivant, vers les huit heures du soir, nous abordâmes à la côte de Bretagne à deux lieues de Tréguier. » (*Mémoires* de Duguay-Trouin, collection Michaud-Poujoulat.)

Le comte de Bucquoy, d'abord officier, passa par les chartreux, la Trappe et les jésuites pour arriver à être un dévot exalté dans les premiers temps, puis très-refroidi. Esprit actif, remuant et, si l'on s'en rapporte à ce qu'il raconte de lui-même, propagateur d'idées avancées, ennemi du despotisme sous Louis XIV, il fut arrêté à Sens, comme suspect de complicité avec des faux-saulniers et comme ayant tenu des propos malsonnants dans une auberge. Pendant qu'on le conduisait à Paris, il essaya de s'échapper sans y réussir, et ce qu'il raconte de cette première tentative d'évasion prouve qu'il était alors beaucoup moins habile dans ce genre d'entreprise, qu'il ne le devint bientôt après.

On le mit au For-l'Évêque, et il commença dès le premier jour de sa détention à méditer sur les moyens de recouvrer la liberté. Voici comment lui-même raconte ses aventures sous forme indirecte :

... Il se souvenait qu'un exempt des gardes du corps avait pu se sauver de cette prison par la fenêtre d'un grenier, qui donnait sur la *vallée de Misère*[1], et qu'il avait manqué son coup par l'horreur qu'il avait eue du précipice. Il résolut de tenter ce que le pauvre exempt n'avait osé

---

[1] Aujourd'hui quai de la Mégisserie.

risquer. Il tâcha premièrement de s'orienter et de savoir
la carte de cet affreux séjour. Il comprit que le grenier
en question servait d'antichambre à sa petite cellule et était
en même temps le garde-meuble de la maison. Voulant
être sûr de son fait avant de rien entreprendre, il feignit
de se trouver mal un jour qu'on le ramenait d'en bas, et
obtint du geôlier de lui laisser mettre la tête à une lucarne
pour respirer et se remettre. Il vit que l'endroit donnait
effectivement sur le quai de la *vallée de Misère*. La hauteur
était prodigieuse, et toutes ces grilles de fer, avec une in-
finité de branches toutes hérissées de pointes, formaient
un spectacle des plus affreux.

Quand on l'eut renfermé dans sa chambre bien cade-
nassée, il ne songea plus qu'aux moyens d'exécuter son
projet. Tout consistait à pouvoir sortir de sa chambre et à
se trouver seul et à point nommé dans ce grenier.

Il aurait fallu rompre la porte, mais, outre qu'elle était
trop forte et qu'il n'avait point d'outils propres à cet
emploi, il était à craindre que le bruit ne découvrît tout
ce manège ; ainsi, toutes réflexions faites, il ne trouva pas
de meilleur moyen que celui de brûler la porte, et, se
fixant à cette idée, il pria dès le lendemain le concierge
de vouloir bien lui permettre de faire lui-même sa cuisine
dans sa chambre. Il demanda des œufs et du charbon
pour les faire cuire ; il paya largement, afin d'amener plus
aisément ce nigaud à son but. Ces mesures prises, sitôt
qu'il crut tout le monde couché, il rangea de la braise au
bas de sa porte, souffla et fit si bien que le feu y prit ; dès
qu'il en eut consommé assez pour faire une ouverture par
où il pût passer, ne voulant point causer d'incendie, il
empêcha les flammes d'aller plus loin avec de l'eau qu'il
avait eu la prévoyance d'amasser. Il eut de plus à combattre une fumée effroyable, dont il manqua d'être suffoqué. Mais il surmonta tous ces obstacles si épineux, et
après avoir passé par la brèche, il se trouva dans le gre-

nier si désiré, d'où il espérait en se donnant quelques
soins de se voir bientôt entièrement libre. Le succès répondit à son attente. Quoiqu'il n'eût point de cordes pour
descendre par la fenêtre, il trouva le secret d'en faire. Il
coupa par bandes les toiles de quantité de matelas qui
étaient dans le garde-meuble, il les attacha les unes aux
autres, en accrocha un bout qu'il noua à une colonne de
lit qu'il trouva dans ce grenier, et qui, mise en travers de
la lucarne, faisait que la corde était sûrement attachée.
Ces mesures prises, il risqua la périlleuse descente et au
travers de pointes de fer dont toutes les fenêtres de cinq
ou six étages sont hérissées, il arriva enfin sur le quai de la
vallée de Misère, environ vers le point du jour, tout déchiré et dans un fort grand désordre. Des marchands qui
commençaient à ouvrir leurs boutiques le virent aborder
à terre, et n'eurent garde de le déceler, mais il pensa être
perdu par l'acharnement d'une troupe de polissons qui le
suivaient en faisant des huées, et qui, sans une grosse
pluie survenue à propos, qui les dispersa, auraient infailliblement fait découvrir sa marche. Il tâcha de les dérouter
en faisant force tours et détours, traversa Saint-Eustache
et arriva enfin près du Temple, où, sous prétexte de
déjeuner, il entra dans un cabaret afin de dérober sa piste
à ceux qui auraient pu le suivre. Mais comme il entendit
que l'on raisonnait sur son mauvais équipage, il crut que
son évasion était déjà sue, paya promptement l'hôte et
sortit sans savoir quel chemin il devait prendre. Il se
réfugia enfin chez la parente d'un de ses domestiques, près
des Madelonnettes, lui bâtit un roman pour expliquer le
désordre de sa toilette, lui donna de l'argent et se fit
apprêter à manger; puis, le soir, craignant l'indiscrétion
de cette femme, il sortit de chez elle et trouva un asile
plus sûr.

Après avoir passé neuf mois à faire, du fond de ses
cachettes, présenter des placets au roi pour se justifier, il

crut enfin devoir sortir du royaume, mais il prit mal son temps, fut arrêté à la Fère et mis en prison. Deux fois il tenta de s'en échapper et peu s'en fallut qu'il ne réussit la seconde, en escaladant un mur et traversant le fossé à la nage; mais il fut découvert et arrêté. Enfin, on le ramena à Paris, et il fut mis à la Bastille.

Assurément il n'avait pas lieu d'espérer de pouvoir s'échapper, puisque humainement parlant c'était tenter l'impossible. Ce fut pourtant sa première pensée, et, dès son entrée dans la prison, il regarda de tous les côtés pour remarquer le plus propre à plusieurs desseins qu'il imagina sur-le-champ, ce qui lui fut d'une grande utilité par la suite pour se sauver en effet de la Bastille, malgré toutes les difficultés qui s'y rencontrèrent. Dès qu'il fut sorti de la chaise, il remarqua le pont-levis, la contrescarpe, mais on ne le laissa pas longtemps rêver là-dessus, car on le conduisit au plus vite dans la tour de la *Bretignière* (Bazinière?). Après quelque temps de séjour dans les salles basses, on le mit dans une chambre commune à d'autres prisonniers. Il leur proposa de s'échapper de compagnie, et fut dénoncé par un d'eux, un abbé. On le remit alors dans son cachot, d'où il se fit tirer en contrefaisant le malade ou plutôt, comme il le dit, l'homme sur le point d'expirer. On le crut paralytique, et il fut remis en chambre commune; puis, après être parvenu à se faire placer successivement dans la plupart des tours pour mieux étudier ses projets de fuite, il fut enfermé dans la *Bertaudière*, avec un baron allemand et luthérien qu'il entreprit de convertir, et dont il comptait se servir dans ses projets d'évasion. Déjà ils avaient commencé à rouvrir une ancienne baie de fenêtre qu'on avait murée, quand ils furent dénoncés par un prisonnier du voisinage. L'abbé parvint à se disculper auprès du gouverneur et à tout faire retomber sur le dénonciateur, mais on le changea de tour et on le mit dans celle de la *Liberté,*

en lui laissant toutefois son Allemand pour ne pas contrarier la conversion entreprise.

Ils commencèrent alors à faire leurs préparatifs pour
descendre dans le fossé de la porte Saint-Antoine ; ils percèrent le mur avec des morceaux de fer, des plaques de
cuivre, des clous, des lames de couteaux dont l'abbé avait
fait provision dans les chambres qu'il avait occupées successivement, et d'où il avait arraché tout ce qu'il avait
pu. On aiguisait cette ferraille sur les cruches à eau des
prisonniers, et comme la chambre avait une cheminée, on
s'était servi du feu pour modifier et perfectionner ces
outils. Il fallait une échelle de corde. On se mit à recueillir
l'osier qui enveloppait les bouteilles de vin servies aux
prisonniers soir et matin, l'abbé disait au geôlier que cet
osier lui servait à allumer son feu. Pour dissimuler l'amas
qu'il en faisait, il avait décarrelé un coin de sa chambre,
enlevé la terre de remplissage dans l'épaisseur du plancher et creusé ainsi une cachette, où il enfouissait comme
dans un magasin tous ses instruments d'évasion.

Il y cachait des bandes de toile qu'il coupait de temps
en temps à ses draps et des serviettes qu'il escamotait :
il mettait ensuite tous ces vieux linges en charpie et, après
les avoir filés de nouveau, il les mêlait avec les osiers des
bouteilles et faisait de tout cela une corde propre à le
soutenir dans l'occasion. Le travail avançait et les prisonniers touchaient presque au moment tant désiré, lorsque
tout à coup le plancher de la chambre s'enfonça et fit
tomber l'abbé et son camarade dans l'appartement d'un
Jésuite qui avait l'esprit troublé et que cette aventure
acheva de rendre tout à fait fou. Cependant on raccom-
moda ce plancher et on remit d'abord l'abbé dans sa
même chambre ; mais ce fut pour l'en tirer bientôt, à son
grand désespoir, car il voyait toutes ses espérances et
tout le fruit d'un long travail perdus en un moment.

Il trouva moyen de se débarrasser de son Allemand, qui

ne voulait plus rien tenter et devenait plus gênant qu'utile,
et comme cet Allemand, dans l'espoir d'obtenir sa liberté
mise à ce prix, avait fini par abjurer le luthéranisme,
l'abbé, passant pour un habile convertisseur, obtint facilement qu'on le mit en chambre avec un certain Grandville,
protestant, mais, ce qui lui importait bien plus, considéré
généralement parmi les prisonniers comme bon compagnon et fort disposé à tout risquer pour s'évader. On leur
adjoignit deux autres prisonniers avec lesquels l'abbé eut
bientôt lié la partie. Après leur avoir fait faire les serments les plus solennels, il leur déclara qu'il avait une
petite lime qu'on n'était jamais parvenu à découvrir sur
lui, quelque bien qu'on l'eût fouillé. Il proposa de limer
les barreaux et de descendre par la fenêtre avec des
cordes. Il avait pu conserver quelques-unes de celles
qu'il avait filées avec son Allemand, on en fila de nouvelles, et chacun mit la main à l'œuvre afin d'avancer en
besogne. Cependant il pensa leur arriver comme aux ouvriers de la tour de Babel, non par la différence des langues, mais par celle des opinions sur la manière de s'évader. Enfin, on convint de descendre d'abord dans le fossé,
ce qu'il fallait bien commencer par faire, puis, une fois
là, chacun s'en irait comme il l'entendrait.

Le jour pris, ou plutôt la nuit, pour l'évasion, on leva
a grille dès qu'on crut que tout le monde était retiré. De
peur que, des chambres d'en bas, on ne vit des corps
suspendus en l'air, on eut soin de descendre un grand
drap qui formait un nuage devant les fenêtres et empêchait
qu'on ne découvrit la descente. Comme il fallait faire
avancer une machine afin que la corde ne fût pas atta-
hée à la muraille, pour accoutumer les yeux des sentinelles au spectacle, l'abbé avait mis, quelques jours auparavant, une espèce de cadran au bout d'un bâton qui avançait dans le fossé, 3 ou 4 pieds en dehors de la fenêtre.
Toutes ces précautions prises et après avoir barbouillé la

corde de noir fait avec de la paille brûlée, de la suie, et
de la graisse fondue, afin qu'on l'aperçût moins, l'abbé
demanda permission à ses camarades de descendre le
premier, promettant de les attendre dans le fossé
pour y recevoir les machines qu'on devait lui remettre
et dont chacun devait se servir à sa manière. Il devait aussi les avertir par un signal du moment où la
sentinelle avait le dos tourné, afin d'en profiter, et ce signal était un cordon qu'on avait attaché à la fenêtre, et
qui, en le tirant de différentes manières, voulait dire le
pour et le contre. Le tout ainsi réglé, l'abbé descendit et
fut plus de deux heures dans le fossé sans aucune nouvelle de ses camarades. Il avait beau tirer le cordon, personne ne répondait. Il pensait que de nouvelles disputes
avaient fait abandonner à ces messieurs le dessein de se
sauver, lorsqu'il vit peu à peu descendre les machines
nécessaires et ensuite deux de ses camarades, l'autre
n'ayant pu passer par la brèche. Ce fut d'eux qu'il apprit
qu'une aussi essentielle difficulté les avait retenus si longtemps et qu'enfin le pauvre Grandville, c'était le malheureux, avait eu la générosité de les exhorter à l'abandonner, disant qu'il valait mieux qu'il n'y en eût qu'un qui
périt. Ce triste récit fait, l'abbé exhorta de nouveau
les autres à ne suivre d'autre plan que le sien; mais,
n'ayant pu les décider à faire ce qu'il leur conseillait,
il fut obligé de prendre son parti. Ses mesures se trouvèrent si justes que la chose réussit comme il l'avait
imaginé. Il planta son échelle de corde et l'accrocha contre
le *balcon* (parapet?), profitant, pour remonter le fossé,
du moment où la sentinelle s'éloignait de lui. La contrescarpe escaladée, il gagna une gouttière. Le fossé
étant remonté, il escalada encore et monta dans une
gouttière d'où il sauta dans la rue Saint-Antoine par l'endroit où sont les bouchers, dont un crochet qui tenait à
des étaux manqua de lui fendre le bras. Avant que de

sortir de la gouttière où il s'était retranché, il voulut voir
ce que deviendraient ses camarades; mais ayant entendu
crier, comme si l'on prenait quelqu'un à la gorge, et
voyant ensuite partir le feu d'un fusil, il crut qu'ils avaient
voulu se saisir de la sentinelle, comme il le leur avait proposé, et qu'ayant manqué de résolution ou de force, ils
avaient été découverts et qu'on avait tiré dessus. Comme
il n'a jamais plus ouï parler de ces pauvres gens, il a eu
lieu de se confirmer dans cette pensée et de croire qu'ils
ont péri dans cette occasion. Il n'eut garde d'attendre un
pareil sort dans sa gouttière; il descendit, comme je viens
de le dire, dans la rue Saint-Antoine, gagna celle des
Tournelles et en faisant bien des contre-marches de peur
d'être suivi, il traversa presque tout Paris et arriva enfin
à la porte de la Conférence, où il trouva des amis qui le
cachèrent et qui lui donnèrent les moyens de passer dans
les pays étrangers, car pour cette fois-là il n'eut garde de
rester encore à Paris, comme il avait fait après sa sortie ·
du For-l'Évêque; il en avait trop bien payé la façon et il
trouva plus à propos de se mettre en lieu de sûreté. Il
choisit pour cela la Suisse, où il se rendit par la Bourgo-
gne. (*Événements des plus rares, ou l'histoire du sieur abbé
comte de Bucquoy, singulièrement son évasion du For·l'É-
vêque et de la Bastille...* 1719.)

Pendant l'insurrection jacobite de 1715, un grand nombre de partisans du chevalier de Saint-Georges, faits prisonniers à Preston, furent conduits à Londres et enfermés à Newgate ou dans d'autres prisons de la métropole.

Parmi ces prisonniers figuraient Thomas Forster de Bamborough, homme d'une excellente famille et membre du parlement pour le comté de Northumberland, commandant en chef de l'insurrection dans le nord de l'Angleterre ; Mac-Intosh de Borlum, communément appelé le brigadier Mac-Intosh, gentilhomme montagnard, qui avait appris l'art de la guerre au service de la France ; Robert Hepburn de Keith, un des premiers lairds qui eussent arboré l'étendard du chevalier de Saint-Georges ; Charles Radcliff, frère du comte de Derwentwater, un des chefs de l'insurrection en Angleterre, et les comtes de Nithisdale et de Winton, qui avaient joué le même rôle en Écosse.

Comme presque tous leurs compagnons d'infortune, ils avaient conservé l'espoir que le fait de s'être rendus à discrétion leur sauverait la vie. Mais en voyant se succéder les décrets d'accusation de haute trahison, ils formè-

mèrent le projet de fuir, et l'argent qu'ils avaient à leur
disposition, les amis qu'ils comptaient à l'extérieur, aussi
bien que la construction des prisons où ils étaient détenus, donnaient à leurs tentatives plus de chances de succès qu'on ne paraissait le croire.

Ainsi, le 10 avril 1716, Thomas Forster, s'étant procuré
de fausses clefs, ouvrit tout bonnement la prison de Newgate, et s'en échappa de la manière la plus simple et la
moins dramatique, à coup sûr; mais cette manière lui
parut sans doute excellente, car elle lui réussit parfaitement. Tout était préparé pour sa fuite, et il arriva heureusement en France.

Le 10 mai suivant, le brigadier Mac-Intosh, ayant réussi
à se débarrasser de ses fers et étant descendu vers onze
heures du soir à l'étage inférieur de la prison, se plaça
près de la porte, et, au moment où on l'ouvrait pour laisser rentrer un domestique à cette heure tardive, ce qui ne
témoignait pas en faveur de la discipline observée dans la
prison, il terrassa le geôlier et s'évada avec quatorze de
ses compagnons. Quelques-uns furent arrêtés de nouveau
dans les rues faute de savoir où trouver un asile; quant à
Mac-Intosh, il parvint à se mettre en sûreté.

Parmi les prisonniers qui s'échappèrent en même temps
que lui, se trouvait Robert Hepburn de Keith. Doué d'une
grande vigueur, il s'était rendu maître du porte-clefs et
lui avait lié les bras, puis s'était enfui dans la rue sans
être poursuivi. Il savait que sa femme et la plupart des
siens étaient à Londres, prêts à lui venir en aide, mais
comment les découvrir dans une si grande ville et probablement sous un nom emprunté? Tandis qu'il errait, agité
par cette incertitude et craignant de se découvrir par la
moindre question, il vit à une fenêtre donnant sur la rue
une ancienne pièce de vaisselle d'argent qui appartenait depuis longtemps à sa famille et qu'on appelait le *tankard* de
Keith. Sans faire aucune question, le fugitif entra dans

cette maison où devaient être sa femme et ses enfants, et
fut reçu dans leurs bras. Instruits de son projet d'évasion, ils s'étaient logés le plus près qu'ils avaient pu de
la prison, afin de lui offrir un lieu de refuge aussi voisin que possible, mais ils n'avaient pas osé le faire avertir du lieu où ils se trouvaient, et ils avaient placé ce
vase d'argent à une fenêtre, dans l'espoir qu'il pourrait
frapper ses yeux. Hepburn de Keith réussit à passer en
France.

Charles Radcliff et lord Winton, condamnés à mort,
trouvèrent moyen aussi de s'échapper de prison vers la
même époque, soit que leurs gardiens ne montrassent
pas beaucoup de vigilance, soit qu'il fût aisé de rendre
leur surveillance moins rigoureuse.

Mais ce qui fit le plus d'impression sur le public, ce fut
l'évasion du comte de Nithisdale qui, de même que la
plupart de ses compagnons d'infortune, était condamné
au dernier supplice.

On avait fait les plus vives intercessions pour sauver la
vie de ces malheureux seigneurs, mais tout avait été inutile. Lady Nithisdale, femme du lord condamné, aussi
courageuse que dévouée, s'étant vainement jetée aux pieds
du roi George pour implorer sa merci, résolut de braver
les rigueurs d'une loi barbare pour sauver son mari.
Ayant obtenu la permission de lui faire ses adieux la
veille du jour fixé pour l'exécution, elle se rendit à la Tour
accompagnée de deux femmes qu'elle avait mises dans sa
confidence. Une de ces femmes portait un double vêtement, elle en laissa un dans la chambre du comte de
Nithisdale et sortit aussitôt de la prison. La seconde donna
au prisonnier ses vêtements et mit elle-même ceux que la
première venait de quitter. Enveloppé d'une grande mante,
le comte, un mouchoir appliqué sur ses yeux, comme
une personne accablée d'affliction, passa au milieu des
sentinelles, sortit de la Tour et parvint à gagner la France.

Lady Nithisdade devait, d'après la loi, payer de sa vie
l'acte héroïque qu'elle venait d'accomplir, mais elle réussit elle-même à s'échapper.

Quant au chevalier de Saint-Georges, arrivé avec son
armée au pont de Montrose, il s'embarqua secrètement,
ainsi que le comte de Mar, son général en chef et quelques autres gentilshommes, abandonnant ses fidèles mon-
tagnards aux rigueurs d'un gouvernement irrité, et prenant plus de souci de sa personne que des malheureux
qui avaient compromis pour lui leur fortune et leur tête.
Son départ fut donc moins une évasion qu'une fuite peu
honorable, que rien n'entrava du reste, et à laquelle ne
saurait s'attacher aucune sorte d'intérêt. Il n'en fut pas
de même de l'évasion de son fils, le prince Charles-
Édouard, dont nous allons parler.

CHARLES EDOUARD

Après la bataille de Culloden, qui fut la ruine de ses espérances, le prince Charles-Édouard n'avait d'autre ressource que la fuite pour échapper à la vengeance du gouvernement de George II. Sa tête fut mise à prix, et une récompense de trente mille livres sterling fut offerte pour la découverte et la capture de ce dernier rejeton d'une race royale. On s'imaginait, dit Walter Scott, que dans une contrée aussi pauvre que le sont les montagnes d'Écosse, où les lois qui concernent les propriétés sont à peu près inconnues, et chez un peuple dont l'esprit de pillage était presque passé en proverbe, une récompense, même beaucoup moindre, aurait suffi pour éveiller la cupidité d'un traître et faire livrer le prétendant. Il n'en fut rien pourtant, et l'évasion de ce prince, si longtemps retardée par les poursuites des agents du pouvoir et si difficilement effectuée au milieu de tant d'obstacles, doit être citée à l'honneur de l'Écosse, comme un brillant exemple de fidélité.

Pendant la bataille de Culloden, Charles avait largement pris part au danger : il fut plusieurs fois couvert de la terre soulevée par les boulets, s'efforça à diverses reprises de rallier ses troupes, et d'après la plupart des témoins oculaires, s'acquitta des devoirs d'un commandant brave et habile. En quittant le champ de bataille, il congédia sous différents prétextes la plus grande partie des

cavaliers nombreux qui le suivaient, doutant peut-être de
leur fidélité,[et ne garda avec lui que quelques officiers
irlandais sur lesquels il croyait pouvoir compter. Il dirigea sa fuite vers Gortuleg, où il savait que lord Lovat
résidait. Peut-être espérait-il que ce personnage, renommé
pour sa sagacité, pourrait lui donner quelque bon conseil ;
peut-être espérait-il en recevoir des secours, car son fils,
master Lovat, et Cluny Mac-Pherson son gendre, avaient
levé l'un et l'autre des renforts considérables, et ils étaient
en marche pour rejoindre l'armée du prince, quand la
bataille de Culloden eut lieu.

Charles et Lovat se virent pour la première et la dernière fois, tous deux en proie à la terreur et à l'embarras
d'une position désespérée. Charles ne parla que de la détresse où l'Écosse se trouvait plongée ; Lovat s'occupait
uniquement de ses dangers personnels. S'étant bientôt
aperçu qu'il n'avait à attendre de son hôte ni secours, ni
conseils, le prince prit à la hâte quelques rafraîchisse-
ments et partit. Gortuleg était un lieu dangereux à cause
du voisinage de l'armée victorieuse, et peut-être la fidélité
de Lovat parut-elle suspecte. Charles fit halte ensuite à
Invergarry, château appartenant au lord de Glangarry,
où deux saumons qu'un pêcheur venait de prendre lui
fournirent un repas. En punition de cette hospitalité momentanée, les soldats anglais pillèrent et saccagèrent le
château peu de temps après. D'Invergarry, le prince fugitif pénétra dans les montagnes de l'Ouest et se logea dans
un village nommé Glenbeisdale, près de l'endroit où il
avait débarqué en venant de France. Renonçant alors tout
à fait à poursuivre son entreprise, il envoya un message
aux chefs et aux soldats qui, d'après ses ordres, s'étaient
réunis à Ruthven, pour leur exprimer toute sa gratitude
et les engager à pourvoir à leur sûreté en leur faisant
connaître son intention de se retirer en France. Vainement ses partisans s'efforcèrent de le déterminer à courir

avec eux de nouveaux hasards. Charles ne pouvait se faire illusion et ne voulut pas exposer à une perte certaine les hommes dévoués qui ne prenaient conseil que de leur courage et de leur désespoir.

S'étant donc séparé de ses fidèles serviteurs, il passa dans le groupe des îles Hébrides, nommé Long-Island, espérant trouver un bâtiment français sur les côtes de ces îles. Des vents contraires, des tempêtes, des désappointements de toute espèce, accompagnés de privations auxquelles il ne pouvait être que peu accoutumé, le chassèrent de place en place et d'île en île. Enfin il arriva dans South-Uist, celle des Hébrides où il avait débarqué au début de son expédition. Il y fut accueilli par Clanranald, qui avait été le premier à se déclarer pour ce malheureux prince et qui lui fut fidèle dans sa détresse. Là, pour sa sûreté personnelle, Charles fut logé dans une hutte du genre le plus misérable, appartenant à un bûcheron nommé Corradale, et située sur la montagne sauvage qui porte le même nom.

Cependant on visitait avec le plus grand soin tous les lieux qui pouvaient offrir une retraite, et l'on fit surtout les plus strictes perquisitions dans les îles où l'on soupçonnait le prince fugitif d'avoir cherché un asile. Le général Campbell alla jusque dans l'île de Saint-Kilda, qui pourrait passer pour l'extrémité du monde habitable; de là il vint dans l'île de South-Uist, voulut continuer ses recherches du sud au nord des Hébrides, et il y trouva des chefs de Skie et de Mac-Leod, poursuivant comme lui le prince fugitif. Deux mille hommes faisaient les perquisitions les plus rigoureuses dans l'île, dont les côtes étaient bordées de petits bâtiments de guerre, côtres, chaloupes armées, etc. Il semblait absolument impossible que le prince échappât à de pareilles recherches, mais le courage d'une femme le sauva.

Cette femme était Flora Mac-Donald, dont le nom est

resté célèbre en Écosse. Elle était parente de Clanranald et se trouvait alors en visite chez ce chef à Ormaclode, dans South-Uist. Son beau-père, du clan de sir Alexandre Mac-Donald, était par conséquent ennemi du Prétendant, et il commandait la milice au nom de Mac-Donald qui explorait alors South-Uist.

Ayant formé à la hâte un plan pour sauver le prince, Flora déjoua les dispositions hostiles de son beau-père, obtint de lui un passe-port pour elle, un domestique et une servante qu'elle nomma Betty-Burke. Le rôle de Betty devait être joué par le prince habillé en femme. Sous ce déguisement, et après avoir été plusieurs fois en danger d'être pris, Charles arriva enfin à Kibride dans l'île de Skye. Mais il était encore dans le pays de sir Alexandre Mac-Donald, et ce chef était dévoué au gouvernement ; le prince y courait autant de dangers que jamais. Ici le courage et la présence d'esprit de Flora se déployèrent de nouveau en faveur de l'homme si étrangement placé sous la protection d'une jeune fille ; elle résolut de confier son secret à lady Marguerite Mac-Donald, épouse de sir Alexandre, et de s'en remettre à la compassion naturelle à une femme et au sentiment secret de jacobitisme commun à la plupart des montagnardes écossaises.

Cette confidence à lady Marguerite était d'autant plus dangereuse, que son mari passait pour s'être engagé dans l'origine à se joindre avec son clan à l'armée du prince ; il s'était ensuite déterminé à faire prendre les armes, en faveur du gouvernement, à ses vassaux, qui faisaient maintenant partie des troupes auxquelles Charles venait d'échapper à grand'peine. Lady Marguerite fut effrayée de cette révélation. Son mari était absent et sa maison remplie d'officiers de milice. Elle ne trouva pas de meilleur moyen pour la sûreté du prince que de le confier aux soins de Mac-Donald de Kingsbourg, homme plein de courage et d'intelligence, qui remplissait les fonctions d'agent ou

d'intendant de sir Alexandre. Flora se chargea encore de
conduire Charles chez Mac-Donald de Kingsbourg, et le
prince fut assez heureux pour éviter d'être reconnu en
chemin, quoique l'air gauche d'un homme portant des
vêtements de femme eût attiré le soupçon sur lui en plus
d'une occasion.

De Kingsbourg il se retira à Rasa, où il se trouva dans la
plus grande détresse, cette ville ayant été pillée parce que
le laird avait pris part à l'insurrection ; pendant cette pé-
riode de sa fuite il passait pour le domestique de son
guide. Le pays du laird de Mac-Kinnon devint ensuite son
refuge temporaire ; mais, malgré les efforts de ce chef
en sa faveur, il ne put trouver ni repos ni sûreté dans
cette partie de l'île de Skye, et fut obligé de rentrer encore
une fois en Écosse où, sur sa demande, on le débarqua sur
les bords du lac Nevis. Il s'y trouva exposé à des dangers
plus grands encore et peut s'en fallut qu'il ne fût pris. Un
grand nombre de soldats étaient occupés à parcourir ce
district, berceau de l'insurrection, pays de Lochiel, de
Keppoch, de Glengarry et d'autres chefs jacobites. Le
prince et ses guides se trouvèrent donc bientôt enfermés
dans un cercle de sentinelles qui, se croisant les unes les
autres dans leur parcours, ôtaient aux fugitifs tout moyen
de s'avancer dans l'intérieur du pays. Après avoir passé
deux jours entourés d'ennemis, sans oser allumer du feu
pour cuire leurs aliments, ils évitèrent enfin le danger qui
les menaçait, en rampant par un défilé étroit et obscur
qui séparait les postes de deux sentinelles.

Vivant ainsi dans l'inquiétude et le dénûment, ses habits tombant en lambeaux, souvent sans nourriture, sans
feu et sans abri, le malheureux prince, uniquement sou-
tenu par l'espoir d'apprendre que quelque bâtiment français s'approcherait de la côte, arriva enfin dans les montagnes de Strath-Glass, et avec Glenaladale, qui était alors
son seul compagnon, fut obligé de chercher un asile dans

une caverne qui servait de refuge à sept bandits. On ne
doit pas entendre par ce mot de bandits des voleurs ordinaires, c'étaient des proscrits, obligés comme Charles à
se cacher, parce qu'ils avaient pris part à l'insurrection,
et qui vivaient des bestiaux dont ils pouvaient s'emparer
dans le voisinage. Ils accordèrent volontiers un asile au
fugitif, et reconnaissant en lui le prince pour lequel ils
avaient plusieurs fois exposé leur tête, ils lui jurèrent un
dévouement inviolable. Parmi ses sujets les plus obéissants
et les plus attachés, jamais Charles-Édouard ne trouva
plus de fidélité, plus de zèle et de secours effectifs, que
de la part de ces hommes devenus les ennemis du monde
et de ses lois. Voulant lui donner toute l'assistance possible, ces hardis maraudeurs entreprirent de lui procurer
des habits, du linge, des vivres et des nouvelles. Ils y
procédèrent d'une façon conforme au mélange de simplicité et de férocité qui formait alors le fond du caractère
montagnard. Deux d'entre eux se mirent en embuscade sur
le passage du domestique d'un officier, qui se rendait au
Fort-Augustin avec le bagage de son maître et le tuèrent.
La valise dont il était chargé leur fournit les vêtements
qu'ils voulaient procurer au prince. Puis l'un d'eux, s'é-
tant bien déguisé, se hasarda à pénétrer dans le Fort-Augustin, y obtint des renseignements précieux sur les mouvements des troupes et, voulant remplir dans toute son
étendue la mission qu'il s'était donnée, il crut dans la
simplicité de son cœur, dit Walter Scott, ne pouvoir mieux
régaler le malheureux prince qu'en lui rapportant un
morceau de pain d'épices d'un sou.

Charles-Édouard passa dans leur caverne près de trois
semaines, et ce fut avec les plus grandes difficultés qu'ils
consentirent à le laisser partir. « Restez avec nous, lui
disaient-ils, les montagnes d'or que le gouvernement a
promises pour votre tête engageront peut-être quelque
gentilhomme à vous trahir, car il lui sera facile d'aller

ensuite, dans un pays lointain, vivre du prix de son infamie ; nous autres, nous sommes à l'abri d'une pareille tentation, nous ne savons d'autre langue que la nôtre, nous ne pouvons vivre que dans notre pays, et si nous faisions tomber un cheveu de votre tête, nos montagnes s'écrouleraient sur nous pour nous punir. »

Un exemple remarquable d'enthousiasme et de dévouement aida vers cette époque (2 août 1746) à l'évasion du prince. Le fils d'un orfévre d'Édimbourg, nommé Roderick Mac-Kensie, qui avait été officier dans l'armée jacobite, était caché dans les landes de Glenmoriston. Il était à peu près de la même taille que Charles et lui ressemblait beaucoup de visage et de tournure. Un parti de soldats le découvrit et l'attaqua. Le jeune homme se défendit vaillamment et, voulant par un dernier effort d'héroïsme, rendre sa mort utile à la cause qu'il avait servie, il s'écria en mourant : « Ah ! misérables ! vous avez tué votre prince ! » Son généreux projet réussit. On le prit, en effet, pour Charles-Édouard, et on envoya sa tête à Londres. Il se passa quelque temps avant que la méprise fût reconnue, et pendant ce temps, comme on croyait que le prince avait été tué, on se relâcha un peu de la rigueur des perquisitions faites pour le découvrir. Profitant de ce moment de répit, Charles-Édouard voulut voir Lochiel, Cluny Mac-Pherson et quelques autres de ses fidèles partisans qu'on disait cachés dans un district voisin. Il prit donc congé de ses fidèles bandits, dont il garda pourtant deux avec lui pour lui servir de guides et d'escorte. Après bien des difficultés, il réussit à rejoindre Lochiel et Mac-Pherson, non sans courir les uns et les autres de grands dangers. Ils établirent quelque temps leur résidence dans une hutte qu'on nommait la Cage, au milieu d'un taillis fort épais, sur la rampe d'une montagne appelée Benalder ainsi que la forêt qui l'enveloppe et qui était alors la propriété de Mac-Pherson. Ils y vécurent avec assez de sécurité et dans une abondance des choses nécessaires à la vie que le prince n'avait pas connue depuis qu'il était fugitif.

Vers le milieu de septembre, Charles-Édouard apprit que deux frégates françaises étaient arrivées à Lochlannagh pour le transporter en France; il s'embarqua le 20 avec une centaine de ses partisans et arriva le 29 sur les côtes de Bretagne, près de Morlaix. Depuis cinq mois il errait, fugitif et menant une vie précaire, au milieu de fatigues et de périls surpassant tout ce qu'on peut lire dans l'histoire. Pendant ce temps son secret fut confié à des centaines de personnes de tout sexe, de tout âge et de toutes conditions, sans qu'une seule, même parmi ces bandits qui se procuraient des aliments au risque de leur vie, ait songé un instant à s'enrichir en trahissant le malheureux proscrit. (Walter Scott, *Histoire d'Écosse*.)

Stanislas Leczinski était assiégé par les Russes dans la ville de Dantzick. N'ayant aucun espoir d'être secouru et sachant que l'ennemi en voulait à sa personne plus qu'à la ville, le malheureux roi de Pologne résolut de sauvegarder les intérêts du pays en se mettant lui-même en sûreté. On lui suggéra plusieurs moyens d'évasion. Les uns voulait qu'il perçât les lignes russes à la tête de cent hommes déterminés ; mais les abords de la place étaient inondés et ce projet impraticable. Il adopta enfin le plan de l'ambassadeur de France, celui de fuir déguisé en paysan.

« Je sortis, dit-il, de la maison de l'ambassadeur par un degré dérobé. Je n'eus pas plutôt descendu quelques marches que l'idée me venant de le rassurer sur les craintes qu'il avait à mon sujet, d'essuyer les larmes que je lui avais vu répandre, je remontai et frappai à la porte qu'il avait refermée sans bruit. Il était alors prosterné à terre et, par des prières ferventes, il demandait au Seigneur qu'il voulût bien être mon guide dans un voyage si dan-. gereux... Je viens, lui dis-je, vous embrasser de nouveau et vous prier de vous résigner autant que je le fais à la Providence. »

Accompagné du général Steinflycht, déguisé comme lui en paysan, et du major de place qui s'était engagé à favo-

riser sa fuite, il traversa le fossé sur des bateaux montés
par trois hommes qui devaient le conduire en Prusse ;
mais il fallait passer devant un poste commandé par un
sergent, et celui-ci s'en tenant à sa consigne, ne voulut
rien entendre de ce que lui disait le major de place. On
finit par lui tout avouer; le sergent fit au roi un profond
salut et le laissa passer.

Les guides de Stanislas n'appartenaient pas à la partie la
plus honorable de la société. Deux d'entre eux étaient
ce qu'on appelait en Allemagne des *Schnappœhne ;* et le
mot (chenapan), passé dans notre langue, sans indiquer
une profession déterminée, donne une idée des gens en
question. Ils connaissaient parfaitement les routes et se
montrèrent fidèles, le reste importait peu. Cependant ils
commencèrent par retenir le pauvre roi tout le reste de
la nuit et le jour suivant dans une mauvaise cabane, au
milieu des marais, à un quart de lieue de Dantzick. C'é-
tait une mesure de sûreté suivant eux, et Stanislas eut
bientôt acquis la certitude que ces braves gens tenaient
peu de compte de ses observations et même de son rang.

La nuit suivante, les fugitifs s'embarquèrent et naviguèrent péniblement à travers les roseaux. Vers minuit
leurs guides se séparèrent en deux troupes dont l'une emmena le général par la chaussée et l'autre, composée des
deux chenapans, continua avec le roi à longer cette chaussée en bateau. Le jour venu, on le cacha de nouveau dans
une hutte de paysan, et on lui donna pour lit une botte
de paille. Bientôt des Cosaques entrent à grand bruit, le
pauvre roi se croit perdu, mais ils venaient tout simplement déjeuner. Ils tinrent table deux mortelles heures,
puis s'en allèrent. L'hôtesse vient rassurer Stanislas, tout
en ne comprenant pas ce qui l'oblige à éviter les Cosaques
au lieu de boire avec eux ; prenant peur à son tour, elle
est sur le point de mettre le roi à la porte de crainte que
sa présence ne lui attire quelque mauvaise affaire. Elle

se rassure pourtant et consent à le garder dans sa maison. La nuit venue, on franchit en bateau le reste des terrains inondés, puis après une marche longue et fatigante au milieu des terres détrempées, on arrive à une maison dont le maître se récrie tout d'abord à la vue du roi. « Tu vois un de nos camarades, disent les chenapans, qu'a-t-il donc qui t'étonne ? — Non, je ne me trompe pas, répond le paysan, c'est le roi Stanislas ! — Oui, mon ami, lui dit aussitôt Stanislas d'un air ferme et assuré, c'est moi-même ; mais vous êtes trop honnête homme pour me refuser les secours dont j'ai besoin dans l'état où vous me voyez. » L'homme était honnête en effet ; il promit au roi de lui faire passer la Vistule, et il tint parole.

Ce ne fut pourtant pas sans obstacles et sans dangers que cette partie du voyage s'effectua. Les Cosaques éclairaient tous les chemins, fouillant, interrogeant, examinant avec soin tous ceux dont le signalement se rapprochait de celui du roi. Souvent il se trouva cerné de toutes parts. Une fois, entre autres, ses guides se préparaient à l'abandonner, en lui disant qu'ils ne voulaient pas se faire pendre sans aucune chance de le sauver. Il les retint auprès de lui en les menaçant, s'ils le quittaient, d'appeler lui-même les Cosaques, dût-il périr avec eux. Dans une autre circonstance, il put, grâce à une certaine somme qu'il avait heureusement sur lui, ranimer à l'aide de la bière et de l'eau-de-vie le courage chancelant de ses compagnons de route. Il avait appris que Steinflycht s'était égaré et tout faisait croire qu'il était retombé entre les mains des Russes. Enfin, on arriva sur le bord de la Vistule ; l'hôte de Stanislas le fit cacher dans les broussailles et alla chercher un bateau. Quand il fut près d'aborder, le roi voulut récompenser d'une bonne somme d'argent ce fidèle serviteur de l'infortune, mais il ne put lui faire accepter que deux ducats. L'honnête et digne paysan lui dit qu'il consentait à les prendre en souvenir du bonheur qu'il avait eu de le voir et de le connaître, puis « il prit ces ducats dans ma main, dit Stanislas, avec des façons et des sentiments que je ne puis exprimer. »

La Vistule franchie, bien des dangers l'attendaient encore ; un jour, un de ses guides s'enivre, et, au milieu d'un village, lui demande le prix de ses services pour l'avoir conduit au risque de sa vie. Heureusement le chef de ses guides eut la présence d'esprit de se moquer de l'ivrogne et fit croire aux villageois curieux et mal disposés qui les entouraient, que ce pauvre diable devenait fou et voyait partout des princes quand il avait bu. Ils s'en tirèrent ainsi. Enfin, après une série de nouvelles crises, Stanislas franchit le Nogat. Il se vit alors délivré de toute crainte, et de la compagnie des chenapans qui, d'après son récit, contribuèrent, tout en ne le trahissant pas, à lui faire trouver plus cruel encore ce voyage à travers tant de périls. (*Lettre de Stanislas à la reine sa fille ;* dans Proyard, *Histoire de Stanislas Leczinski.*)

LE BARON DE TRENCK

— 1746-1765 —

Frédéric, baron de Trenck, né en 1726 à Kœnigsberg, était fils d'un officier supérieur de l'armée prussienne, et cousin germain du fameux Trenck, colonel des Pandours, au service de Marie-Thérèse. Dès l'âge de dix-huit ans, il était officier aux gardes du corps de Frédéric II, et dans la plus haute faveur auprès de ce prince. Du savoir, une bravoure à toute épreuve et des actions d'éclat lui avaient valu cet avancement rapide en même temps que beaucoup d'envieux et d'ennemis. Présomptueux et imprudent comme pouvait l'être un jeune homme, il avait vu ses hommages favorablement accueillis par la princesse Amélie, sœur du roi ; ce fut une première cause de disgrâce, et peut-être la principale ; d'autres suivirent bientôt. Dans la campagne de 1744, des fourrageurs ennemis enlevèrent le palefrenier du jeune garde du corps avec deux de ses chevaux. Le roi, l'ayant su, lui fit donner un cheval de ses écuries ; mais le lendemain les deux chevaux revinrent avec le palefrenier, sous la conduite d'un trompette ennemi qui remit à Trenck ce billet du chef des Pandours : « Trenck l'Autrichien n'est point en guerre avec son cousin Trenck le Prussien ; il est charmé d'avoir pu retirer des mains de ses hussards deux chevaux qui ont été enlevés à son cousin et il les lui renvoie. » Notre jeune officier alla sur-le-champ rendre compte de cette aventure au roi, qui le regarda d'un air sombre et lui dit: « Puisque votre cousin vous a renvoyé vos chevaux, le mien ne vous . est plus nécessaire. » Quelques mois se passèrent, et Frédéric semblait revenu à ses premiers sentiments de bienveillance paternelle, quand tout à coup éclata sur la tête du malheureux jeune homme la foudre dont son terrible souverain l'avait un jour menacé.

Sept ou huit mois avant, Trenck s'était laissé persuader, par un officier supérieur de son régiment, d'écrire à son parent, le chef des Pandours, une lettre sans importance, mais qui n'en constituait pas moins une faute grave contre la discipline. L'affaire de son palefrenier et des deux chevaux avait eu lieu depuis, et il ne pensait plus à sa lettre, quand il reçut une réponse qui probablement ne venait pas de son cousin, mais était l'œuvre d'un faussaire, de l'officier même qui l'avait engagé dans cette correspondance imprudente. Quoi qu'il en soit, le jour même Trenck fut arrêté et conduit au château de Glatz, où il eut pour prison la chambre des officiers de garde avec une liberté relative dans l'enceinte de la forteresse. Il commit la faute d'écrire au roi sur un ton très-fier et qui déplut. Cinq mois s'étaient écoulés depuis son arrestation, le roi n'avait point répondu à sa demande d'être jugé militairement, la paix était faite et sa place dans les gardes avait été donnée à un autre. La pensée de s'évader lui vint alors.

Depuis son arrivée à Glatz, il s'était fait de nombreux amis parmi les officiers qui le gardaient, en leur donnant une large part de l'argent dont il était abondamment pourvu. Deux de ces officiers lui proposèrent de l'aider et de l'accompagner dans sa fuite; on se prépara, mais nos trois imprudents voulurent délivrer, par commisération, un officier condamné à dix ans de prison dans cette même forteresse. Après avoir tout appris d'eux, ce misérable, que Trenck avait comblé de bienfaits, les trahit le jour

même, et eut sa grâce et la liberté pour prix de sa trahison. Un des officiers, averti à temps, se sauva ; l'autre,
grâce à Trenck, qui gagna son juge à prix d'argent, en fut
quitte pour un an de prison ; quant à Trenck, à partir de
ce jour, on le garda beaucoup plus étroitement. Quelques
années après, le lâche qui les avait vendus, rencontré par
Trenck à Varsovie, reçut le châtiment qu'il méritait, voulut s'en venger les armes à la main, et resta mort sur la
place.

Le roi fut très-irrité de ce complot d'évasion, qui lui
parut confirmer les faits reprochés au prisonnier. Sollicité
quelque temps auparavant par la mère de Trenck, d'accorder à son fils la liberté, il avait répondu dans des termes qui lui faisaient espérer cette grâce, après une année
de prison. Mais Trenck n'en avait pas été instruit, et sa
détention plus rigoureuse le poussait à de nouvelles tentatives de fuite, que devaient favoriser la bienveillance ou
la complicité bien payée de ses gardiens.

Voici comment il raconte la première :

« J'étais cantonné dans une tour qui donnait sur la ville.

« Ma fenêtre, qui dominait le rempart, était élevée de
quinze brasses. En sortant de la citadelle, il fallait donc
que je traversasse la ville et que préalablement j'y eusse découvert un refuge assuré. Un officier gagna pour cet objet un
honnête savonnier qui consentit à me recevoir chez lui. Je
dentelai un canif, je travaillai sans relâche, et je parvins
à couper trois barres de fer très-fortes. L'opération m'en-
nuyait, elle était trop longue ; il fallait que je coupasse
ainsi huit barreaux avant de pouvoir descendre par ma fenêtre. Un officier me procura une lime. Il fallait en user
avec une extrème circonspection afin de ne pas être découvert par la sentinelle. Dès que j'eus terminé heureusement mon ouvrage, je découpai mon portemanteau de
cuir en lanières que je rassemblai les unes au bout des
autres, et j'en formai une longue tresse. J'y ajoutai les draps

de mon lit, et me laissant glisser de cette élévation presque effrayante, je parvins en bas sans accident. Il pleuvait,
la nuit était fort sombre, tout me servait. Mais il me fallait traverser à gué un égout, réceptacle de toutes les im-
mondices, avant d'arriver à la ville. Je ne m'y étais point
attendu. Je m'y enfonçai jusqu'aux genoux, mais je ne pus
jamais parvenir à m'en retirer. J'étais tellement engagé
dans ce cloaque que mes forces me furent inutiles et qu'il
me fallut demander secours à la sentinelle du rempart. »

On alla aussitôt avertir le commandant que Trenck était
embourbé dans l'égout.

« Pour comble de disgrâce, le commandant de Glatz était
le général Fouquet, homme dur, ennemi impitoyable de
tous ceux qui ne savaient pas ramper lâchement sous le
joug de la subordination. Mon père l'avait blessé en combat singulier; de plus, Trenck, l'Autrichien, lui avait, peu
auparavant, enlevé son bagage. Aussi le seul nom de
Trenck lui était odieux, et il me le prouva dans trop de circonstances. Il ordonna qu'on me laissât dans le bourbier
jusqu'à midi, pour servir de spectacle et de jouet à toute
la garnison. Quand on m'en eut tiré, il me fit remettre dans
ma prison et pendant tout le jour on me refusa l'eau dont
j'avais grand besoin pour me laver. On ne peut s'imaginer
combien ma personne était hideuse et dégoûtante. Les
efforts que j'avais faits m'avaient couvert de fange; j'étais
vraiment digne de pitié; enfin on m'envoya deux prisonniers qui m'aidèrent à me rendre propre.

« Ce fut alors que je fus surveillé et resserré avec toute
la rigueur imaginable. J'avais encore sur moi quatre-vingts
louis d'or qu'on me laissa très-heureusement lorsqu'on
m'introduisit dans ma nouvelle prison; dans la suite je
sus en tirer un bon parti...

« Huit jours ne s'étaient pas encore écoulés depuis cette
tentative si malencontreuse, qu'il arriva un autre événement. Certes, il paraîtrait digne de figurer dans un roman,

si je n'écrivais dans un moment où moi, principal acteur de cette scène, je puis prendre en témoignage tout Glatz, toute l'armée prussienne, instruite de ce fait par des témoins oculaires. Ce qu'on va lire prouvera que la témérité, le courage du désespoir peuvent rendre possibles les entreprises les plus éloignées de la vraisemblance, et que le hasard peut mettre un homme de résolution dans la route du bonheur plus facilement qu'un projet médité et appuyé sur toutes les précautions de la sagesse et de la prudence... Voici le fait :

« Le major de place Doo vint me voir dans ma prison. Il était escorté de l'adjudant et d'un officier de garde. Après avoir visité tous les coins de mon réduit, il lia conversation avec moi. Il me dit que mon crime s'était beaucoup aggravé par les tentatives que j'avais faites pour briser mes fers ; qu'il ne doutait pas que le ressentiment du roi ne fût devenu extrême. Ce mot de crime me fit entrer en fureur. Il m'exhorta à la patience, à la modération. Je le priai de me dire quelle durée le roi avait fixée à ma détention. Il me dit qu'un officier coupable de trahison, qui avait entretenu une correspondance avec les ennemis de l'État, ne pouvait attendre que de la grâce du roi le terme de sa punition. Pendant qu'il me parlait j'avais considéré son épée du coin de l'œil ; sur sa dernière réponse, je la lui arrache, je m'élance hors de la chambre, je renverse la sentinelle avec le lieutenant de garde, que mon apparition avait étourdis, et je les fais rouler du haut en bas de l'escalier. Tout le poste de garde me barrait le passage ; je m'élance l'épée au poing, frappant de droite et de gauche. Mon action était si surprenante qu'elle portait l'effroi avec l'étonnement. Les rangs se rompirent, j'avais déjà blessé quatre hommes, on me fit place. Je passai tout au travers de ces hommes frappés de surprise, et sautai du haut du rempart qui était d'une élévation prodigieuse. Je tombai dans le fossé droit sur mes pieds, sans m'être fait aucun mal, et sans avoir quitté l'épée du major. Parvenu au second rempart, qui était beaucoup plus bas que le premier, je le franchis avec le même bonheur et je tombai encore sur mes pieds. Personne n'avait eu le temps de charger ses armes; personne non plus n'avait songé à me poursuivre par le chemin que j'avais pris. On était obligé de prendre un long détour pour marcher sur mes pas et, avant qu'on pût atteindre la porte de la ville, j'avais l'avance d'une demi-heure. Cependant comme j'allais traverser le passage étroit d'un ouvrage intérieur, une sentinelle courut sur moi pour s'opposer à ma fuite. Quoiqu'elle eût la baïonnette au bout d'un fusil, j'écartai cette arme et je lui portai un grand coup d'épée tout au travers de la figure. Une autre sentinelle venait à moi par derrière; je voulus alors voltiger sur les palissades, mais je restai attaché par un pied entre deux barreaux. Le soldat me donna un coup de sa baïonnette à la lèvre supérieure, et, comme il ne m'était pas possible de me dégager, il saisit mon pied et me força de rester dans cette position douloureuse jusqu'à ce qu'un autre soldat vint à son secours. Je me défendis en homme animé par le désespoir; on me frappa à coups de crosse et l'on me reconduisit en prison.

« Il est pourtant sûr que si j'avais pu franchir les palissades et que j'eusse tué sans miséricorde le soldat qui venait sur moi, j'aurais eu le temps de gagner les montagnes avant qu'on eût pu me rejoindre. Ainsi je serais arrivé en Bohême, après avoir quitté en plein midi les remparts de Glatz, après avoir traversé toute la forteresse et la garde rangée pour s'opposer à ma fuite. Mon épée m'aurait suffi pour ne craindre seul à seul aucun de ceux qui auraient tenté de me poursuivre et, dans ce temps-là, j'aurais défié à la course les hommes les plus agiles.

« Jusqu'au moment où je tentai de franchir les palissades, le bonheur le plus merveilleux semblait seconder mes desseins, mais il me quitta au moment décisif. Après

« Le soldat saisit mon pied. » (Le baron de Trenck.)

11

une pareille témérité, toutes mes espérances furent décidément anéanties. On me resserra encore plus rigoureuse-
ment, on plaça dans ma chambre un bas officier et deux
hommes qui ne me quittaient jamais. En dehors j'étais
surveillé par des sentinelles. L'état où je me trouvai réduit
était affreux, les coups de bourrade m'avaient horrible-
ment maltraité; j'avais le pied droit foulé, je crachais le
sang et ma blessure était assez considérable pour qu'elle
ait mis plus d'un mois à guérir...

« Replongé dans toutes les horreurs de la captivité, je
ne pensais qu'à saisir toutes les occasions pour quelque
nouvelle tentative. J'avais étudié le caractère des soldats
qui me surveillaient; j'avais de l'argent. Avec ce secours
et un peu de pitié, on peut beaucoup attendre de soldats
mécontents et dégoûtés du service. —Trente-deux hommes
se liguèrent bientôt pour me servir... A l'exception de deux
ou trois, aucun des conjurés ne connaissait les autres, ils
ne pouvaient donc me manquer tous ensemble. Le bas
officier Nicolaï devait commander cette expédition...
Des quatre officiers qui formaient la grande garde, trois
étaient entrés dans mes intérêts. Tout était prêt. Nos munitions étaient déjà cachées dans un creux de ma prison.
Notre dessein était de délivrer les prisonniers et de gagner
la Bohême tambour battant. Par malheur Nicolaï s'était
confié à un déserteur autrichien qui éventa le complot.

« Le gouverneur envoya aussitôt son adjudant à la citadelle avec un ordre à l'officier de garde de se saisir de
Nicolaï. Celui-ci était aussi de garde; seul il connaissait
tous les conjurés, dont plusieurs étaient de garde avec lui.
Prenant à l'instant son parti en homme déterminé, il saute
dans les casemates en criant : « Aux armes, camarades,
nous sommes trahis! » On le suit au corps de garde, où l'on
s'empare des fusils. Nicolaï fait charger les armes et vole
à ma prison pour me délivrer, mais la porte était en fer et
le temps manquait pour la briser. Après de vains efforts,

voyant qu'il ne pouvait rien pour moi, Nicolaï marcha, avec dix-neuf hommes qui le suivaient le fusil sur l'épaule, vers la porte qui donnait sur la campagne. Le bas officier qui y était de garde et les six hommes qu'il commandait se joignirent à lui, et, avant qu'on eût rien pu faire pour le poursuivre, il était déjà à moitié chemin de la frontière. Son bonheur le conduisit rapidement jusqu'à Braunau, en Bohème.

« Cet événement attira sur ma tête le plus terrible orage. Il n'était question de rien moins que de me faire mon procès comme à un conspirateur. On redoubla les précautions et ma garde. Cependant j'étais sûr qu'on n'avait aucun soupçon sur les officiers, et, comme ils avaient ordre de me faire tous les jours plusieurs visites pour s'assurer de ma tranquillité, je conservai l'espoir de me sauver.

« Le lieutenant Bach qui, tous les quatre jours, montait la garde auprès de moi, était un insigne querelleur. Sans cesse il défiait ses camarades et les balafrait. Un jour que ce terrible homme, assis sur mon lit à côté de moi, me racontait que la veille il avait blessé au bras le lieutenant Schell, je lui dis en souriant : « Si j'étais libre, vous ne me blesseriez pas sans peine, car je sais aussi manier une épée. » Le voilà aussitôt échauffé. Des éclats d'une vieille porte qui me servait de table, nous fîmes deux fleurets et du premier coup je le touchai à la poitrine. Il sortit très-brusquement sans articuler un mot, et mon étonnement fut extrême quand je le vis rentrer avec deux sabres de soldat qu'il tenait sous son habit. En me présentant l'un de ces sabres, il me dit : « Maintenant, mon fanfaron, voyons ce que tu sais faire. » En vain je lui représentai le danger qu'il courait, il ne voulut rien entendre et m'attaqua comme un forcené. Je le blessai au bras droit ; il jette à l'instant son sabre, me saute au cou, m'embrasse, et comme dans un mouvement de joie convulsive, il s'écria : « Tu es mon maitre, ami Trenck ; tu auras, oui, tu auras ta liberté, il le faut ; tu l'auras par moi, aussi vrai que je me nomme Bach. » Je bandai sa blessure, qui était assez profonde. Il se retira tranquillement, fit venir un chirurgien qui le pansa ; et le même soir il reparut près de moi.

« Revenant à sa proposition de liberté, il me dit qu'il m'était impossible de me sauver si l'officier de garde ne consentait pas à fuir avec moi ; que pour lui il était prêt à tout sacrifier pour moi, mais incapable de faire une bassesse et que c'en serait une de déserter étant de garde. Mais il me donna immédiatement sa parole d'honneur de m'adresser sous peu de jours l'homme qu'il me fallait et de ne rien négliger pour me servir. Le lendemain, il revint et me présenta le lieutenant Schell en me disant : « Voilà votre homme. » Schell m'embrassa, m'engagea sa parole et nous délibérâmes sans délai sur les moyens à mettre en œuvre.

« Schell, arrivé récemment à la garnison de Glatz, devait être de garde près de moi pour la première fois trois jours après. Nous remîmes l'affaire à cette époque. Mais comme je ne recevais plus d'argent, et que toute ma richesse consistait en six pistoles, on convint que Bach irait à Schweidnitz pour y demander de l'argent à un mien cousin qui y demeurait. Il est bon de dire que je vivais dans la meilleure intelligence avec tous les officiers de la garnison, sauf un seul, le capitaine Rœder, qui se montrait dur avec moi et prenait plaisir à me causer toutes les contrariétés possibles. Le major Quaadt était mon parent du côté de ma mère, et faisait des vœux sincères pour ma fuite. Bach, Schrœder, Lunitz et Schell, les quatre lieutenants qui me gardaient à tour de rôle, s'occupaient de mes préparatifs. Schell devait fuir avec moi. Schrœder et Lunitz nous suivre peu après. La plupart des officiers envoyés dans les garnisons étaient de pauvres diables, chargés de dettes ou de mauvaises affaires, vivant dans une grande indigence, méprisés par l'armée et ne songeant qu'à désérter. Comme j'avais toujours de l'argent, je faisais naître des espérances de fortune et je trouvais facilement des amis.

« Cependant, on avait répandu le bruit que les officiers étaient beaucoup trop familiers avec moi. Ordre fut donné que ma prison fût toujours fermée et qu'on me fît parvenir ce dont j'avais besoin par un guichet pratiqué dans le milieu de la porte. Défense était faite de manger avec moi, sous peine d'être cassé. Mais les officiers firent faire une clef semblable à celle qui restait entre les mains du major, et ils passaient près de moi une partie du jour et de la nuit. Un certain capitaine Damnitz avait sa chambre en face de la mienne. Cet homme, après avoir déserté le service de la Prusse, en volant la caisse de sa compagnie, était devenu espion aux gages de l'Autriche ; pris en flagrant délit, il avait été condamné au gibet et, par commutation, à une prison perpétuelle. C'était l'espion du major de place, qui savait par lui mes rapports avec les officiers.

« Le 24 décembre, Schell était de garde, il vint me trouver et nous disposâmes tout pour fuir à la garde prochaine, c'est-à-dire le 28. Mais le jour même, le lieutenant Schrœder dinant chez le commandant y apprit qu'on avait ordre d'arrêter sans délai le lieutenant Schell. Il nous crut trahis et se hâta de venir trouver Schell à la citadelle. « Tout est découvert, lui dit-il, sauve-toi bien vite, car tu dois être arrêté dans un instant. » Schell pouvait s'échapper seul et très-facilement ; Schrœder lui avait même proposé de l'accompagner en Bohème, mais ce généreux ami ne voulut point m'abandonner. Il monte à ma prison, portant sous son habit le sabre d'un bas-officier : « Ami, me dit-il, on nous a trahis. Suis-moi, et ne permets pas que je tombe vivant entre les mains de mes ennemis. » Je voulus parler, il me saisit la main en répétant : « Suis-moi, nous

n'avons pas un instant à perdre. » Je passai promptement
mon habit, je mis mes bottes et sortis avec tant de hâte, que
j'oubliai de prendre quelque argent que j'avais caché.

En sortant, Schell dit à la sentinelle : « Je mène votre
prisonnier au poste des officiers, restez là. Nous y fûmes
effectivement, mais nous le quittâmes tout de suite en
prenant la porte opposée. Mon ami avait le projet d'a-
vancer sous l'arsenal jusqu'à l'ouvrage extérieur, puis de
franchir les palissades, mais nous n'avions pas encore fait
cent pas que nous rencontrâmes le major Quaadt et l'adjudant. Schell s'effraya, il monta sur le parapet, et comme
en cet endroit la hauteur du rempart n'est pas très-consi-
dérable, il sauta en bas. Je le suivis, j'arrivai heureusement à terre, sans m'être fait d'autre mal qu'une écor-
chure à l'épaule, mais Schell fut moins heureux, il se
démit le pied. Tirant aussitôt son épée, il me supplia de
l'en percer et de prendre ensuite la fuite le plus sûrement
que je pourrais. Schell était petit, d'une constitution frêle ;
je le saisis au milieu du corps et le fis passer par-dessus les
palissades, puis, le chargeant sur mes épaules, je me mis
à courir avec mon fardeau sans trop savoir où je me diri-
geais. Le soleil venait de se coucher, un brouillard épais
couvrait la terre, et il tombait du givre. On avait sonné
l'alarme derrière nous, tout le monde nous connaissait ;
mais avant que personne de la citadelle pût arriver à la
ville et franchir les portes pour se mettre à notre poursuite, il se passa une demi-heure.

« Nous n'étions pas à cent pas de la place, quand nous
entendîmes le canon d'alarme. Ce bruit effraya beaucoup
Schell, parce qu'il savait que bien rarement un déserteur
arrivait heureusement à la frontière, s'il n'avait pu marcher deux heures avant que le canon fût tiré, et que les
hussards et les paysans réunis étaient très-alertes à s'emparer des passages, en exécution des ordres donnés d'a-
vance pour les circonstances pareilles. A peine étions-nous

à cinq cents pas de la forteresse, que nous vîmes tout en mouvement derrière et devant nous. Il faisait encore jour, cependant nous échappions avec un bonheur que je devais à·ma présence d'esprit et à la réputation que je m'étais faite. On savait très-bien que ce ne serait pas assez de deux ou trois hommes pour nous arrêter. On croyait d'ailleurs que nous ne pouvions pas avoir entrepris un projet comme le nôtre, sans nous être munis de toutes les armes nécessaires, et l'on ne se doutait guère que nous n'avions pour toute défense que l'épée de Schell et un mauvais sabre de caporal.

« Quand j'eus porté mon ami à quelque distance, je le mis à terre, et, regardant autour de moi, je ne vis ni la ville ni la citadelle ; il était impossible qu'on nous aperçût davantage, car le brouillard était fort épais. J'avais toute ma présence d'esprit et j'étais résolu à mourir ou à recouvrer ma liberté. Je dis à Schell : « Où sommes-nous ? Par où va-t-on en Bohême ? Où coule la Neisse ? » Le pauvre garçon était hors d'état de me répondre, il ne pouvait retrouver ses sens et le désespoir l'égarait ; il me priait de ne pas l'abandonner vivant, car il n'y avait pas d'apparence que notre fuite fût possible. Je lui promis alors sur la foi du serment que, s'il ne nous restait plus aucune ressource, je lui donnerais la mort plutôt que de le laisser tomber entre les mains de nos ennemis, et cette promesse réveilla son courage. Il regarda autour de lui, reconnut quelques arbres, et me dit que nous n'étions pas loin de la porte des champs. — « Où passe la Neisse ? » Il chercha à se rappeler le lieu et me l'indiqua. « Tout le monde, lui dis-je, nous a vus marcher vers la Bohême, il n'y a pas d'espoir pour nous de ce côté-là. On y a formé un cordon et tous les chemins doivent être couverts de hussards et de paysans qui nous cherchent ou qui nous attendent. » Je le repris sur mes épaules, et j'allai droit à la Neisse. De là nous ne tardâmes pas à entendre le mouvement qui

se faisait dans tous les villages, celui des paysans qui
s'empressaient de former le cordon de désertion, et les
cris de ceux qui donnaient l'alarme. Il y avait sur la Neisse
un peu de glace, qui se brisait sous mes pieds ; je portai
Schell tant que je pus marcher à gué; mais quand le fond
me manqua au milieu de la rivière, il fallut qu'il s'accro-
chât à mes cheveux, car il ne savait pas nager. Ce fut
l'affaire de trois brassées et nous eûmes le bonheur d'arriver à l'autre bord:

« On peut concevoir s'il était doux, le 24 décembre, de
traverser une rivière à la nage, pour rester ensuite exposé
à l'air pendant dix-huit heures. Vers les sept heures du
soir, le brouillard s'était dissipé, il ne tombait plus de givre,
la lune brillait et il ne tarda point à geler. La marche et
le poids de mon ami que je portais, m'empêchaient de me
refroidir, mais je n'en étais pas moins tout trempé. Quant
au pauvre Schell, il mourait de froid et son pied lui causait des douleurs affreuses. Cependant, la Neisse une fois
traversée, nous étions plus tranquilles, car personne ne
pouvait imaginer de nous poursuivre sur le chemin de la
Silésie. Je côtoyai la rivière pendant une demi-heure en
avançant toujours; après avoir dépassé le village où commençait la ligne de désertion, et que Schell connaissait
pour y avoir été plusieurs fois, le hasard nous fit trouver
sur le bord de la rivière un bateau de pêcheur ; détachant
aussitôt la corde qui le retenait, nous poussâmes sur l'autre rive, et en peu de temps nous avions gagné les montagnes.

« Arrivés là, nous nous reposâmes sur la neige, nous
reprîmes courage et nous consultâmes sur ce que nous
avions à faire. Je coupai un bâton pour Schell, qui put
alors marcher en se portant sur un pied ; mais la neige
était épaisse et couverte d'une croûte dure, qui se brisait
sous nos pas, en sorte que mon pauvre camarade n'avançait qu'avec une extrême difficulté. Pendant toute la nuit,

nous marchâmes de cette manière, enfonçant quelquefois dans la neige jusqu'à mi-corps, et forcés de nous arrêter continuellement. Quand le jour parut, nous nous
croyions déjà bien près des frontières, qui sont à 4 milles
(environ 50 kilomètres) de Glatz. On peut se figurer
notre effroi quand nous entendîmes sonner l'heure à l'horloge de la ville. Le froid et la fatigue nous faisaient hor-
riblement souffrir ; la faim ne nous tourmentait guère
moins, et il n'était pas probable que nous pussions résister
à tant de maux pendant toute la journée. Nous reprîmes
cependant courage, et, après une demi-heure d'efforts in-
cessants, nous arrivâmes à un village situé au bas de la
montagne. Non loin de là se trouvaient deux maisons iso-
lées, nous y arrivâmes heureusement. En franchissant les
murailles de Glatz nous avions perdu nos chapeaux, mais
Schell qui, on s'en souvient, était de garde, avait son
écharpe et son hausse-col, ce qui devait lui donner aux
yeux des paysans une certaine importance.

« Je me fis une coupure au doigt, je couvris de sang
mon visage. ma chemise et mon habit, afin de me donner
l'air d'un homme blessé, et je me bandai la tête. Ainsi
équipé, je portai Schell hors des broussailles dans un endroit peu éloigné des maisons. Là il m'attacha les mains
derrière le dos, de manière pourtant qu'au besoin je pusse
les détacher facilement, puis je marchai devant lui. Il me
suivait appuyé sur son bâton en criant au secours. Deux
vieux paysans se présentèrent, Schell leur cria aussitôt:

« Allez vite au village, dites au juge-maire d'atteler sur-
le-champ des chevaux à un chariot. J'ai arrêté ce coquin,
il a tué mon cheval, il est cause que je me suis démis
le pied, je l'ai pourtant balafré et garrotté comme vous le
voyez ; qu'on m'amène vite un chariot, afin que j'aie le
temps de le faire pendre avant qu'il meure. »

« Je feignis une extrême faiblesse et me laissai entraîner
dans une chambre. Un paysan se rendit au village ; une

femme âgée, une jeune fille très-jolie à qui j'inspirai de
la pitié, me donnèrent du pain et du lait; mais quel fut
notre étonnement quand le vieux paysan nomma Schell
par son nom! Il savait bien, nous dit-il, que nous étions
des déserteurs; le soir précédent un officier était venu
chez le fermier, lui avait donné nos noms, signalé nos
vêtements et raconté toutes les circonstances de notre
fuite. De plus, ce vieillard connaissait Schell, car il avait
un fils qui servait dans sa compagnie, et plusieurs fois
il lui avait parlé à Hebelschwerdt lorsqu'il y était en garnison.

« Une prompte résolution, une grande présence d'esprit pouvaient seules nous tirer d'affaire. Je quittai aussitôt la chambre et courus à l'écurie, pendant que Schell
occupait le vieux paysan; mais nous avions affaire à un
honnête homme, qui lui apprit même le chemin le plus
court pour arriver en Bohême. Nous n'étions encore qu'à
1 mille et demi (11 kilomètres environ) de Glatz, et nous
avions perdu près de 6 milles de chemin en détours sur
cette maudite montagne.

« Je trouvai dans l'écurie trois chevaux, mais point de
brides; la jeune fille, qui m'avait suivi, m'en remit deux
sur mes instantes supplications. Brider les chevaux, placer Schell sur l'un et sauter sur l'autre, fut l'affaire d'un
instant. Le vieux paysan se mit à crier, à supplier, à demander grâce pour ses deux chevaux; par bonheur il n'eut
pas le courage, peut-être même pas la volonté de s'opposer
à notre fuite; car, désarmés et fatigués comme nous l'é-
tions, une simple fourche aurait suffi pour nous retenir
au moins jusqu'à ce qu'on fût venu à son secours. Nous
partons ainsi à cheval, sans selle et sans chapeau. Schell
avait son uniforme, son écharpe et son hausse-col; moi,
mon habit écarlate de garde du corps. Autre guignon : ma
maudite bête ne voulait pas bouger, mais en bon écuyer
je l'eus bientôt contrainte à marcher malgré elle. Schell

allait devant; nous étions à peine à quelques centaines de
pas, quand nous vîmes arriver les paysans du village.
Heureusement c'était le jour de Noël, l'heure de l'office, et
tout le monde était à l'église; sans cela nous étions perdus.

« Il fallait absolument passer par Wunschelbourg, et
pourtant nous ne pouvions traverser la ville sans être arrêtés. Un mois auparavant, Schell y avait été, tout le monde
le connaissait. Notre équipage, nos têtes nues, nos chevaux sans selles, tout disait ce que nous étions. Il y avait
dans la ville quatre-vingts hommes d'infanterie et douze
hussards destinés à la poursuite des déserteurs; mais
Schell, connaissant le pays, tourna la ville. Enfin, arrivés
presque à la frontière, nous nous trouvons face à face avec
le lieutenant Zerbst, envoyé à notre poursuite ainsi que le
lieutenant Bach. Zerbst avait toujours été plein d'affection
pour moi. « Ami, me cria-t-il, appuie à gauche; cette maison isolée que tu vois là-bas est sur la frontière. A droite,
tu trouverais les hussards. » Et il se jeta dans un sentier
détourné comme s'il ne nous avait pas vus. Vers onze
heures du matin, nous étions à Braunau, en Bohême.

« Sans perdre de temps, je renvoyai à Glatz les deux
chevaux et le sabre du caporal, le tout à l'adresse du général Fouquet, commandant de place. La lettre qui accompagna cet envoi lui causa une telle fureur, qu'il fit passer
par les verges les sentinelles de garde devant ma porte, tous
les soldats qui étaient sous les armes au moment de notre
fuite et tous ceux qui étaient sur le rempart d'où nous
avions sauté. Cependant les sentinelles avaient dû obéir à
Schell, leur officier, qui leur avait ordonné en sortant de
rester à leur poste. Mais l'habile gouverneur de Glatz,
vingt-quatre heures avant notre évasion, avait déclaré
d'un ton suffisant qu'il m'avait mis dans l'impossibilité
complète de rien tenter en ce genre; il faisait expier à
des malheureux sans défense sa propre négligence et son
incapacité. »

« Notre équipage, nos têtes nues, tout disait ce que nous étions. » (Le baron de Trenck.)

Pendant les premiers mois qui suivirent son évasion, Trenck erra misérablement, toujours poursuivi par la vengeance de Frédéric, et forcé plusieurs fois de repousser l'épée à la main les tentatives des agents prussiens pour s'emparer de lui. Proscrit dans son pays, il avait pris du service dans l'armée autrichienne. Enfin, après une série d'aventures dont le récit, dans ses Mémoires, porte le cachet de la sincérité, malgré tout ce qu'elles ont d'extraordinaire, il se trouvait à Dantzig quand, par la trahison du résident impérial et des autorités de la ville, il fut livré au roi de Prusse.

Une telle arrestation semble avoir eu pour effet d'annuler pendant quelque temps chez Trenck cette fécondité de ressources, cet esprit si prompt à saisir la moindre occasion de recouvrer sa liberté. Durant son voyage de Dantzig en Prusse, ses gardiens affectèrent de lui laisser mainte occasion de fuir; il ne méconnut pas ces occasions, car il en parle dans ses Mémoires, mais il ne sut où ne voulut pas en profiter. Conduit à Magdebourg, il fut enfermé dans la citadelle.

« Mon cachot, dit-il, était dans une casemate dont la partie antérieure, de 6 pieds de large sur 10 de long, était divisée par un mur avec une baie fermée d'une double porte, une troisième porte donnait entrée dans la casemate, dont la muraille était épaisse de 7 pieds. A la naissance de la voûte, on avait pratiqué une fenêtre, construite de manière à me donner du jour, sans me laisser voir ni ciel ni terre. Tout ce que je pouvais découvrir, c'était le toit du magasin qui était en face. En dedans et en dehors de cette fenêtre, on avait placé des barres de fer entre lesquelles, dans l'épaisseur du mur, était un grillage en fil de fer, plus étroit de 1 pied que l'ouverture, et à mailles si serrées qu'on ne pouvait rien distinguer au travers. A 6 pieds de la muraille, une palissade empêchait les sentinelles d'approcher du mur. Mon ameublement se composait d'un matelas

et d'un bois de lit fixé au plancher par des barres de fer
pour qu'on ne pût l'approcher de la fenêtre; près de la
porte, un poêle de fonte et une garde-robe fixée au plancher. On ne me mit pas de chaînes, mais on régla ma
nourriture à 1 livre et demie de pain de munition par
jour avec une cruche d'eau. Le pain était la plupart du
temps si moisi que je pouvais à peine en manger la moitié. Je ne saurais peindre ce qu'une faim horrible me fit
éprouver de tourments pendant onze mois que je fus en
proie à ce supplice... Je regarde ces onze mois comme le
temps de ma vie où ma constance fut mise à la plus rude
épreuve. A mes prières, à mes supplications on répondait : « C'est l'ordre du roi, il est défendu de vous donner
rien de plus. »

« Le commandant gardait chez lui les clefs de mes trois
portes, dont une était percée d'un guichet par où l'on me
passait ma nourriture. On n'ouvrait les portes que le mercredi et, après qu'un prisonnier avait nettoyé ma garde-
robe, le commandant et le major de place entraient pour
faire la visite. J'observai cette conduite pendant deux mois
et, quand j'eus acquis la certitude que pendant toute une
semaine on n'entrait pas dans ma prison, je commençai
un travail auquel j'avais réfléchi mûrement et qui me
parut praticable. Le poêle et la garde-robe étaient sur une
place pavée en briques. Un mur seulement me séparait de
la casemate voisine, qui n'était pas habitée ; on plaçait une
sentinelle devant ma fenêtre, et, malgré les défenses les
plus expresses, j'eus bientôt trouvé quelques honnêtes
garçons qui se déterminèrent à me parler et à me décrire
tout le local de ma prison. J'appris donc que, si je pouvais pénétrer dans la casemate voisine, dont la porte
n'était point fermée, il me serait facile de me sauver. Il
fallait seulement traverser l'Elbe, soit dans une barque
qu'un ami me tiendrait prête, soit à la nage; la frontière de Saxe n'en est éloignée que de deux lieues.

« Je commençai par détacher à force de travail les fers
qui attachaient ma garde-robe au sol ; ils avaient 18 pouces
de long. Je brisai les trois clous qui les attachaient à la
caisse et, après avoir pris le fer pour m'en servir, je remis
les têtes des clous à leur place. Ce fut ainsi que je trouvai
des instruments pour lever les briques, sous lesquelles je
rencontrai la terre. Je perçai alors derrière la caisse un
trou au travers de la voûte, qui était épaisse de 7 pieds.
Des briques formaient la première couche du mur, mais
aussitôt après je rencontrai de grosses pierres de taille. Je
numérotai les briques du plancher et celles de la muraille
afin de pouvoir les replacer exactement. Cet essai me
réussit, et je continuai ma besogne. J'avais déjà percé à
peu près à 1 pied de profondeur dans la muraille et, la
veille de la visite, je rétablis le tout avec le plus grand
soin. Pour tromper plus sûrement les yeux, je remplis les
interstices avec de la poussière de chaux. J'avais gratté le
mur pour me la procurer et, comme il avait peut-être été
blanchi cent fois, il me fournit la matière dont j'avais besoin. Je pris de mes cheveux pour me faire un pinceau,
je détrempai de la chaux dans ma main, je m'en servis
pour peindre, puis je restai le corps nu appuyé contre la
muraille jusqu'à ce que tout fût sec et eût pris une teinte
uniforme. Je rattachai ensuite les fers de ma garde-robe de
façon qu'il était impossible d'apercevoir le moindre dé-
rangement. Si une seule fois on s'était avisé de me visiter
un autre jour que le mercredi, tout aurait été découvert,
mais cela n'arriva pas pendant l'espace de six mois.

« Tandis que je travaillais, je mettais les décombres
sous mon lit ; mais il fallait m'en débarrasser. Voici comment je m'y pris. Je semais la chaux et les débris de pierres
dans ma chambre, je marchais dessus toute la journée
jusqu'à ce qu'ils fussent réduits en une poussière très-fine.
J'étendais cette poussière sur le devant de ma fenêtre à
laquelle je parvenais en montant sur ma garde-robe ; quel-

ques éclats de bois arrachés de mon lit et réunis avec le
fil d'un vieux bas formaient un petit bâton au bout duquel j'avais attaché une touffe de mes cheveux. J'avais
aussi agrandi une maille dans le grillage de ma fenêtre,
de façon pourtant qu'il était difficile de s'en apercevoir.
Je pouvais ainsi jeter la poussière sur le mur de ma fenêtre, et en passant mon petit balai à travers le grillage je
l'avançais sur le bord extérieur. J'attendais ensuite qu'il
fît du vent ; quand il s'en élevait pendant la nuit, je
poussais la poussière qui, dissipée dans les airs, ne laissait aucune trace au dehors. Je suis sûr qu'avec ce travail
je me suis débarrassé de plus de 300 livres de poussière.
J'en jetais aussi une certaine quantité dans ma garde-
robe; enfin j'en faisais de petites bâlles que je lançais
par la fenêtre avec un tuyau de papier, comme avec une
sarbacane, pendant que la sentinelle se promenait.

« Mon travail avançait, mais je ne saurais dire ce qu'il
me donna de peine quand j'eus creusé à 2 pieds de profondeur dans les moellons. Mes outils étaient les ferre-
ments dont j'ai parlé plus haut, plus une vieille baguette
de fer que m'avait passée un jour une honnête sentinelle,
et un vieux couteau à manche de bois. Ces deux derniers
objets me furent surtout d'un grand secours. Un travail
non interrompu de plus de six mois me conduisit à peine
à la dernière couche qui touchait aux briques de l'autre
casemate. Pendant ce temps, j'avais eu occasion de parler
à quelques sentinelles, et dans le nombre j'avais distingué
un vieux grenadier, nommé Gefhardt. Il me donna les plus
grands détails sur la position de mon cachot et sur tout ce
qui pouvait faciliter mon évasion. Nous devions partir ensemble, mais il fallait acheter un petit bateau pour traverser
l'Elbe, et je n'avais pas l'argent nécessaire. Gefhardt mit
dans nos intérêts une juive nommée Esther Heymann, de
Dessau, dont le père était prisonnier depuis dix ans. Elle
réussit à gagner deux autres grenadiers qui, toutes les fois

qu'ils étaient de garde près de moi, lui procuraient l'occasion de me parler. Avec des copeaux liés ensemble, je fis un bâton assez long pour aller jusqu'à l'enceinte des palissades, devant ma fenêtre, et je pus me procurer ainsi du papier, un second couteau et une lime.

« J'écrivis à ma sœur, qui demeurait à Hammer près de Kustrin, pour lui demander 300 rixdalers. Je chargeai Esther de cette lettre, et je lui remis de plus une lettre pour le comte de Puebla, ministre impérial à Berlin, et une lettre de change sur Vienne de 1000 florins, qui devaient être la récompense de ses bons offices. Esther alla droit à Berlin, fut bien accueillie par le comte de Puebla, qui l'adressa à son secrétaire, M. de Weingarten. Celui-ci reçut encore mieux la juive et l'accabla de questions; en se montrant tout disposé à me seconder, il tira d'elle tout le plan de ma fuite et le nom des deux grenadiers qui devaient m'y aider, lui donna de l'argent pour son voyage près de ma sœur, en lui recommandant de venir le trouver à son retour et lui promettant de lui remettre alors le montant de la lettre de change. Quand elle revint, il lui dit que les 1000 florins n'avaient pas pu encore être touchés à Vienne, lui remit 12 ducats en la pressant de venir me donner les meilleures nouvelles, et de revenir ensuite toucher son argent.

« Esther courut à Magdebourg, mais elle rencontra par bonheur à la porte de la citadelle la femme d'un des grenadiers, qui lui conta en pleurant que la veille on avait arrêté son mari et qu'il était aux fers avec son camarade. La juive comprit que tout était découvert, et retourna promptement à Dessau. »

L'un des grenadiers fut pendu, l'autre passé par les verges trois jours de suite. La sœur de Trenck fut condamnée à payer une forte amende et les frais de construction d'un nouveau cachot pour son frère. Trenck ne sut pas d'abord ce qui s'était passé, mais il en fut bientôt

instruit par Gefhardt, qui lui dit que sa nouvelle prison
serait achevée dans un mois. Frédéric était venu passer
une revue à Magdebourg et avait lui-même donné le dessin
des chaînes que devait porter son prisonnier. Trenk espérait se sauver avant le mois révolu. On n'avait rien
découvert de ses travaux souterrains; au bout de quelques jours ses préparatifs étaient finis, et il se disposait
à fuir pendant la nuit, quand tout à coup les portes s'ouvrent, on l'enchaîne et on le transporte, les yeux bandés,
dans son nouveau cachot.

« On me débanda les yeux. Juste ciel ! à la lueur de
quelques flambeaux j'aperçus deux forgerons aussi farou-
ches que des cyclopes : l'un tenait un réchaud allumé,
l'autre un marteau; le plancher était couvert de chaînes.
Mes deux pieds furent attachés à un anneau scellé dans la
muraille par des fers d'une pesanteur effrayante. Cet anneau, fixé à 5 pieds de terre, me laissait la faculté de
faire à droite et à gauche environ deux ou trois pas. Ensuite on me riva autour du corps, à nu, un anneau large
comme la main. On y attacha une chaîne terminée par
une barre de fer de la grosseur du bras, qui avait 2 pieds
de long et aux deux bouts de laquelle mes mains étaient
garrottées par deux anneaux. Tout le monde se retira dans
un silence effrayant, et quatre portes se fermèrent les unes
sur les autres avec un bruit horrible. Quand vint le jour,
un sombre crépuscule me permit à peine de distinguer ce
qui m'entourait. Mon cachot avait 10 pieds de long sur 8
de large (environ 5^m,30 sur 2^m,60). Dans un angle du mur
des briques superposées formaient un banc où je pouvais
m'asseoir la tête appuyée contre la muraille. En face de
l'anneau qui retenait mes chaînes était une fenêtre prati-
quée dans le mur de 6 pieds d'épaisseur; elle était en demi-
cercle de 1 pied de rayon. La baie traversait le mur suivant une ligne brisée; elle montait de l'intérieur du cachot
jusqu'à la moitié de l'épaisseur du mur et redescendait ex-

térieurement vers le sol ; au milieu du mur, elle était coupée
d'un grillage très-serré en fil de fer, deux barreaux de fer
étaient scellés à ses deux ouvertures. Ma prison était construite dans le fossé de la citadelle, adossée à l'escarpe, et la
fenêtre touchait presque à la contre-escarpe, en sorte que
la lumière venant d'en bas et par réflexion n'y donnait
qu'un jour très-faible ; en hiver, quand le soleil ne donnait
pas dans le fossé, je me trouvais dans une obscurité presque complète. Je finis pourtant par m'y accoutumer si bien
que je voyais marcher une souris. On lisait sur la muraille
le nom de TRENCK formé de briques rouges. Sous mes pieds
était la tombe qu'on me destinait et dont la pierre portait
mon nom et une tête de mort avec deux os gravés en croix.
Une double porte en chêne fermait le cachot ; au dehors
un vestibule éclairé d'une fenêtre était aussi fermé d'une
double porte. Deux palissades de 12 pieds de haut formaient dans le fossé une barrière destinée à prévenir toute
communication de ma part avec les sentinelles. Je ne pus
d'abord faire d'autres mouvements que celui de sauter à
l'endroit où j'étais attaché, ou d'agiter la partie supérieure de mon corps pour me procurer quelque chaleur.
Lorsque le temps m'eut accoutumé au poids de mes fers
dont mes jambes étaient douloureusement pressées, je
parvins à me mouvoir dans un espace de 4 pieds.

« Onze jours avaient suffi pour construire ma prison, où
j'avais été enfermé dès qu'elle fut terminée ; aussi pendant
environ six mois je fus continuellement assis dans l'eau, qui
dégouttait de la voûte précisément à l'endroit où je pouvais m'asseoir. Pendant les trois premiers mois mes vêtements ne séchèrent pas. Dans les premiers temps, je fus
poursuivi par l'idée du suicide et ma pensée se reportait
sur le couteau que j'avais caché dans mes vêtements au
moment où l'on était venu me prendre dans mon premier
cachot. Je luttais contre ces rêves lugubres, lorsqu'à midi
ma porte s'ouvrit pour la première fois. On m'apporta un

bois de lit, un matelas et une bonne couverture de laine.
Ensuite le major de place me remit un pain qui pesait
6 livres, en me disant que dorénavant on m'en donnerait
autant que j'en voudrais. »

Depuis onze mois Trenck mourait de faim, il se jeta sur
ce pain et le dévora, mais peu s'en fallut que cet excès de
nourriture, après un long jeûne, ne lui fût fatal. Quelques
jours après il était rétabli et méditait sur les moyens de
s'échapper.

« J'avais remarqué que mes portes étaient de bois, l'idée
me vint d'en détacher les serrures en découpant le bois
tout alentour avec mon couteau. J'essayai aussitôt de me
délivrer de mes fers. Je parvins à sortir la main droite de
sa menotte, mais il me fut impossible de retirer la gauche.
Alors je cassai quelques morceaux de briques de mon
banc et je limai le tenon de la seconde menotte avec tant
de succès que je parvins à le faire sortir et à me donner
encore la liberté de cette main. Le cercle qui m'entourait
le corps n'était attaché à la chaîne que par un simple crochet; je le forçai en appuyant les pieds contre la muraille.
Il fallait encore me débarrasser de la chaîne principale
attachée à mes pieds. La nature m'avait doué d'une grande
vigueur, je vins à bout de tordre cette chaîne et j'en brisai les anneaux en multipliant mes efforts.

« Délivré de mes chaînes, je revins à l'espérance et,
m'élançant vers la porte, je cherchai dans l'obscurité les
pointes des clous qui attachaient la serrure et je vis que je
n'aurais pas beaucoup de bois à couper. Je pris aussitôt
mon couteau et je perçai un petit trou au bas de la porte.
Elle n'avait que 1 pouce d'épaisseur et il devait m'être facile
d'ouvrir les quatre portes en un jour. Ranimé par cette
espérance, je me hâtai de reprendre mes fers, mais je ne
fus pas peu embarrassé lorsque, après avoir tâtonné longtemps, je m'aperçus que le premier anneau de la chaîne
était cassé. Par bonheur on n'avait pas jusque-là visité mes

fers, et on ne les visita pas non plus les jours suivants,
parce qu'il semblait impossible que je parvinsse à les rompre. Je rattachai donc la chaîne avec un morceau du cordon de mes cheveux ; mais quand je voulus repasser la
main droite dans la menotte, je n'en pus venir à bout. Ma
main était enflée par suite des efforts que j'avais faits pour
la délivrer. Je passai la nuit à limer le tenon, mais il était
si bien rivé que j'y perdis mes peines.

« Midi approchait, c'était l'heure de la visite et le danger était pressant. Avec de nouveaux efforts et en souffrant
des douleurs incroyables, je réussis enfin à faire rentrer
ma main dans la menotte de façon qu'on retrouva tout
dans le même état.

« J'avais fixé au 4 juillet le moment où j'étais résolu de
me délivrer ou de périr. Je patientai donc jusque-là. Le
4 juillet, à peine mes portes furent-elles fermées, que j'a-
vais déjà retiré mes mains des anneaux et mis bas toutes
mes chaînes. Je pris sur-le-champ mon couteau et commençai à travailler sur les portes. La première fut forcée
en moins d'une heure ; la seconde, qui s'ouvrait en dehors,
me donna des peines infinies. Après un travail aussi long
que pénible, j'en vins pourtant à bout. Tous mes doigts
étaient écorchés et la sueur ruisselait de mon corps sur la
terre. Quand cette porte fut ouverte, je vis le jour par la
fenêtre du vestibule, j'y grimpai et je vis le fossé où ma
prison était située, le chemin qui y montait, la sentinelle
à cinquante pas, et les hautes palissades que j'avais à escalader avant de parvenir au rempart.

« J'attaquai la troisième porte avec un redoublement
d'activité, elle s'ouvrait en dedans comme la première et,
au coucher du soleil, mon travail fut fini. Il fallait couper
entièrement la quatrième porte comme la seconde ; mais
j'étais tellement affaibli, mes mains étaient si déchirées,
que je n'avais presque plus de courage. Après m'être un
peu reposé, je l'attaquai enfin. J'en avais déjà coupé à peu

près la longueur de 1 pied lorsque la lame de mon couteau se cassa et tomba en dehors. »

En voyant s'évanouir ainsi tous ses rêves de liberté, le malheureux prisonnier s'abandonna au désespoir et, avec ce qui lui restait de son couteau brisé, il s'ouvrit les veines au bras et au pied gauches. Bientôt il tomba dans un état de somnolence assez douce.

« Tout à coup je m'entendis appeler par mon nom, je m'éveillai tout à fait, et j'entendis encore une voix du dehors : « Baron de Trenck ! » disait cette voix. « Qui m'appelle ? » C'était mon honnête grenadier Gefhardt qui s'était glissé sur le rempart dominant mon cachot pour m'apporter des consolations. « Je nage dans mon sang, lui dis-je; demain on me trouvera mort. — Comment, mort ! Vous pouvez vous sauver d'ici plus aisément que de la citadelle; je vous procurerai des instruments... Point de désespoir; Dieu vous enverra encore des secours, et comptez sur moi. » Ce court entretien ramena le courage dans mon cœur, j'entrevoyais la possibilité de fuir... Je pansai mes plaies et j'attendis le jour, qui parut bientôt. »

Le parti auquel Trenck s'arrêta n'était pas, comme on va voir, beaucoup plus raisonnable et moins désespéré que sa tentative de suicide.

« Ma faiblesse était extrême, je souffrais beaucoup de mes plaies, mes mains étaient roidies et enflées du travail excessif que j'avais fait, et comme j'avais été obligé de déchirer mon linge pour panser mes blessures, je me trouvais sans chemise. Le sommeil m'accablait et je pouvais à peine me tenir debout; cependant, pour exécuter mon projet, il fallait rester éveillé. J'eus bientôt démoli avec la barre de fer qui tenait à mes chaînes le banc de briques qu'on m'avait assigné pour siége, je mis toutes les briques en tas au milieu de ma prison. La porte intérieure était toute grande ouverte et je barricadai avec mes fers la partie supérieure de la seconde, pour qu'on ne pût la franchir.

« A midi, lorsqu'ils eurent ouvert la porte extérieure, mes gardiens furent stupéfaits en voyant que la seconde était ouverte. Ils entrèrent dans le vestibule avec inquiétude. J'étais placé sur la porte intérieure ; ma figure était effrayante ; mon air, celui d'un désespéré ; j'étais couvert de sang, d'une main je tenais une brique, de l'autre mon couteau brisé. Je m'écriai aussitôt d'une voix qui devait être terrible : « Retirez-vous, monsieur le major, retirez-vous. Dites au commandant que je suis décidé à ne pas vivre plus longtemps dans les fers, qu'il me fasse casser la tête ici. Je ne laisserai entrer personne. Je tuerai cinquante soldats avant d'en laisser passer un seul... » Le major, épouvanté, ne sachant quel parti prendre, fit avertir le commandant. Je m'assis sur mon tas de briques en attendant qu'on eût décidé de mon sort. Mon projet n'était plus de faire un coup de désespoir, mais d'obtenir une capitulation.

« Bientôt parut le commandant général Borck avec le major de place et quelques officiers. Borck entra dans le vestibule, mais dès qu'il me vit prêt à lui lancer une brique, il recula promptement. Je lui répétai ce que j'avais dit au major, et aussitôt il donna l'ordre de forcer la porte. Le vestibule avait à peine 6 pieds de large et on ne pouvait faire entrer qu'un homme ou deux à la fois. Dès que je levai le bras pour commencer mon bombardement, les grenadiers sautèrent en arrière. Il se fit un moment de silence, après quoi le major de place et un autre officier s'approchèrent de la porte et s'efforcèrent de me calmer. On parlementa longtemps ; à la fin l'impatience emporta le commandant, qui ordonna l'attaque. J'étendis à mes pieds le premier grenadier qui se présenta ; les autres se retirèrent en arrière. Le major de place revint une autre fois en s'écriant : « Mon cher Trenck, que vous ai-je fait pour que vous vouliez ma perte ! Je suis seul responsable de ce qui se passe, puisque c'est par mon imprudence que vous avez encore ce couteau... » Après de nouveaux pourparlers, la capitulation fut conclue et on put s'introduire dans mon retranchement. »

L'état où se trouvait le malheureux prisonnier excita la commisération ; il fut pansé avec soin et reçut les secours nécessaires à son rétablissement. Pendant quatre jours on le laissa dégagé de ses fers. Le cinquième on plaça des portes neuves, dont la première était doublée en tôle, et on remit à Trenck des fers pareils à ceux qu'il avait brisés.

Trois semaines après, Gefhardt fut de garde près de Trenck et se concerta avec lui pour assurer sa fuite. A la garde suivante, le bon grenadier lui fit passer, au moyen d'un fil d'archal, tout ce qu'il fallait pour écrire, et reçut de lui une lettre pour un ami de Trenck, à Vienne. Cet ami envoya l'argent que Trenck demandait et que Gefhardt lui remit, dans sa cruche pleine d'eau, en faisant le service de son cachot.

« Muni d'argent, je songeai à exécuter mon premier projet, celui de me sauver par-dessous les fondations. Il fallait d'abord me débarrasser de mes fers. Gefhardt me procura deux limes. L'anneau de fer que j'avais au pied était assez large, je parvins à le dégager de la chaîne à l'aide de la lime. Mes mains s'étaient assouplies au point que je parvins à les retirer toutes deux des menottes. Un clou de 1 pied de long que j'avais tiré du plancher devint une clef avec laquelle je manœuvrais à volonté les vis de mes fers sans qu'on pût rien découvrir. Je coupai un anneau de la chaîne qui tenait au cercle dont j'avais le corps entouré et je fus débarrassé de mes fers. Avec de la mie de pain et de la rouille je fis un mortier pour remplir les entailles de mes chaînes et je réussis à les dissimuler si bien qu'on n'aurait pu les reconnaître qu'en frappant l'anneau d'un marteau. Je me procurai tous les instruments dont je pouvais avoir besoin, jusqu'à de la chandelle et un briquet ; seulement j'avais soin de suspendre

« Le commandant ordonna l'attaque. » (Le baron de Trenck.)

ma couverture devant là fenêtre pour que du dehors on ne vit pas la lumière. Lorsque tout fut prudemment arrangé, je commençai mon travail.

« Le plancher de ma prison était fait de madriers de chêne épais de 5 pouces. Il y en avait trois couches superposées en sens contraire et unies par des broches d'un demi-pouce de diamètre et de 1 pied de long. Je parvins, avec la barre de mes menottes, à arracher une de ces broches, que j'aiguisai sur les pierres de mon tombeau et dont je fis un ciseau. Alors je hasardai la première entaille, j'enlevai le morceau de planche qui entrait dans le mur de 2 pouces et le rognai de façon qu'il joignit exactement. Toutes les fentes étaient bouchées avec de la mie de pain saupoudrée de poussière. Ce premier travail était délicat à exécuter, le reste demandait moins de précaution et j'eus bientôt percé les trois épaisseurs du plancher. Je glissais sous les madriers les éclats de bois. Au-dessous des planches je trouvai un sable fin. Arrivé là, il me fallait un aide du dehors pour me débarrasser du sable. Gefhardt me passa de la toile dont je fis des boyaux de six pieds de long et pouvant passer entre les barreaux. Je les remplissais de sable; quand il était de faction la nuit, je les lui jetais et il les vidait avec précaution. Une fois parvenu à me faire de la place, je me procurai tout ce qui était nécessaire à mon projet, jusqu'à de la poudre, du plomb, une paire de pistolets de poche, des couteaux et une baïonnette. Tout cela fut caché sous le plancher. Je reconnus alors que les fondations de mon cachot avaient 4 pieds de profondeur et non 2, comme je le croyais. C'était avec beaucoup de fatigues et de peine, qu'étendu tout de mon long je penchais la tête et le corps dans ce trou pour en tirer le sable avec mes mains. Quand approchait le moment de la visite, je rejetais tout bien vite dans le trou et, pour remettre chaque chose dans l'état ordinaire, il me fallait encore quelques heures.

« Cependant mon travail s'avançait, j'étais parvenu à démolir les fondations dans leur partie inférieure, mais Gefhardt ne cessait de me dire que, sans un secours du dehors, j'échouerais dans mon évasion et le perdrais avec moi. Je me laissai persuader de modifier mon plan : ce fut la ruine de nos projets et j'y perdis le fruit de huit mois de travail. »

Une lettre mise à la poste par la femme de Gefhardt, avec un luxe inusité de recommandations, révéla tout le complot ; mais après une demi-heure de perquisition, les charpentiers, les maçons et les forgerons se retirèrent sans avoir pu découvrir ni le trou du plancher, ni les coupures faites aux chaînes de Trenck. On s'aperçut seulement des changements qu'il avait faits à sa fenêtre, qui fut aussitôt fermée avec des planches. Le prisonnier fut interrogé avec menaces sur le nom de ses complices, en présence des soldats chargés de le garder, et la fermeté de ses réponses encouragea ces hommes à lui venir en aide, certains qu'ils étaient de ne pas être compromis par lui. Quelques jours après on ajouta aux fers dont Trenck était chargé un carcan large comme la main et relié à toutes ses chaînes ; on mura sa fenêtre, qui devint un étroit soupirail, enfin on lui ôta son lit et, à partir de ce jour, il ne put prendre de repos qu'assis par terre, adossé au mur et soutenant de ses mains les fers et le carcan pesant qui l'étranglait. Il tomba malade et fut deux mois en danger de mort sans recevoir aucun secours. Toutefois on lui rendit son lit.

Rétabli contre tout espoir, il parvint à gagner à prix d'argent trois officiers, sur quatre qui le gardaient ; il put se procurer de la chandelle, des livres, des gazettes et réussit à couper les chaînes qui pendaient à son carcan. Un officier lui fit faire secrètement des menottes plus larges et dont il pouvait facilement dégager ses mains. Bientôt il se remit à son travail souterrain, mais cette fois,

guidé par les conseils et les renseignements d'un des officiers, il résolut de creuser le sol jusqu'à la galerie sou-
terraine du rempart ; c'était un canal de 37 pieds qu'il
avait à percer. Ne pouvant songer à continuer son premier travail sous les pieds de sentinelles averties et défiantes, il ouvrit un nouveau trou.

« D'abord mon ouvrage me réussit parfaitement ; en une
seule nuit je l'avançai de trois pieds. A mesure que je tirais
le sable, je l'enfouissais dans mon premier trou. Mais
quand j'eus creusé 10 pieds en longueur, de grandes difficultés surgirent. .Avant de pouvoir rien faire, j'étais
obligé de vider avec la main le trou par lequel je me glissais. Il fallait ensuite tirer par poignées le sable de ma
galerie. Quand j'eus creusé au delà de 20 pieds, je calculai
que, dans l'espace de vingt-quatre heures, il me fallait
ramper sur une longueur de 1500 à 2000 toises, pour retirer le sable et le replacer dans l'ancienne galerie. Après
cette longue et fatigante opération, j'étais encore forcé de
nettoyer toutes les fentes de mon plancher, parce que, à la
visite, le sable, qui était d'une blancheur éclatante, m'aurait indubitablement trahi. Je rétablissais ensuite la partie du plancher que j'avais soulevée. Enfin je reprenais mes
fers. Une journée de ce travail me causait une lassitude telle
que j'avais besoin de trois jours de repos pour retrouver
mes forces. Pour épargner le temps et l'espace inutile, je
rétrécis tellement mon canal, que je ne pouvais y passer
qu'en me serrant beaucoup et qu'il m'était impossible d'y
porter la main à ma tête. J'imaginai de tailler des sacs à
sable dans la toile de mes draps et de ma paillasse ; quand
Bruckhausen, le seul officier que j'eusse à craindre, faisait
la visite, je m'étendais sur mon lit pour en dissimuler le
délabrement et je faisais semblant d'être malade.

« Souvent, exténué de fatigue, je m'asseyais sur mon
tas de sable, craignant de n'avoir pas le temps de remettre
les choses en place avant la visite ; le découragement s'em-

paraît de moi et j'étais tenté de tout abandonner ; mais
quelques minutes de repos me rendaient le courage, je
me remettais au travail, et quelquefois la visite arrivait
cinq minutes après que j'avais fini ma journée.

« J'étais enfin arrivé à 6 ou 7 pieds de la sortie après-
laquelle je soupirais depuis si longtemps et je creusais
sous le rempart non loin du fossé où se tenait la sentinelle.
Cet homme crut entendre quelque bruit, il en avertit l'officier de garde, et tous deux, écoutant avec attention,
m'entendirent traîner mes sacs. On en fit le rapport le
lendemain, et un officier, qui avait pour moi de l'amitié,
entra avec le major de place, un forgeron et un maçon.
Le lieutenant me fit signe qu'on m'avait dénoncé ; la visite
commença, mais les officiers refusèrent de la continuer,
le forgeron et le maçon ne découvrirent donc rien, et le
major de place, qui ne passait pas pour un homme d'esprit, traita de sottise le rapport de la sentinelle. « Nigaud
que tu es, lui dit-il en sortant, c'est une taupe et non pas
Trenck que tu as entendu sous terre. Comment veux-tu
qu'il puisse aller si loin de sa prison ? »

« Si l'on se fût avisé de faire la visite le soir, on m'aurait surpris travaillant, mais l'idée n'en vint à personne
pendant les dix années que je passai en prison : les uns
ne savaient pas et les autres ne voulaient pas me surveiller.
Trois jours après cette alerte, j'aurais pu sortir par mon
souterrain, mais je réservais à Bruckhausen la responsa-
bilité de ma fuite. Ce jour-là justement il tomba malade
et son service fut fait par un autre officier que je ne voulais
pas compromettre. Enfin le jour de Bruckhausen revint.
A peine eut-on refermé mes portes que je me mis à creuser avec ardeur. Mais, pour mon malheur, le même soldat
qui m'avait, quelques jours auparavant, entendu remuer
sous terre, se trouva de garde. Presque sûr de son fait et
blessé dans son amour-propre, il se coucha à plat ventre
et m'entendit encore cette fois. Il appela aussitôt ses ca-

marades, qui allèrent faire leur rapport. Le major, averti, vint et m'entendit de même fouiller auprès de la porte qui devait m'ouvrir un passage dans la galerie. Des soldats munis de lanternes entourèrent la porte aussitôt, et l'on m'attendit pour se saisir de moi.

« Au moment où, déblayant le sable sous la porte, je faisais une première ouverture, je vis de la lumière et je distinguai ceux qui m'attendaient. On juge de mon effroi; je m'en retournai bien vite, et, perçant non sans peine le sable que j'avais rejeté derrière moi, je rentrai dans mon cachot. J'eus assez de présence d'esprit pour cacher de mon mieux dans les fentes et les jambages de la porte mes pistolets, mon argent et mes outils, ainsi que mon papier et ma chandelle. J'avais à peine fini que j'entendis ouvrir les portes. On trouva la prison remplie de sacs et de sable, mais j'avais eu le temps de remettre mes menottes, et ils crurent bonnement que je n'avais pu les quitter en creusant sous terre. »

On combla et on mura ce trou qui lui avait coûté un an de travail. Le plancher fut recouvert d'une nouvelle couche de madriers, des fers plus pesants remplacèrent ceux qu'il avait encore brisés; enfin on lui ôta de nouveau son lit. Bruckausen et le major de place l'interrogèrent en présence des soldats et des ouvriers pour savoir d'où lui venaient ses outils. « J'ai le diable pour ami, leur répondit Trenck, c'est lui qui me fait passer tout ce dont j'ai besoin; nous jouons ensemble au piquet toute la nuit et il fournit la lumière; ainsi, quoi que vous fassiez, il saura bien me tirer d'ici. » Bruckhausen et le major demeurèrent stupéfaits, les autres se mirent à rire. Après une visite minutieuse du prisonnier, mais non de la prison, ils se retiraient et déjà une porte était fermée, quand Trenck les rappelle. « Messieurs, messieurs, vous avez oublié une chose importante. » La porte se rouvre : « Tenez, leur dit Trenck en leur présentant une des limes qu'il avait cachées,

vous voyez que le diable me sert à souhait. » Nouvelle visite, puis les gardiens se retirent encore. A peine les serrures sont-elles fermées que Trenck les rappelle de nouveau, ils reviennent en maugréant; alors il leur montre
un couteau et dix louis d'or. Ces malheureux n'en revenaient pas, et leur prisonnier riait de leur ineptie.

Assez longtemps après, Trenck conçut un autre projet
d'évasion, mais sur un plan bien différent. La garnison
de Magdebourg consistait en neuf cents soldats de milice
tous mécontents; les quinze hommes qui gardaient le fort
de l'Étoile, prison de Trenck, étaient pour la plupart dévoués à ses intérêts; enfin douze hommes et un sous-offi-
cier gardaient la porte de la ville conduisant au fort et
voisine d'une casemate où étaient renfermés sept mille
Croates, prisonniers de guerre. Trenck avait pour lui plusieurs officiers qui devaient aider à sa sortie et prendre
avec lui les armes. Il soulevait les Croates en se nommant
et tout semblait assurer le succès. Magdebourg devait
être enlevé au nom de Marie-Thérèse; mais, avant tout,
il fallait de l'argent.

Trenck écrivit à Vienne pour demander 2,000 ducats
à des personnes qu'il croyait ses amis. Un lieutenant fut
chargé de la lettre, mais à Vienne on se montra mal
disposé, on le questionna, il dissimula son nom et tout
ce qu'il put du complot; malheureusement la lettre en
disait assez. Tout fut découvert encore une fois. Cependant l'affaire fut étouffée et Frédéric n'en sut rien probablement; car, s'il en eût été instruit, Trenck et beaucoup
d'autres auraient payé de leur tête cette grandiose tentative d'évasion.

Il revint à ses travaux de mineur, gagna un officier de
garde, et, comme il avait tous les outils nécessaires, ses
fers et le plancher furent bientôt coupés de nouveau. Il
retrouva l'argent qu'il avait caché, ses pistolets, etc.; mais,
pour aller plus avant, il fallait enlever quelques centaines

de livres de sable. L'idée lui vint de charger ses gardiens de cette besogne. En conséquence, après avoir fait au plancher une autre ouverture qui devait figurer comme fausse attaque, il tira de celle qu'il voulait continuer autant de sable qu'il put et referma le trou avec soin, puis il se mit à travailler à sa fausse gâlerie en faisant tant de bruit qu'on devait nécessairement l'entendre du dehors. En effet, à minuit, les portes s'ouvrent; on le trouve à l'ouvrage; le trou est muré, le plancher réparé, ses fers sont remis à neuf, mais en même temps on emporte le sable sans pouvoir ou vouloir se rendre compte de la disproportion entre le canal commencé et la masse de matériaux extraite.

L'ancien gouverneur de Magdebourg, devenu fou, avait été remplacé par le prince héréditaire de Hesse-Cassel, qui prit le pauvre Trenck en commisération, lui fit ôter son carcan et adoucit autant qu'il le put son malheureux sort. En revanche, Trenck s'engagea sur l'honneur à ne plus essayer de s'évader tant que le prince serait gouverneur de Magdebourg.

Dix-huit mois après, le prince devint landgrave par la mort de son père et quitta Magdebourg. La parole de Trenck était dégagée. Il se procura, par ses moyens ordinaires, une épée, de la poudre, de la toile pour ses sacs à sable, et s'assura des intelligences et des secours au dehors. Moins surveillé que jamais depuis qu'on le voyait calme et inoffensif, il se remit avec ardeur à creuser une de ses anciennes galeries, et déjà il s'était fort avancé, quand un accident faillit mettre fin à son entreprise et à sa vie.

« Tandis que je travaillais sous les fondations du rempart, mon pied heurta une grosse pierre qui se détacha derrière moi et m'enferma dans mon trou. Quel fut mon effroi en me voyant ainsi enterré vivant! Après avoir réfléchi aux moyens de me retourner, je me déterminai à tenter d'élargir le tombeau où j'étais englouti et à pousser le sable devant moi. J'avais encore, par bonheur, quelques pieds de vide; je remplis cet espace du sable que je tirais des côtés, mais le devant était déjà rempli sans que je pusse encore me débarrasser. L'air commençait à me manquer; je me souhaitai mille fois la mort et j'essayai de m'étouffer en me serrant la gorge... D'après mon calcul, je passai huit heures au moins dans cette affreuse situation, et je finis par perdre connaissance. Revenu à moi, je recommençai à travailler; enfin, m'étant ramassé sur moi-même et comme pelotonné, je parvins à me retourner et j'arrivai à cette malheureuse pierre. J'avais alors un peu d'air, parce que du côté de mon cachot la mine était ouverte. Je tirai le sable de dessous la pierre en le jetant derrière moi, et je parvins de cette manière à la faire descendre assez pour me glisser par-dessus et rentrer dans ma prison. Je puis dire avec vérité que, pour cette fois, je regardai comme un vrai bonheur d'être revenu dans mon cachot, moi qui me donnais tant de mal pour m'en délivrer. »

Il eut à peine le temps de faire disparaître les traces de son travail et de remettre tout en ordre avant la visite journalière. Le changement de la garnison et d'autres circonstances vinrent ensuite contrarier ses projets; mais enfin arriva le jour où le souterrain fut achevé; de plus, un officier, gagné par ses ducats, lui avait promis de lui faire faire de fausses clefs pour les portes de son cachot. Se croyant à la veille d'être libre, la tête lui tourna, comme il le dit lui-même, et il se laissa aller à l'idée la plus folle et la plus inconcevable.

« Il me prit envie de mettre à l'épreuve la générosité du grand Frédéric, me réservant toujours la ressource des fausses clefs du lieutenant dans le cas où ma tentative auprès du monarque n'aurait aucun succès. J'étais si fou de ce beau projet que j'attendis avec impatience l'heure où le major ferait sa visite. «Monsieur le major, lui dis-je lorsqu'il entra, je sais que le gouverneur de cette ville, le généreux duc Ferdinand de Brunswick, est actuellement à

Magdebourg; faites-moi le plaisir d'aller le trouver et de lui dire que je le prie de venir visiter mon cachot et de faire doubler les sentinelles; puis de m'indiquer l'heure où il voudra que je me fasse voir en plein jour et en pleine liberté sur le glacis de Klosterberg. Si je parviens à effectuer ce que je promets, j'espère qu'il voudra bien m'honorer de sa protection et instruire le roi de ma bonne foi, afin que ce prince soit convaincu de la droiture de mes sentiments et de la loyauté de mes procédés. »

« Le major, stupéfait, crut que j'extravaguais; mais me voyant insister sérieusement, il sortit et revint peu après accompagné du commandant et des deux majors. Le duc me faisait répondre que, si j'exécutais ce à quoi je venais de m'engager, il me promettait sa bienveillance, la grâce du roi et que mes fers me seraient ôtés à l'instant. Je demandai alors qu'on me fixât une heure, et on finit par me répondre qu'il me suffirait d'expliquer comment je voulais m'y prendre, sans mettre la chose à exécution; que si je m'y refusais, on allait à l'instant lever le plancher de mon cachot et y placer jour et nuit des gardes pour me surveiller.

« Après avoir hésité longtemps et sur les promesses les plus positives, je jetai à leurs pieds tous mes fers à la fois, j'ouvris mon trou, je donnai mes armes, mes outils, deux clefs pour ouvrir les galeries du rempart; je proposai de descendre dans ma galerie qui communiquait aux souterrains et de faire à son extrémité en quelques minutes l'ouverture nécessaire. Enfin je leur dis que des chevaux m'attendaient au premier signal sur le glacis de Klosterberg, mais que je ne jugeais pas à propos d'indiquer dans quelle écurie.

« On ne peut se figurer la surprise de ces messieurs; ils examinèrent tout, me firent des questions, des objections auxquelles je répondais; enfin, ils sortirent après une longue conversation, puis revinrent au bout d'une

heure me dire que le duc était confondu de ce qu'ils venaient de lui apprendre, et ils m'emmenèrent, sans chaînes, dans la chambre de l'officier de garde. Le soir, le
major nous donna un grand souper et me dit que tout
irait bien pour moi, que le duc avait déjà écrit à Berlin, etc. Mais toutes ces promesses étaient illusoires; le
lendemain, la garde fut renforcée, on plaça deux grenadiers dans la chambre où j'étais, et les ponts-levis restèrent fermés tout le jour. »

On n'avait rien appris au duc de Brunswick ; le commandant et les officiers, craignant la colère du roi, avaient
répandu le bruit qu'on avait découvert une nouvelle tentative d'évasion du prisonnier. Le cachot fut réparé en
huit jours et pavé de grosses pierres de taille ; on y réin-
tégra le malheureux Trenck avec une seule chaîne au
pied, mais qui pesait autant que toutes les autres ensemble. Néanmoins le duc fut instruit peu de temps après de
tous les détails de cette aventure; il en parla au roi qui,
dès ce moment, résolut de rendre à Trenck sa liberté.
Cependant il la lui fit attendre encore un an.

On sait que Trenck, après une vie toujours agitée, mourut sur l'échafaud, le 7 thermidor, avec André Chénier.

Jacques Casanova de Seingalt dit de lui-même qu'il était un des plus mauvais sujets de Venise lorsqu'il y fut arrêté. Il se flatte en prenant ce titre : celui de chevalier d'industrie serait à peine assez fort. Quoi qu'il en soit, le récit de sa détention sous les Plombs et de son évasion ne manque pas d'intérêt. Plusieurs détails sont sans doute erronés ou empreints d'exagération ; quelques écrivains ont même prétendu que Casanova s'était évadé sans avoir à surmonter d'autres obstacles que la surveillance de ses geôliers, gagnés par lui à prix d'argent ; mais nous n'avons pas à discuter cette assertion, qui ne repose d'ailleurs sur aucune preuve ; ce qui est certain, c'est que Casanova s'est échappé des Plombs, et, sans garantir sa véracité, nous lui laissons la parole.

« ... A la pointe du jour, le 26 juillet 1755, voilà le terrible Messer Grande qui entre dans ma chambre. Me réveiller, le voir et l'entendre me demander si j'étais Jacques Casanova, ne fut que l'affaire d'un moment. A mon : « Oui, je suis Casanova, » il m'ordonne de me lever, de m'habiller, de lui remettre tout ce que j'avais en écritures et de le suivre. « De la part de qui me donnez-vous cet ordre? — De la part du Tribunal. » Le mot Tribunal me pétrifia et ne me laissa que la faculté matérielle pour obéir passivement. Je fis ma toilette, et je mis une chemise à den-

telles et mon bel habit. Messer Grande me fit entrer dans
une gondole où il se plaça près de moi avec une escorte
de quatre hommes. Arrivés chez lui, il m'offrit du café
que je refusai, puis il m'enferma dans une chambre. Vers
les trois heures, le chef des archers entra et me dit qu'il
avait ordre de me conduire sous les Plombs. Sans mot
dire, je le suis; nous descendîmes dans une gondole et,
après mille détours par les petits canaux, nous entrâmes
dans le Grand-Canal et nous abordâmes au quai des Prisons (rivà de' Schiavoni). Après avoir monté plusieurs escaliers, nous traversâmes un pont fermé (le pont des Sou-
pirs) qui fait la communication des prisons avec le palais
ducal, par-dessus le canal qu'on appelle rio di Palazzo.
Au delà de ce pont se trouve une galerie que nous passâmes; ensuite nous traversâmes une chambre pour entrer
dans une autre où il me présenta à un individu revêtu de
la robe de patricien, lequel, après m'avoir toisé des yeux,
lui dit : « È quello? Mettetelo in deposito. » (C'est celui-là?
Mettez-le au dépôt)[1].

Il fut placé dans une cellule de ce qu'on appelait le quartier de la Trave, à cause d'une grosse poutre qui traverse
cette partie des combles du palais. Les cellules s'ouvraient
sur un vaste galetas, éclairé par une grande lucarne
donnant sur la cour du palais, et dans lequel étaient
amoncelés une foule d'objets les plus divers, papiers offi-
ciels, arrêts du Tribunal, meubles de toute sorte. Les prisonniers se promenaient chaque jour, quelques instants,
dans ce galetas pendant que les geôliers faisaient le mé-
nage de leur cellule. Casanova souffrit beaucoup de la chaleur pendant les premiers temps de sa détention; il tomba
malade, se remit au bout de quelques jours et ne songea
plus qu'à recouvrer la liberté. Un jour, en parcourant le

[1] Les cellules des Plombs étaient en effet considérées comme une
prison temporaire, où les prisonniers attendaient leur jugement, les
uns pendant quelques jours, les autres pendant des années.

galetas voisin de sa cellule, il remarqua une sorte de verrou en fer rond et un morceau de marbre noir; il s'empara de ces deux objets, les cacha; puis, quand il fut seul, il aiguisa l'une des extrémités du morceau de fer en le frottant sur le marbre, et parvint, à force de patience et d'efforts, à l'appointir.

« Après trois ou quatre jours de réflexion sur l'usage que je ferais de mon verrou devenu esponton, gros comme une canne et long de 20 pouces, je jugeai que le plus simple était de faire un trou au plancher, sous mon lit. J'étais certain que la chambre sous mon cachot ne pouvait être que celle où j'avais vu M. Cavalli (le secrétaire des inquisiteurs qui l'avait reçu à son arrivée); je savais qu'on ouvrait cette chambre tous les matins et je ne doutais pas que dès que le trou serait fait je ne pusse facilement y descendre au moyen de mes draps; je me serais tenu caché sous la grande table du Tribunal et, le matin, aussitôt que la porte aurait été ouverte, je serais sorti et, avant qu'on eût pu me suivre, je me serais mis en lieu de sûreté. Je réfléchis qu'il était possible que l'on plaçât dans cette salle un archer, mais mon esponton devait vite m'en débarrasser. Le plancher pouvait être double, triple même; grand embarras: car comment empêcher les archers de balayer le plancher pendant deux mois que pouvait durer mon ouvrage? En le leur défendant, j'éveillais les soupçons, d'autant plus que j'avais exigé précédemment qu'ils le balayassent tous les jours, et le balai même leur aurait décelé mon travail. Je commençai par défendre qu'on balayât, sans dire pourquoi. Huit jours après, Laurent (le geôlier) m'en demanda la raison. J'alléguai l'incommodité de la poussière, qui me faisait tousser avec violence. Cela me valut une semaine de répit, après quoi Laurent fit balayer la cellule et en examina tous les recoins avec une chandelle allumée. »

Casanova s'avisa alors de se piquer le doigt, ensanglanta

son mouchoir et dit à Laurent que la toux, suite du balayage, lui avait causé un crachement de sang. Le médecin le fit saigner et, venant sans s'en douter en aide à la ruse du prisonnier, déclara que le balayage était dangereux, qu'un jeune homme venait de mourir des suites d'un accident semblable; enfin les sbires cessèrent de balayer la cellule de Casanova.

« Je prenais chaque jour des forces, mais le moment de me mettre à l'ouvrage n'était pas encore venu : le froid était trop fort et mes mains ne pouvaient tenir quelque temps l'esponton sans se roidir. Mon entreprise exigeait beaucoup de prévoyance. Les longues nuits d'hiver me désolaient, car j'étais obligé de passer dix-neuf mortelles heures dans les ténèbres; et dans les jours nébu'eux, qui, à Venise, ne sont pas rares, la lumière qui entrait par la fenêtre n'était pas suffisante pour que je pusse lire. N'ayant l'esprit occupé d'aucune pensée étrangère, je retombais sans cesse sur celle de mon évasion... La possession d'une misérable lampe de cuisine m'aurait rendu heureux, mais comment faire pour me procurer cette jouissance? Pour faire cette lampe, il me fallait un vase, des mèches, de l'huile, une pierre à feu, un briquet, de l'amadou et des allumettes. J'avais l'écuelle où l'on me faisait cuire des œufs au beurre. Sous prétexte que l'huile ordinaire m'incommodait, je me fis acheter de l'huile de Lucques pour ma salade; ma courte-pointe de coton pouvait me fournir des mèches. Ayant fait semblant d'être tourmenté de douleurs de dents, je dis à Laurent qu'il me fallait de la pierre ponce, mais qu'une pierre à fusil ferait le même effet en la mettant pendant un jour dans le vinaigre, qu'ensuite, appliquée sur la dent, elle calmerait mes douleurs. Laurent me dit que mon vinaigre était excellent, que je pourrais y mettre une pierre moi-même, et il m'en jeta trois ou quatre qu'il tira de sa poche. Une forte boucle d'acier que j'avais à la ceinture devait me tenir lieu de briquet. Il me restait à obtenir du soufre et de l'amadou. La fortune vint à mon aide. J'avais quelquefois des démangeaisons aux bras; je dis à Laurent de demander au médecin un remède; et, le lendemain, il m'apporta un billet, que le secrétaire avait lu, et dans lequel le médecin ordonnait un jour de diète, etc., ou une onction de fleur de soufre... «Apportez-moi du soufre, dis-je à Laurent, j'ai ici du beurre et je ferai l'onguent moi-même. Avez-vous des allumettes? donnez-m'en.» Il se trouva en avoir dans ses poches et me les donna. (Les allumettes, en Italie, étaient alors une mèche ou cordelette soufrée.)

« Je me souvins que le tailleur avait dû mettre de l'amadou aux entournures de mon habit pour empêcher la sueur de tacher l'étoffe... Ayant tous les ingrédients, j'eus bientôt une lampe. Qu'on se figure la satisfaction que j'éprouvai. Je fixai alors le premier lundi de carême pour commencer l'opération difficile de la rupture du plancher, car, dans les désordres du carnaval, je redoutais trop les visites, et ma prévision fut sage. »

On lui donna en effet un compagnon de prison, c'était un juif dont il ne fut délivré que deux mois après.

« Aussitôt que je me vis seul, je me mis à l'ouvrage avec activité. Il fallait que je me dépêchasse, crainte qu'il ne vînt quelque nouvel hôte aussi incommode, qui, comme le juif, aurait exigé qu'on balayât. Je commençai par retirer mon lit, et, après avoir allumé ma lampe, je me jetai à plat ventre sur le plancher, mon esponton à la main, ayant une serviette près de moi pour y recueillir les débris des planches à mesure que je les rongerais. Il s'agissait de détruire la planche à force d'y enfoncer la pointe de mon instrument. D'abord les morceaux que j'en détachais n'étaient pas plus gros qu'un grain de froment, mais bientôt ils augmentèrent de volume.

« La planche était de bois de mélèze de 16 pouces de largeur. Je commençai à l'entamer à l'endroit où elle se joignait à une autre planche; et comme il n'y avait ni clou ni ferrure quelconque, mon ouvrage était tout uni. Après six heures de travail, je nouai ma serviette, et je la mis de côté, pour la vider le lendemain derrière le tas de papiers qui était dans le galetas. Les fragments de la rupture formaient un volume quatre ou cinq fois plus grand que le trou d'où je les avais tirés... Je remis mon lit à sa place, et le lendemain, en vidant ma serviette, je m'assurai que mes fragments ne seraient pas aperçus. Le jour suivant, ayant rompu la première planche que je trouvai de 2 pouces d'épaisseur, je fus arrêté par une seconde que je jugeai pareille à la première. Tourmenté par la crainte d'avoir de nouvelles visites, je redoublai d'efforts, et en trois semaines, je me vis au bout de trois planches dont le plancher se composait; mais alors je me crus perdu, car je me trouvai en face d'une couche de petites pièces de marbre connue à Venise sous le nom de *terrazzo marmorin*. C'est le pavé ordinaire des appartements de toutes les maisons vénitiennes, excepté de celles des pauvres, car les grands seigneurs même préfèrent le terrazzo aux plus beaux parquets. Je fus consterné en voyant que mon verrou ne mordait pas sur ce mastic. Cet accident faillit m'abattre tout à fait et me décourager. Je me souvins alors d'Annibal; je versai dans ma cavité une bouteille de fort vinaigre que j'avais. Le lendemain, soit effet du vinaigre, soit que rafraîchi par le repos je misse plus de force et de patience au travail, je vis que je viendrais à bout de cette difficulté, car il ne s'agissait pas de briser les marbres, mais de pulvériser avec la pointe de mon outil le ciment qui les unissait. Bientôt, au reste, je m'aperçus avec beaucoup de joie que la grande difficulté n'était qu'à la superficie; en quatre jours toute cette mosaïque fut détruite. Sous le pavé, je trouvai une autre planche, mais je m'y étais attendu. Je jugeai que ce devait être la dernière, c'est-à-dire la première dans l'ordre du comble de tout

« J'entends avec un effroi mortel le bruit du verrou et de la porte... » (Casanova.)

appartement dont les poutres soutiennent le plafond. Je l'entamai avec quelques difficultés, parce que, mon trou ayant dix pouces de profondeur, je maniais mon esponton avec beaucoup de gêne.

« Le 25 juin, vers les trois heures après-midi, au moment où, dans l'état de nature et tout en sueur, je travaillais à plat ventre à l'achèvement de mon trou, ayant une lampe allumée à côté de moi pour éclairer mon travail, j'entends avec un effroi mortel le bruit du glapissant verrou et celui de la porte du premier corridor. Quel moment affreux ! je souffle la lampe et, laissant mon esponton dans le trou, j'y jette la serviette avec les copeaux qu'elle contenait et vite, me hâtant de remettre mon lit en ordre du mieux qu'il me fut possible, je m'y jetai comme mort au moment où la porte de mon cachot s'ouvrit. Deux secondes plus tôt Laurent m'aurait surpris. Il allait me marcher sur le corps quand je l'en empêchai en jetant un cri douloureux qui le fit reculer en s'écriant : « Mon Dieu, monsieur, je vous plains bien, car on étouffe ici comme dans une fournaise. Levez-vous et remerciez Dieu qui vous envoie une excellente compagnie. »

« Ce nouveau venu crut entrer dans l'enfer et il s'écria : « Où suis-je... Quelle chaleur ! quelle puanteur ! » Laurent nous fit sortir dans le galetas et dit qu'il nous y laissait pour quelque temps, pendant lequel le cachot se purgerait de la mauvaise odeur qui n'était que d'huile. Quelle surprise pour moi de lui entendre prononcer ces derniers mots ! j'avais négligé, dans ma précipitation, de moucher la mèche après l'avoir éteinte. Je jugeai que Laurent devait tout savoir et le malheureux juif avait seul pu me trahir. Que je me félicitai qu'il n'eût pas pu lui en apprendre davantage ! »

Huit jours après on lui enleva son nouveau compagnon.

« Le lendemain, Laurent m'ayant rendu compte de mon

argent, je me trouvai avoir quatre sequins de reste et je l'attendris en lui disant que j'en faisais présent à sa femme. Je ne lui dis pas que c'était pour le loyer de ma lampe, mais il fut libre de le penser. Ayant repris mon travail et le poursuivant sans relâche, je le vis parfait le 23 août. Cette longueur fut causée par un accident très-naturel. En creusant la dernière planche, toujours avec la plus grande circonspection pour la rendre très-mince, parvenu à la surface, je mis l'œil à un petit trou par lequel je devais voir la chambre des inquisiteurs. Je la vis en effet, mais en même temps j'aperçus à côté une surface perpendiculaire d'environ 8 pouces. C'était une des poutres qui soutenaient le plafond ; cela me força à étendre mon ouverture du côté opposé, car la poutre aurait rendu le passage si étroit que ma personne, d'assez forte stature, n'aurait jamais pu y passer. Je l'agrandis donc d'un quart, flottant entre la crainte et l'espérance ; car il pouvait se faire que l'espace entre les deux solives ne fût pas suffisant. Un second petit trou me permit de m'assurer que Dieu avait béni mon ouvrage. Je rebouchai soigneusement les petits trous pour empêcher que rien ne tombât dans la salle, ni qu'aucun rayon de ma lampe pût être aperçu, ce qui m'aurait découvert et perdu.

« Je fixai le moment de mon évasion à la nuit de la veille de Saint-Augustin, parce que je savais qu'à l'occasion de cette fête, le grand conseil s'assemblait et que par conséquent il n'y aurait pas de monde à la Bussola, contiguë à la chambre par laquelle je devais nécessairement passer en me sauvant. Ce devait être le 27, mais le 25, à midi, il m'arriva un malheur dont je frissonne encore quand j'y pense, quoique tant d'années séparent cet événement du moment actuel.

« A midi précis, j'entendis le bruit des verrous, et je crus mourir, car un violent battement de cœur me fit craindre que mon dernier moment ne fût venu. Éperdu, je me jette

sur mon fauteuil et j'attends. Laurent, en entrant dans
le galetas, mit la tête à la grille et me cria d'un ton
joyeux : « Je vous félicite. monsieur, de la bonne nouvelle
que je vous apporte. » Croyant d'abord que c'était ma
mise en liberté, car je n'en imaginais pas d'autre, je frémis, car je sentais que la découverte du trou aurait fait
révoquer ma grâce. Laurent entre et me dit de le suivre.

« Attendez que je m'habille. — N'importe, puisque vous
ne faites que passer de ce vilain cachot à un autre clair et
tout neuf, où par deux fenêtres vous verrez la moitié de
Venise, et où vous pourrez vous tenir debout. »

« Je n'en pouvais plus, je me sentais défaillir. — Donnez-moi du vinaigre, lui dis-je, et allez dire à M. le secrétaire que je remercie le Tribunal de cette grâce et que je
le supplie de me laisser ici. — Vous me faites rire, monsieur, êtes-vous devenu fou ? On veut vous tirer de l'enfer
pour vous mettre en paradis et vous refusez ! Allons, allons,
il faut obéir : levez-vous. Je vous donnerai le bras et je vous
ferai porter vos hardes et vos livres. »

« Voyant que la résistance était inutile, je me lève et je
ressentis un grand soulagement en lui entendant donner
l'ordre à un archer servant de m'apporter mon fauteuil,
car mon esponton allait me suivre et l'espérance avec lui.
J'aurais bien voulu pouvoir emporter mon beau trou, objet de tant de peines et d'espoir perdus. Je puis dire qu'en
sortant de cet horrible lieu de douleurs, mon âme y resta
tout entière.

« Appuyé sur l'épaule de Laurent qui, par ses sottes
plaisanteries, croyait ranimer ma gaieté, je passai deux
corridors étroits et, après avoir descendu trois degrés,
j'entrai dans une salle très-claire ; à son extrémité gauche,
il me fit entrer par une petite porte dans un autre corridor
de 2 pieds de large sur environ 12 de long, et à l'un des
angles duquel était mon nouveau cachot. Il avait une
fenêtre grillée, donnant sur deux fenêtres également

14

grillées, qui éclairaient le corridor, et par là on pouvait
jouir de la belle vue jusqu'au Lido. Je n'étais pas disposé à me réjouir de cela dans ce triste moment. Cependant, je vis plus tard avec plaisir que par cette fenêtre,
quand elle était ouverte, on recevait un vent doux et
frais qui tempérait l'insoutenable chaleur, ce qui était un
véritable baume pour le malheureux obligé d'y respirer,
surtout dans cette saison. Bien entendu je ne fis ces
observations que plus tard. Dès que je fus entré dans
le nouveau cachot, Laurent y fit placer mon fauteuil
et s'en alla en me disant qu'il allait me faire apporter
le reste de mes effets. Je me tenais sur mon fauteuil
immobile comme une statue en attendant l'orage, mais
sans le craindre. Ce qui causait ma stupeur était l'idée
accablante que toutes les peines que j'avais eues, toutes
les combinaisons que j'avais prises, étaient perdues.
J'étais dans cet état d'anxiété et de désespoir lorsque deux
sbires vinrent m'apporter mon lit. Ils ressortirent aussitôt pour aller chercher le reste et il s'écoula plus de deux
heures avant que je revisse personne, quoique la porte de
mon nouveau cachot fût restée ouverte. Ce retard, qui
n'était point naturel, me faisait naître une foule de pensées ;
mais je ne pouvais me fixer sur rien. J'entendis enfin des
pas précipités et bientôt je vis devant moi Laurent tout
défiguré par la colère, écumant de rage et blasphémant
Dieu et tous les saints. Il commença par m'ordonner de
lui remettre la hache et les outils dont je m'étais servi
pour percer le plancher et de lui déclarer quel était le
sbire qui me les avait fournis ; je lui répondis, sans me
bouger et avec beaucoup de sang-froid, que j'ignorais de
quoi il me parlait. A cette réponse il ordonne qu'on me
fouille ; mais, me levant d'un air résolu, je menace les coquins, et me mettant tout nu : « Faites votre métier, leur
dis-je, mais qu'aucun ne me touche. » On visite mes matelas, on vide ma paillasse, on manie les coussins de mon

fauteuil ; on ne trouve rien. — Vous ne voulez pas me
dire où sont les instruments avec lesquels vous avez fait
l'ouverture ; mais on trouvera les moyens de vous faire
parler. — S'il est vrai que j'aie fait un trou quelque part,
je dirai que c'est vous qui m'en avez fourni les moyens et
que je vous ai tout rendu. »

« A cette menace, qui fit sourire d'approbation les gens
qui le suivaient et qu'il avait probablement irrités par
quelque mauvais propos, il frappa du pied, s'arracha les
cheveux et sortit comme un possédé. Ses gens revinrent
et m'apportèrent tous mes effets, à l'exception de ma
pierre et de ma lampe. Avant de quitter le corridor et après
avoir fermé mon cachot, il ferma aussi les deux croisées
par lesquelles je recevais un peu d'air. Malgré l'esprit de
son métier, il ne lui vint point heureusement dans l'idée
de renverser le fauteuil, et, me trouvant encore possesseur
de mon verrou, j'en rendis grâce à la Providence. »

Le lendemain, Laurent apporta au prisonnier des vivres
de la plus mauvaise qualité, et un archer muni d'une
barre de fer se mit à frapper partout dans le cachot et
particulièrement sous le lit.

« Je remarquai, poursuivit Casanova, qu'il ne frappa
point le plafond. C'est par là, me dis-je, que je sortirai de
cet enfer. Cependant je ne pouvais rien faire qui ne fût exposé à la vue, le cachot était tout neuf, la moindre égra-
tignure aurait sauté aux yeux de mes gardiens. »

Les jours suivants, Laurent continua à lui apporter une
nourriture impossible à manger et à lui refuser les soins
de propreté de son cachot et l'ouverture des fenêtres. Le
huitième jour, Casanova s'emporte et réclame le compte
de son argent, que Laurent lui promet pour le lendemain.
Ce jour-là, il apporte au prisonnier, de la part de M. de Bra-
gadin, son ami, un panier de citrons et un beau poulet rôti.

« Lorsqu'il me présenta mon compte, je ne jetai les yeux
que sur la somme et je lui dis de donner le reste à sa

femme, à l'exception d'un sequin que je lui ordonnai de donner aux archers qui étaient avec lui pour le service. Laurent, étant resté seul avec moi, m'adressa ainsi la parole : « Vous m'avez déjà dit, monsieur, que c'est de moi-même que vous avez reçu les objets nécessaires pour faire l'énorme trou ; ainsi je n'en suis plus curieux ; mais voudriez-vous en grâce me dire qui vous a procuré les choses nécessaires pour vous faire une lampe ? — Vous-même. — Oh ! pour le coup, je suis confondu, car je ne croyais pas que l'esprit consistât dans l'effronterie. — Je ne mens pas. C'est vous qui, de vos propres mains, m'avez donné tout ce qui m'était nécessaire : huile, pierre à feu, allumettes ; je possédais le reste. — Vous avez raison ; mais pourriez-vous me convaincre avec autant de facilité que je vous ai fourni les instruments pour faire le trou ? — Assurément, car je n'ai rien reçu que de vous. — Miséricorde ! qu'entends-je ? Dites-moi comment je vous ai donné une hache. — Je vous dirai tout, et je dirai vrai, mais ce ne sera qu'en présence du secrétaire. — Je ne veux plus rien savoir et je vous crois sur tout. Je vous demande le silence, car songez que je suis un pauvre homme et que j'ai des enfants. » Il s'en alla en se tenant la tête entre les mains.

« Je me félicitais de tout mon cœur d'avoir trouvé le moyen de me faire craindre de ce maraud. Je vis que son propre intérêt l'obligeait à ne rien faire connaître à ses maîtres de ce qui s'était passé... J'avais ordonné à Laurent de m'acheter les œuvres de Maffei : cette dépense lui déplaisait et il n'osait pas me le dire. « Je vous ferai prêter des livres par quelqu'un qui est ici, me dit-il, si vous voulez aussi en prêter des vôtres. Par là vous épargnerez votre argent. »

Casanova y consent et, en échange d'un livre qu'il remet à Laurent, celui-ci lui en rapporte un autre.

« Ravi de l'opportunité d'entamer une correspondance

avec quelqu'un qui pût me seconder dans mon projet de
fuite, projet que j'avais ébauché dans ma tête, j'ouvris le
livre dès que Laurent fut parti et ma joie fut extrème en
lisant sur une feuille la paraphrase de ces mots de Sénèque :
Calamitosus est animus futuri anxius, faite en six bons vers.
J'en fis six autres à l'instant, et voici l'expédient que j'appelai à mon aide pour parvenir à les écrire. J'avais laissé
croître l'ongle de mon petit doigt, il était fort long, je le
coupai en pointe et j'en fis une plume. Je n'avais point d'encre et je pensais à me faire une piqûre pour écrire avec mon
sang, quand je réfléchis que le jus de mûres me tiendrait
facilement lieu d'encre, et j'en avais. Outre les six vers
j'écrivis le catalogue des livres que j'avais et je le plaçai
dans le dos du même livre. Il est bon de savoir qu'en Italie
les livres, généralement, sont reliés en parchemin, et de
manière qu'en ouvrant le livre le dos forme une poche. A
l'endroit du titre, j'écrivis : *Latet*. J'étais impatient d'a-
voir une réponse ; aussi le lendemain, dès que Laurent
parut, je lui dis que j'avais lu le livre et que je priais la personne de m'en envoyer un autre. J'eus le second volume
un instant après. Aussitôt que je fus seul, j'ouvris le livre
et j'y trouvai une feuille volante, écrite en latin, qui contenait ces mots : « Nous sommes deux dans la même prison et nous éprouvons le plus grand plaisir de voir que
l'ignorance d'un geôlier avare nous procure un privilège
sans exemple en ces lieux. Moi qui vous écris, je suis Marin Balbi, noble Vénitien, régulier somasque, et mon
compagnon est le comte André Asquin, d'Udine, capitale
du Frioul. Il me charge de vous dire que tous les livres
qu'il possède, et dont vous trouverez la note au dos de ce
volume, sont à votre service ; mais nous vous prévenons,
monsieur, que nous avons besoin de toutes les précautions
possibles, pour cacher à Laurent notre petit commerce. »
Je trouvai singulière la recommandation de prudence
faite dans une feuille volante. Il paraissait impossible que

Laurent n'ouvrit pas le livre. Alors il aurait vu la feuille et s'en serait fait lire le contenu par quelqu'un : tout aurait été découvert. Cela me fit supposer que mon correspondant était un franc étourdi. Après avoir lu le catalogue, j'écrivis qui j'étais, comment j'avais été arrêté, l'ignorance où j'étais sur le crime dont on me punissait et l'espérance que j'avais de me voir bientôt libre. Balbi m'écrivit une lettre de seize pages. Le comte Asquin ne m'écrivit point. Le moine me fit l'histoire de toutes ses infortunes. Il y avait quatre ans qu'il était détenu.

Cette narration du moine montrait clairement qu'il n'y avait rien de *régulier* en lui que le titre. Casanova conclut de sa longue épître qu'il était sensuel, mauvais raisonneur, méchant, sot, imprudent, ingrat. La suite devait lui prouver amplement qu'il ne s'était trompé sur aucun point.

« Je trouvai dans le dos du livre un crayon, des plumes et du papier, ce qui me mit en état d'écrire tout à mon aise. Balbi me faisait aussi l'histoire de tous les prisonniers qui étaient sous les Plombs et de ceux qui y avaient été depuis les quatre ans qu'il y vivait. Il me dit que Nicolas était l'archer qui, en secret, lui achetait tout ce qu'il voulait, qui lui disait le nom des autres prisonniers, etc., et, pour m'en convaincre, il me rapportait tout ce qu'il lui avait dit de mon trou. Laurent avait mis deux heures pour faire réparer le dégât que j'avais fait; il avait intimé le secret au menuisier, au serrurier et aux archers sous peine de la vie. « Un jour de plus, avait ajouté l'archer, Casanova se serait échappé d'une manière ingénieuse qui aurait fait pendre Laurent, car, malgré la surprise qu'il a témoignée à la vue du trou, il n'est pas douteux que ce ne soit lui qui ait fourni les instruments nécessaires. » Il me priait de lui conter en détail l'événement, de lui dire comment je m'étais procuré les instruments et de compter sur sa discrétion.

« Je ne doutais pas de sa curiosité, mais beaucoup de sa discrétion, d'autant plus que sa demande même le déclarait le plus indiscret des hommes. Je jugeai cependant que je devais le ménager, car il me paraissait d'une trempe à entreprendre tout ce que je lui dirais pour m'aider à recouvrer ma liberté. Je me mis à lui répondre, mais il me vint un soupçon qui me fit suspendre l'envoi de ce que j'avais écrit. Je m'imaginai que cette correspondance pouvait être un artifice de Laurent pour parvenir à savoir qui m'avait fourni les instruments et ce que j'en avais fait. Pour le satisfaire sans me compromettre, je lui écrivis que j'avais fait l'ouverture au moyen d'un fort couteau que j'avais et que je l'avais placé sur l'appui de la fenêtre du corridor. En moins de trois jours cette fausse confidence mit mon esprit en paix, car Laurent ne visita pas l'appui de la fenêtre, ce qu'il n'aurait pas manqué de faire si la lettre eût été interceptée. D'ailleurs le P. Balbi m'écrivait qu'il savait que je pouvais avoir ce couteau, car Laurent lui avait dit qu'on ne m'avait pas fouillé avant de m'enfermer. Le moine finissait par me prier de lui envoyer mon couteau par Nicolas, à qui je pouvais me fier. La légèreté de ce moine me paraissait inconcevable. Je lui écrivis que je ne me sentais aucune disposition à me fier à Nicolas, et que mon secret était tel que je ne pouvais pas le confier au papier.

« Mes soupçons étant tout à fait dissipés, voilà comment je raisonnai : « Je veux à tout prix me procurer la liberté. L'esponton que j'ai est excellent, mais il est impossible que je m'en serve, car tous les matins on sonde mon cachot à coups de barre, excepté le plafond. Si je veux sortir d'ici, c'est donc par le plafond qu'il faut que j'en sorte, mais pour en venir à bout il me faut un trou, et je ne saurais l'entreprendre d'en bas avec succès, car ce n'est pas l'affaire d'un jour. Il me faut un aide, il pourra se sauver avec moi. » Je n'avais pas l'embarras du choix et mon idée ne

pouvait tomber que sur le moine. Il avait trente-huit ans et,
quoiqu'il ne fût pas riche en bon sens, je pensai que l'amour
de la liberté, ce premier des besoins de l'homme, lui donnerait assez de résolution pour exécuter mes instructions.
Il fallait commencer par me résoudre à lui tout confier,
puis imaginer un moyen pour lui faire parvenir mon instrument ; c'étaient deux points difficiles.

« Je commençai d'abord par lui demander s'il désirait
la liberté et s'il se sentait capable de tout entreprendre
pour se la procurer avec moi. Il me répondit que son camarade et lui étaient capables de tout pour rompre leurs
chaînes ; mais il ajoutait qu'il était inutile de se casser la
tête à faire des projets inexécutables. Il remplit quatre
longues pages des impossibilités qui s'offraient à son pauvre esprit. Je lui écrivis qu'en faisant mon plan je n'avais
songé qu'aux difficultés particulières, que celles-là seraient
vaincues ; et je finissais en lui donnant ma parole d'honneur
de le rendre libre, s'il voulait s'engager à exécuter à la
lettre tout ce que je lui prescrirais. Il me le promit. Je lui
marquai que je possédais un esponton de 20 pouces de
longueur ; qu'au moyen de cet instrument, il percerait le
plafond de son cachot pour en sortir, qu'ensuite il percerait le mur qui nous séparait, que par cette ouverture il
arriverait sur moi, qu'il briserait le plafond et que, cela
fait, il m'aiderait à sortir par le trou. — Quand nous en
serons là, votre tâche sera faite et la mienne commencera ;
je vous mettrai en liberté, vous et le comte Asquin. Il me
répondit que lorsqu'il m'aurait tiré hors du cachot, je n'en
serais pas moins en prison et que notre situation alors ne
différerait de notre situation actuelle que par l'espace ; que
nous serions tout simplement dans les galetas, lesquels
étaient fermés par trois fortes portes. « Je le sais, mon ré-
vérend père, lui répondis-je, mais ce n'est point par les
portes que nous nous sauverons. Mon plan est fait, et je
suis sûr du succès, je ne vous demande qu'exactitude dans

l'exécution et abstinence d'objections. Songez seulement au moyen le plus convenable pour que je puisse vous faire tenir l'instrument de notre délivrance, sans que le porteur puisse en concevoir aucun soupçon. En attendant faites acheter par le geôlier une quarantaine d'images de saints, assez grandes pour tapisser toute la surface de votre cachot. Ces images religieuses n'inspireront aucun soupçon à Laurent et elles vous serviront à couvrir l'ouverture que vous ferez au plafond. Vous aurez besoin de quelques jours pour pratiquer cette ouverture, et Laurent, le matin, ne pourra pas voir l'ouvrage que vous aurez fait la veille, puisque vous le recouvrirez avec l'image. Si je ne le fais pas moi-même, c'est que je suis suspect à notre gardien. »

« Quoique je lui recommandasse de songer au moyen le plus propre à lui envoyer mon esponton, je m'occupais sans cesse à le trouver moi-même, et il me vint une idée heureuse que je m'empressai de saisir. Je dis à Laurent de m'acheter une Bible in-folio qui venait de paraître. J'espérais pouvoir placer mon esponton au dos de la reliure de ce grand volume et l'envoyer ainsi au moine. Mais, quand je l'eus, je vis que mon instrument dépassait de 2 pouces la longueur du livre. Mon correspondant m'avait déjà écrit que son cachot était tapissé d'images, et je lui avais communiqué mon idée sur la Bible et la difficulté que son défaut de longueur me présentait. Je pris néanmoins la ferme résolution d'envoyer mon verrou sous la protection de la Bible, et voici ce que je fis. Je dis à Laurent que je voulais célébrer le jour de la Saint-Michel avec du macaroni au fromage, mais que pour reconnaître l'honnêteté de la personne qui avait la bonté de me prêter des livres, je voulais lui en faire un grand plat et le préparer moi-même. Laurent me dit que ce monsieur désirait lire le grand livre qui avait coûté trois sequins. C'était une affaire arrangée. — Fort bien, lui dis-je, je le lui enverrai avec le macaroni; apportez-moi seulement le

plus grand plat que vous ayez à la maison, car je veux
faire la chose en grand. » J'enveloppai mon esponton
dans du papier, et je le plaçai au dos de la reliure de la
Bible, observant qu'il dépassât autant d'un côté que de
l'autre. En posant sur la Bible un grand plat bien rempli
de macaroni au beurre fondu, j'étais sûr que Laurent ne
pourrait pas regarder aux extrémités, parce que son
regard serait concentré sur les rebords du plat pour
éviter de répandre la graisse sur le livre. J'avertis le
P. Balbi de tout, lui recommandant d'être adroit en recevant le plat, et d'avoir soin surtout de prendre les deux
objets ensemble et non l'un après l'autre.

« Au jour marqué, Laurent vint plus matin que de coutume avec une chaudière pleine de macaroni tout bouil-
lant et tous les ingrédients nécessaires pour l'assaisonner.
Je fis fondre quantité de beurre, et après avoir disposé le
macaroni dans le plat, je répandis du beurre dessus jusqu'à ce qu'il touchât les bords. Le plat était énorme et dépassait de beaucoup la grandeur du livre sur lequel je
l'avais placé. Tout ceci se faisait à la porte de mon cachot
et Laurent était dehors. Quand tout fut prêt, j'élevai avec
soin la Bible et le plat, je plaçai le dos du livre du côté
du porteur, et je dis à Laurent d'allonger les bras et d'é-
tendre les mains, d'avoir soin de ne point verser la graisse
sur le livre et d'aller vite porter le tout à sa destination.
En lui consignant cet important fardeau, je tenais mes
yeux fixés sur les siens et je vis avec le plus grand plaisir
qu'il ne détournait pas ses regards de dessus le beurre,
qu'il craignait de verser. Il me dit qu'il serait mieux de
porter d'abord le plat et qu'ensuite il reviendrait prendre le livre ; mais je lui répondis que le présent perdrait
de son prix et que tout devait aller ensemble. Il se plaignit alors que j'avais mis trop de beurre et me dit d'un
air bouffon que s'il en répandait il ne serait pas responsable du dommage.

« Il se plaignit que j'avais mis trop de beurre. » (Casanova)

« Dès que je vis la Bible sur les bras du butor, je me sentis certain du succès, car les bouts de l'esponton étaient inapercevables, à moins de faire un grand mouvement de côté. Je le suivis des yeux jusqu'à ce que je l'eusse vu entrer dans l'avant-cachot du moine, lequel, se mouchant à trois reprises, me donna le signal convenu que tout était arrivé à bon port, ce que Laurent vint me confirmer l'instant d'après.

« Le P. Balbi ne tarda pas à mettre la main à l'œuvre, et en huit jours il parvint à faire au plafond une ouverture suffisante, qu'il masquait avec une image collée avec de la mie de pain. Le 8 octobre il m'écrivit qu'il avait passé toute la nuit à travailler. Le 16 octobre, à dix heures du matin, au moment où j'étais occupé à traduire une ode d'Horace, j'entendis au-dessus de ma tête un trépignement et trois petits coups. C'était le signal concerté pour nous assurer que nous ne nous étions pas trompés. Il travailla jusqu'au soir, et le lendemain il m'écrivit que si mon toit n'était que de deux rangs de planches, son travail serait achevé le même jour. Il m'assura qu'il aurait soin de faire le trou circulaire, comme je le lui avais recommandé, et qu'il ne percerait pas le plancher. Ceci était surtout nécessaire, car l'apparence de la moindre effraction nous aurait décelés. « L'excavation, me disait-il, sera telle qu'il ne faudra qu'un quart d'heure de travail pour l'achever. »

« J'avais fixé ce moment au surlendemain, pour sortir de mon cachot pendant la nuit et pour n'y plus rentrer, car, avec un compagnon, je me sentais assuré de faire, en trois ou quatre heures, un trou au grand toit du palais ducal, d'y passer pour me placer dessus, et d'employer alors tous les moyens que le hasard m'offrirait pour descendre jusqu'à terre. Je n'en étais pas encore à ce point, car ma mauvaise fortune me réservait plus d'une difficulté à vaincre. Ce même jour, c'était un lundi, à deux heures après-midi, pendant que le P. Balbi travaillait, j'entendis ouvrir la porte de la salle contiguë à mon cachot. Je sentis tout mon sang se glacer ; mais j'eus assez de présence d'esprit pour frapper deux coups, marque d'alarme convenue, à laquelle le P. Balbi devait vite rentrer dans son cachot et mettre tout en ordre. Moins d'une minute après, Laurent ouvre mon cachot et me demande pardon de venir me mettre en compagnie d'un très-mauvais sujet. C'était un homme de quarante à cinquante ans, petit, maigre, laid et mal vêtu. Je ne pouvais douter que ce ne fût un coquin, puisque Laurent me l'annonçait comme tel en sa présence, sans que ces mots lui fissent une impression visible. « Le Tribunal, répondis-je, est bien le maître de faire ce qu'il veut. »

« Désolé par ce fatal contre-temps, je regardai ce coquin, que sa plate physionomie décelait. Je pensais à le faire parler, lorsqu'il commença lui-même en me remerciant de lui avoir fait donner une paillasse. Voulant le gagner, je lui dis qu'il mangerait avec moi ; il me baisa la main en me demandant si, malgré cela, il pourrait toucher les dix sous que le Tribunal lui passait. Je lui dis que oui. A ces mots, il se mit à genoux, et, tirant de sa poche un énorme chapelet, il promena ses yeux dans tous les recoins du cachot. « Que cherchez-vous ? — Vous me pardonnerez, monsieur, mais je cherche quelque image de la Sainte Vierge ; car je suis chrétien. » J'eus de la peine à m'empêcher de rire, non pas à cause de sa piété chrétienne, car la conscience et la foi sont des sentiments qu'il n'est donné à personne de contrôler, mais à cause de la tournure de sa remontrance. Je jugeai qu'il me prenait pour un juif, et, pour le désabuser, je me hâtai de lui donner l'office de la Sainte-Vierge, dont il baisa l'image, et, en me le rendant, il me dit d'un ton modeste que son père, alguazil de galère, avait négligé de lui faire apprendre à lire. « Je suis, ajouta-t-il dévot du saint rosaire. » Et il se mit à me raconter une foule de mi-

racles que j'écoutai avec une patience d'ange. Dès qu'il
eut fini, je lui demandai s'il avait dîné ; il me dit qu'il
mourait de faim. Je lui donnai tout ce que j'avais ; il
dévora plutôt qu'il ne mangea, but tout le vin que j'a-
vais, et, lorsqu'il fut gris, il commença à pleurer, puis à
parler sur tout à tort et à travers. Lui ayant demandé la
cause de son malheur, voici ce qu'il me narra : « Mon
unique passion fut toujours la gloire de Dieu et de cette
sainte République, et l'exacte obéissance à ses lois. Toujours attentif aux malversations des fripons, j'ai constamment tâché de découvrir leurs secrets, et j'ai toujours
fidèlement rapporté à Messer Grande tout ce que j'ai pu
découvrir. Il est vrai qu'on m'a bien payé. Je me suis
toujours moqué du préjugé de ceux qui attachent une
mauvaise honte au métier d'espion. Un espion est l'ami
du bien de l'État et le fidèle sujet du prince. Lorsqu'il
s'est agi de mettre mon zèle à l'épreuve, le sentiment de
l'amitié, qui peut avoir quelque force sur les autres, n'en
a jamais eu sur moi. »

« Le misérable continua ainsi à dévoiler naïvement le
type de mouchard le plus immonde qui se puisse imaginer.
En dernier lieu, ayant découvert et révélé un complot politique, il avait eu la faiblesse, incroyable chez lui, de
faire à son compère, qui était de ce complot, une recommandation de prudence. Le compère et les gens compromis comme lui avaient fui ; l'espion, considéré comme
responsable, était sous les Plombs. Il finit en me disant
qu'il espérait sortir bientôt. « Mon nom est Soradaci, et
ma femme est une Legrenzi, fille d'un secrétaire du conseil des Dix. »

« Je frémissais de voir à quel monstre j'étais associé,
mais, sentant que ma position était délicate et que je devais
le ménager, je louai jésuitiquement sa sensibilité, je le
plaignis, et, faisant l'éloge de son patriotisme, je lui pré-
dis la liberté sous peu de jours. Quelques instants après

il s'endormit, et je profitai de son sommeil pour tout raconter au P. Balbi, lui faisant sentir la nécessité où nous étions de suspendre notre travail jusqu'à une opportunité plus favorable. Le lendemain, je dis à Laurent de m'acheter un crucifix de bois, une image de la Sainte Vierge, le portrait de saint François, et de m'apporter deux bouteilles d'eau bénite. Soradaci lui demanda ses dix sous, et Laurent, d'un air de mépris, lui en donna vingt. Je lui ordonnai de m'acheter quatre fois plus de vin, de l'ail et du sel, régal qui faisait les délices de mon odieux compagnon. Après le départ du geôlier, je retirai adroitement du livre la lettre que m'écrivait Balbi, et dans laquelle il me peignait sa frayeur. Il croyait que tout était perdu, et ne cessait de se récrier sur le bonheur que nous avions que Laurent eût mis Soradaci dans mon cachot ; « car, disait-il, s'il fût venu dans le nôtre, il ne m'aurait pas trouvé, et les Puits auraient peut-être été notre partage pour récompense de notre tentative. »

« Le récit de Soradaci ne me laissait pas douter qu'il ne dût subir des interrogatoires ; je me résolus sur cela à lui confier deux lettres, lesquelles, remises à leur adresse, ne pouvaient me faire ni bien ni mal, mais qui devaient m'être favorables si, comme je n'en doutais pas, le traître les remettait au secrétaire pour lui donner une preuve de sa fidélité. »

Casanova confia ses lettres à Soradaci, en lui faisant promettre, avec les serments les plus terribles, qu'il les remettrait à leur adresse quand il serait libre. Quelques jours après, Soradaci fut appelé devant le secrétaire du tribunal, puis ramené aux Plombs. Désolé de voir, d'après ce qu'il en tira que ce misérable resterait encore longtemps avec lui, Casanova écrivit au P. Balbi pour l'informer de ce contre-temps, puis le lendemain, voulant s'assurer qu'il ne s'était pas trompé dans ses soupçons, il demanda à Soradaci de lui rendre une de ses lettres pour y changer quelque chose.

« Ce monstre alors se jeta à mes pieds et me jura qu'à sa seconde apparition devant le terrible secrétaire, il lui avait pris un si grand tremblement, que le secrétaire lui en ayant demandé la raison, il n'avait pas eu la force de lui cacher la vérité. Je fis semblant de me trouver mal, et, couvrant mon visage de mes mains, je me jetai, près du lit, à genoux devant l'image de la Vierge, et je lui demandai, d'un ton solennel, vengeance du scélérat qui m'avait trahi. Après cela, je me couchai sur mon lit, le visage tourné vers la muraille, et j'eus la constance de me tenir dans cette position toute la journée, sans faire le moindre mouvement, sans articuler le moindre mot, faisant semblant de ne pas entendre les pleurs, les cris et les protestations de repentir de cet infâme. Je jouai à merveille mon rôle pour une comédie dont j'avais tout le plan dans ma tête. Pendant la nuit, j'écrivis au P. Balbi de venir à dix-neuf heures précises[1], pas une minute plus tôt ni plus tard, pour achever son travail, et de ne travailler que quatre heures et pas une minute de plus. « Notre liberté, lui disais-je, dépend de cette rigoureuse exactitude, et vous n'avez rien à craindre. »

« Nous étions au 25 octobre, et le temps pendant lequel je devais exécuter mon projet ou l'abandonner sans retour n'était pas éloigné. Les inquisiteurs d'État, ainsi que le secrétaire, allaient tous les ans passer les trois premiers jours de novembre en quelque village de la terre ferme. Laurent, profitant de l'absence de ses maîtres, ne manquait aucun soir d'être ivre et, dormant plus que de coutume, il ne paraissait que tard sous les Plombs. Sachant cela, la prudence voulait que je choisisse ce temps

---

[1] Le 30 octobre, la dix-neuvième heure à Venise, correspond à peu près à onze heures trente minutes du matin.

pour m'enfuir, persuadé que ma fuite ne serait remarquée que fort tard le matin. Une autre raison me détermina à fixer cette époque pour mon évasion : c'est qu'ayant consulté le sort, en cherchant dans Arioste, suivant certaines formules cabalistiques, une prédiction sur ce sujet, je tombai sur ce vers : *Frà il fin d'ottobre e il capo di novembre* (Entre la fin d'octobre et le commencement de novembre). La précision du passage et l'à-propos me parurent si admirables que, sans que j'ajoutasse entièrement foi à l'oracle, le lecteur me pardonnera si je me disposai de tous mes efforts à lui donner raison.

« Voici comment je passai la matinée, jusque vers midi, pour frapper l'esprit de ce méchant et sot animal, pour porter la confusion dans sa frêle raison, pour l'hébéter enfin par des images étonnantes et le rendre impuissant à me nuire. Dès que Laurent nous eut quittés, je dis à Soradaci de venir manger la soupe. L'infâme était couché, et il avait dit à Laurent qu'il était malade. Il n'aurait pas osé venir à moi si je ne l'eusse point appelé. Il se leva, et, se jetant à plat ventre à mes pieds, il me les baisa et me dit, en pleurant à chaudes larmes, qu'à moins que je ne lui pardonnasse, il se voyait mort dans la journée, car il sentait déjà l'effet de la malédiction de la sainte Vierge. Il éprouvait des tranchées qui lui déchiraient les entrailles et il avait la bouche couverte d'ulcères. Je ne me souciais pas beaucoup de l'examiner pour voir s'il me disait la vérité; mon intérêt était de faire semblant de le croire et de lui faire espérer grâce. Il fallait commencer par le faire manger et boire. Le traître avait peut-être l'intention de me tromper; mais, décidé comme je l'étais à le tromper moi-même, il s'agissait de savoir lequel des deux serait le plus habile. Je lui avais préparé une attaque contre laquelle il était difficile qu'il se défendît.

« Prenant une physionomie d'inspiré : « Assieds-toi, lui dis-je, et mange ce potage, après quoi je t'annoncerai ton

bonheur; car, sache que la Vierge du Rosaire m'est appa-
rue et qu'elle m'a ordonné de te pardonner. Tu ne mourras
pas et tu sortiras d'ici avec moi. » Tout ébahi et se tenant
à genoux, faute de siége, il mangea la soupe avec moi,
puis il s'assit sur sa paillasse pour m'écouter. Voici à peu
près mon discours : « Le chagrin que m'a causé ton horrible trahison m'a fait passer la nuit sans dormir, parce
que mes lettres doivent me faire condamner à passer ici
le reste de mes jours. Mon unique consolation, je le confesse, était la certitude que tu mourrais ici sous mes yeux
avant trois jours. La tête pleine de ces sentiments, indignes d'un chrétien, car Dieu nous commande le pardon,
je me suis assoupi et, pendant cet heureux sommeil, j'ai
eu une vision véritable. J'ai vu cette sainte Vierge, cette
Mère de Dieu dont tu vois là l'image, je l'ai vue vivante
devant moi et me parlant en ces termes : « Soradaci est
dévot de mon saint Rosaire; je le protége; je veux que
tu lui pardonnes; alors la malédiction qu'il s'est attirée
cessera d'agir. En récompense de ton acte généreux,
j'ordonnerai à un de mes anges de prendre une figure
humaine, de descendre du ciel, pour rompre le toit de ta
prison, et de t'en retirer d'ici à cinq ou six jours. Cet
ange commencera son ouvrage aujourd'hui, à dix-neuf
heures précises, et travaillera jusqu'à vingt-trois heures
et demie, car il doit remonter au ciel en plein jour. En
sortant d'ici, accompagné de mon ange, tu emmèneras
Soradaci et tu prendras soin de lui, à condition qu'il
abjurera le métier d'espion. Tu lui diras tout. » A ces
mots, la sainte Vierge a disparu et je me suis éveillé. »
   « Gardant toujours mon sérieux et le ton d'un inspiré,
j'observai la physionomie du traître, qui paraissait pétrifié. Je pris ensuite mon livre d'heures et j'arrosai d'eau
bénite tout le cachot. Une heure après, cet animal me demanda de but en blanc à quelle heure l'ange descendrait
du ciel et si nous entendrions le bruit qu'il ferait pour

rompre le cachot. « Je suis certain qu'il viendra à dix-neuf
heures, que nous l'entendrons travailler et qu'il s'en ira à
l'heure que la sainte Vierge a dite. — Vous pouvez avoir
rêvé.—Je suis sûr que non. Te sens-tu capable de me jurer
de quitter le métier d'espion? » Au lieu de me répondre,
il s'endormit et ne se réveilla que deux heures après, pour
me demander s'il pouvait différer de prêter le serment
que je lui demandais. « Vous pouvez différer, lui-dis-je, jusqu'à ce que l'ange entre ici pour me délivrer; mais si alors
vous ne renoncez pas par serment à l'infâme métier qui est
cause que vous êtes en prison, et qui finira par vous mener à la potence, je vous laisserai ici. » Je lus sur sa laide
physionomie la satisfaction qu'il éprouvait, car il se croyait
sûr que l'ange ne viendrait pas. Il me tardait d'entendre
sonner l'heure, car j'étais certain que l'arrivée de l'ange
donnerait des vertiges à sa misérable raison. Au moment
où j'entendis le premier coup de dix-neuf heures, je me
jetai à genoux en lui ordonnant d'un ton de voix terrible
d'en faire autant. Il m'obéit en me regardant d'un air
égaré. Lorsque j'entendis le petit bruit que faisait le moine
en s'approchant : « L'ange vient, » dis-je; et me couchant
à plat ventre, je lui donnai un vigoureux coup de poing
pour le forcer à prendre la même position. Le bruit de la
fraction était fort, et il y avait un quart d'heure que j'avais
la patience de me tenir dans ma gênante position; dans
tout autre cas, j'aurais ri de bon cœur de voir mon coquin
immobile, mais je ne riais pas, car mon intention était
de le rendre fou ou pour le moins énergumène. Je me
mis à genoux, lui permettant de m'imiter, et je passai trois
heures et demie à lui faire répéter le rosaire. Il s'endormait
de temps en temps, fatigué de la position; quelquefois il
se hasardait à porter vers le plafond un œil furtif et la stupeur était peinte sur ses traits. Lorsque j'entendis sonner
vingt-trois heures et demie : « Prosterne-toi, lui dis-je d'un
ton moitié solennel, moitié dévot, l'ange va partir. » Balbi

redescendit dans son cachot et nous n'entendîmes plus
rien. En me relevant, je vis sur la physionomie de ce misérable le trouble et l'effroi; j'en fus ravi. Je crus devoir
lui imposer l'expiation suivante de ses péchés. « Demain,
lui dis-je, quand Laurent viendra, tu te tiendras couché
sur ta paillasse, la face contre le mur et sans faire le moindre mouvement, sans jeter les yeux sur Laurent. S'il te
parle, tu lui répondras, sans le regarder, que tu n'as pas
pu dormir et que tu as besoin de repos. Me le promets-tu
sans restriction? — Je vous promets de faire exactement
tout ce que vous me dites. — Fais-en le serment devant
cette sainte image. » Après qu'il eut fait le serment : « Et
moi, très-sainte Vierge, m'écriai-je, je vous jure que si je
vois Soradaci faire le moindre mouvement et regarder
Laurent, je me jetterai aussitôt sur lui et que je l'étran-
glerai sans pitié. » Je comptais au moins autant sur l'effet de cette menace que sur son serment. Je lui donnai à
manger, ensuite je lui ordonnai de se coucher. Dès qu'il
fut endormi, je me mis à écrire pendant deux heures. Je
contai à Balbi toute l'histoire et lui dis que si l'ouvrage
était assez avancé, il n'avait plus besoin de venir sur le
toit de mon cachot que pour abattre la planche et y entrer. Je lui marquai que nous devions sortir la nuit du
31 octobre, et que nous serions quatre en comptant son
camarade et le mien.

« Nous étions au 28. Le lendemain, le moine m'écrivit que
le canal était fait et qu'il n'avait plus besoin de monter sur
mon cachot que pour abattre la dernière planche, ce qui
serait fait en quatre minutes. Soradaci fut fidèle à son
serment, faisant semblant de dormir, et Laurent ne lui
adressa pas même la parole. Je ne le perdis pas un instant
de vue et je crois que je l'aurais étranglé s'il avait fait le
moindre mouvement de tête vers Laurent, car pour me
trahir il lui aurait suffi d'un clin d'œil délateur. Tout le
reste de la journée fut consacré à des discours sublimes

que je prononçais avec le plus de solennité possible, et
j'étais enchanté de le voir se fanatiser de plus en plus. À
l'appui de mes discours mystiques, j'avais soin d'appeler
les fumées du vin, et je ne le laissai que quand je le vis
tomber d'ivresse et de sommeil. Cette brute m'embarrassa
un instant en me disant qu'il ne concevait pas comment
un ange avait besoin de tant de travail pour ouvrir notre
cachot. « Les voies de Dieu, lui dis-je, sont inconnues
aux mortels; et puis l'envoyé du ciel ne travaille pas en
qualité d'ange, car alors un souffle lui suffirait; il travaille en qualité d'homme, dont sans doute il a pris la
forme parce que nous ne sommes pas dignes de supporter
ter sa présence dans sa forme céleste. »

« Le lendemain, Laurent l'ayant interrogé sur sa santé,
il lui répondit sans bouger la tête. Il se comporta de même
le jour suivant; jusqu'à ce qu'enfin je vis Laurent pour
la dernière fois le 31 octobre au matin. Je lui donnai le
livre pour Balbi et je prévenais le moine de venir à dix-
sept heures (neuf heures et demie du matin) pour abattre le plafond. Pour le coup je ne craignais plus aucun
contre-temps, ayant appris de Laurent même que les
inquisiteurs et le secrétaire étaient déjà partis pour la
campagne. Je ne pouvais plus redouter l'arrivée de quelque nouveau compagnon et je n'avais plus besoin de
ménager mon infâme coquin.

« Après le départ de Laurent, je dis à Soradaci que l'ange
viendrait faire une ouverture dans le toit de notre cachot
à dix-sept heures. « Il apportera des ciseaux, lui dis-je, et
vous nous couperez la barbe à moi et à l'ange.—Est-ce que
l'ange a de la barbe?—Oui, vous le verrez. Après cette
opération, nous sortirons, nous irons rompre le toit du
palais et nous descendrons dans la place Saint-Marc, d'où
nous irons en Allemagne. » Il ne répondit pas. Il mangea
seul, car j'avais l'esprit et le cœur trop occupés pour qu'il
me fût possible de manger. Je n'avais pas même pu dormir.

« Le P. Balbi se coula dans mes bras, » (Casanova.)

« L'heure fixée sonne : « Voilà l'ange ! » Soradaci voulait se prosterner, mais je lui dis que cela n'était pas
nécessaire. En trois minutes le canal fut enfoncé, le morceau de planche tomba à mes pieds et le P. Balbi se coula
dans mes bras. « Voilà, lui dis-je, vos travaux terminés
et les miens commencent. » Nous nous embrassâmes et
il me remit l'esponton et une paire de ciseaux. Je dis à
Soradaci de nous faire la barbe, mais il me fut impossible de m'empêcher de rire en voyant cet animal, la bouche béante, contempler ce singulier ange qui ressemblait
à un diable. Quoique tout hors de lui-même, il nous
coupa la barbe en perfection.

« Impatient de voir le local, je dis au moine de rester
avec Soradaci, car je ne voulais pas le laisser seul, et je
sortis. Arrivé sur le toit du cachot du comte, j'y entrai et
j'embrassai cordialement ce respectable vieillard. Je vis un
homme d'une taille qui n'était pas propre à aller au-devant
des difficultés, en s'exposant à une pareille fuite. Il me
demanda quel était mon projet et me dit qu'il croyait que
j'avais agi un peu légèrement. « Je ne demande, lui dis-je,
qu'à faire des pas en avant jusqu'à ce que je trouve la
liberté ou la mort. — Si vous pensez, me dit-il en me serrant la main, à aller percer le toit et à chercher un chemin sur les Plombs, d'où il faudra descendre, je ne vois
point que vous puissiez réussir, à moins que vous n'ayez
des ailes, et je n'ai pas le courage de vous accompagner.
Je resterai ici et je prierai Dieu pour vous. »

« Je ressortis pour aller visiter le grand toit en m'approchant autant que je pus des bords latéraux du grenier.
Parvenu à toucher le dessous du toit au plus étroit de l'angle, je m'assis entre les œuvres de comble dont les greniers de tous les grands palais sont remplis. Je tâtai les
planches avec le bout de mon verrou, et j'eus le bonheur
de les trouver à demi vermoulues. A chaque coup d'esponton, tout ce que je touchais tombait en poussière. Me

voyant sûr de faire un trou assez ample en moins d'une
heure, je retournai dans mon cachot et j'employai quatre
heures à couper draps, couvertures, matelas et paillasse
pour en faire des cordes. J'eus soin de faire les nœuds
moi-même et de m'assurer de leur solidité; car un seul
nœud mal fait aurait pu nous coûter la vie. A la fin, je me
vis possesseur de 100 brasses de cordes. Il y a dans les
grandes entreprises des articles qui décident de tout et
sur lesquels le chef qui mérite de réussir ne se fie à personne. Quand la corde fut achevée, je fis un paquet de mon
habit, de mon manteau de bourre de soie, de quelques
chemises, bas et mouchoirs, et nous passâmes tous trois
dans le cachot du comte. L'air interdit de Soradaci me
donnait envie de rire. Je ne me gênais plus, car j'avais jeté
le masque de Tartuffe, qui m'avait terriblement incom-
modé depuis que ce coquin m'avait obligé de le prendre.
Je le voyais convaincu que je l'avais trompé, mais il n'y
comprenait rien, ne pouvant deviner comment j'avais eu
correspondance avec l'ange pour le faire aller et venir à
heures fixes. Il écoutait avec attention le comte, qui nous
disait que nous allions nous perdre et, en véritable lâche,
il roulait dans sa tête le dessein de se dispenser de ce
dangereux voyage. Je dis au moine de préparer son paquet pendant que j'irais faire le trou au bord du grenier.

A deux heures de la nuit (environ sept heures), sans avoir
besoin d'aucun secours, mon ouverture se trouvait parfaite;
j'avais pulvérisé les planches, et la rupture avait deux fois
plus d'ampleur qu'il n'en fallait. Je touchais à la plaque
de plomb tout entière. Je ne pouvais la soulever seul, car
elle était rivée. Le moine m'aida et, à force de pousser
l'esponton entre la gouttière et la plaque, je parvins à la
détacher; ensuite, à coups d'épaule, nous la pliâmes au
point où il fallait pour que l'ouverture par laquelle nous
devions passer fût suffisante. Mettant alors la tête hors du
trou, je vis avec douleur la grande clarté du croissant qui

entrait dans son premier quartier. C'était un contre-temps, il fallait le supporter avec patience et attendre pour sortir l'heure de minuit, temps où la lune serait allée éclairer nos antipodes. Pendant une nuit superbe, toute la bonne société devait se promener dans la place Saint-Marc, je ne pouvais m'exposer sur le toit ; mon ombre, se prolongeant sur la place [1], aurait fait porter les yeux vers nous ; le spectacle extraordinaire que nous aurions offert n'aurait pas manqué d'exciter la curiosité générale, surtout celle de Messer Grande et de sa bande de sbires qui sont la seule garde de Venise, et notre beau projet aurait été bientôt dérangé par leur horrible activité. Je décidai donc impérieusement que nous ne sortirions de là-haut qu'après le coucher de la lune. Elle devait se coucher à cinq heures de nuit (dix heures) et le soleil se lever à treize heures et demie (six heures et demie). Il nous restait sept heures de parfaite obscurité pendant lesquelles nous pouvions agir ; et, quoique nous eussions une forte besogne, en sept heures nous devions en venir à bout.

« Je dis au P. Balbi que nous pouvions passer trois heures à causer avec le comte Asquin, et d'aller d'abord le prévenir que j'avais besoin qu'il me prêtât 30 sequins qui pourraient m'être nécessaires, autant que mon esponton me l'avait été pour faire tout ce que j'avais fait. Il fit ma commission, et quatre minutes après il vint me dire d'y aller moi-même, le comte voulant me parler sans témoins. Ce pauvre vieillard commença par me dire avec douceur que pour m'enfuir je n'avais pas besoin d'argent, qu'il n'en avait pas, qu'il avait une nombreuse famille, que si je périssais, l'argent qu'il me donnerait serait

---

[1] Des deux versants du toit qui recouvrait les prisons des Plombs, l'un donne sur le rio di Palazzo, l'autre sur la cour du Palais : c'était donc seulement dans cette cour, et non sur la place ou la piazzetta, que l'ombre des fugitifs aurait pu se projeter.

perdu. Il finit par m'offrir deux sequins, à la condition que
je les lui rendrais, si, après avoir parcouru le toit, je jugeais plus prudent de rentrer dans mon cachot. Il ne me
connaissait pas, et j'étais résolu de mourir plutôt que de
rentrer dans un lieu d'où je ne serais plus sorti.

« J'appelai mes compagnons, et nous mimes tout notre
équipage près du trou. Je divisai en deux paquets les
cent brasses de cordes que j'avais préparées, et nous passâmes deux heures à causer et à nous rappeler, non sans
plaisir, les vicissitudes de notre entreprise. La première
preuve que le P. Balbi me donna de son noble caractère fut de me répéter dix fois que je lui avais manqué
de parole en l'assurant que mon plan était fait, qu'il était
sûr, tandis qu'il n'en était rien. Il me dit effrontément
que s'il avait prévu cela, il ne m'aurait pas tiré hors de
mon cachot. »

Le comte déploya toute son éloquence pour démontrer
à Casanova qu'il ne pouvait réussir. « La déclivité du toit,
garni de plaques de plomb, lui disait-il, ne vous permet-
tra pas d'y marcher, car à peine pourrez-vous vous y tenir debout[1]. De quel côté descendrez-vous? ce ne sera pas
du côté des colonnes, vers la piazzetta, car on vous verrait; du côté de l'église, impossible, car vous vous trouve-
riez enfermé, et du côté de la cour il n'y a pas à y penser,
car vous tomberiez entre les mains des *arsenalotti*, qui y
font constamment la ronde. » Il continua ainsi pendant
longtemps ses efforts pour faire prévaloir sa faiblesse et
sa peur sur l'énergie de l'aventurier.

« Ce discours me faisait bouillonner le sang; j'eus cependant le courage de l'écouter avec patience. Les reproches du moine, lancés sans ménagement, m'indignaient
et m'excitaient à les repousser rudement, mais je sentais
que ma position était délicate; j'avais affaire à un lâche,

---

[1] Le toit du palais ducal a, au contraire, une pente assez faible.

capable de me répondre qu'il n'était pas assez désespéré
pour défier la mort et que je n'avais qu'à m'en aller tout
seul ; et, tout seul, je ne pouvais pas me flatter de réussir.
Je me fis donc violence, et, prenant un ton de douceur, je
leur dis que j'étais sûr du succès de mon entreprise, quoiqu'il ne me fût pas possible de leur en communiquer les
détails. De temps en temps j'allongeais la main pour m'assurer si Soradaci était là, car il ne disait pas un mot. Je
riais en songeant à ce qu'il pouvait rouler dans sa tête,
alors qu'il était bien sûr que je l'avais trompé. A quatre
heures et demie (dix heures), je lui dis d'aller voir dans
quel endroit du ciel était le croissant. Il obéit, et revint
me dire que dans une heure et demie on ne le verrait plus,
et qu'un brouillard très-épais devait rendre les Plombs
fort dangereux. — « Il me suffit, lui dis-je, que le brouillard ne soit pas de l'huile ; mettez votre manteau en paquet avec une partie de nos cordes, que nous devons également partager. » A ces mots, je fus singulièrement
surpris de sentir cet homme à mes genoux, prendre mes
mains, les baiser et me dire en pleurant qu'il me suppliait
de ne pas vouloir sa mort. « Je suis sûr, disait-il, de tomber dans le canal ; je ne puis vous être d'aucune utilité.
Hélas ! laissez-moi ici, et je passerai la nuit à prier saint
François pour vous. Vous êtes le maître de me tuer, mais
je ne me déterminerai jamais à vous suivre. » Le sot ne
savait pas combien il allait au-devant de mes vœux. —
« Vous avez raison, lui dis-je, restez, mais à condition
que vous prierez saint François ; et allez d'abord prendre
tous mes livres, que je veux laisser à M. le comte. » Il
obéit sans réplique et sans doute avec beaucoup de joie.
Mes livres valaient au moins 100 écus. Le comte me dit
qu'il me les rendrait à mon retour. — « Vous ne me verrez plus ici, lui répliquai-je, vous pouvez y compter. Ils
vous couvriront du débours de vos deux sequins. Quant à
ce maraud, je suis ravi qu'il n'ait pas le courage de me

suivre, il m'embarrasserait, et d'ailleurs, ce misérable
n'est pas digne de partager avec le P. Balbi et moi l'honneur d'une si belle fuite. — C'est vrai, me dit le comte,·
pourvu que demain il n'ait pas à s'en féliciter! » — Mais
il était temps de partir. On ne voyait plus la lune. J'attachai au cou du P. Balbi la moitié des cordes, d'un côté,
et le paquet de ses nippes sur son autre épaule. J'en fis
autant sur moi, et, tous les deux, en gilet, nos chapeaux
sur la tête, nous allâmes à l'ouverture,

> E quindi uscimmo a rimirar·le stelle [1].

« Je sortis le premier, le P. Balbi me suivit. Me tenant
à genoux et ·à quatre pattes, j'empoignai mon esponton
d'une main solide, et, en allongeant le bras, je le poussai
obliquement entre la jointure des plaques de l'une à
l'autre, de sorte que, saisissant avec mes quatre doigts le
bord de la plaque que j'avais soulevée, je parvins à m'é-
lever jusqu'au sommet du toit. Le moine, pour me suivre,
avait mis les quatre doigts de sa main droite dans la ceinture de ma culotte. Je me trouvais soumis ainsi au sort pénible de l'animal qui porte et traîne tout à la fois, et cela
sur un toit d'une pente rapide, rendue glissante par un
épais brouillard.

« A la moitié de cette périlleuse montée, le moine me
dit de m'arrêter, parce que, l'un de ses paquets s'étant détaché, il espérait qu'il n'aurait pas dépassé la gouttière.
Ma première impulsion fut de lui lancer une ruade et de·
l'envoyer avec son paquet; mais, grâce à Dieu, j'eus assez
de retenue pour ne pas le faire, car la punition aurait été
trop grande de part et d'autre, puisque, seul, il m'aurait
été impossible de réussir à me sauver. Je lui demandai si
c'était notre paquet de cordes. Mais, comme il me répondit

---

[1]   ·Et ensuite nous sortîmes pour revoir les étoiles.
C'est le dernier vers de l'*Enfer* de Dante.

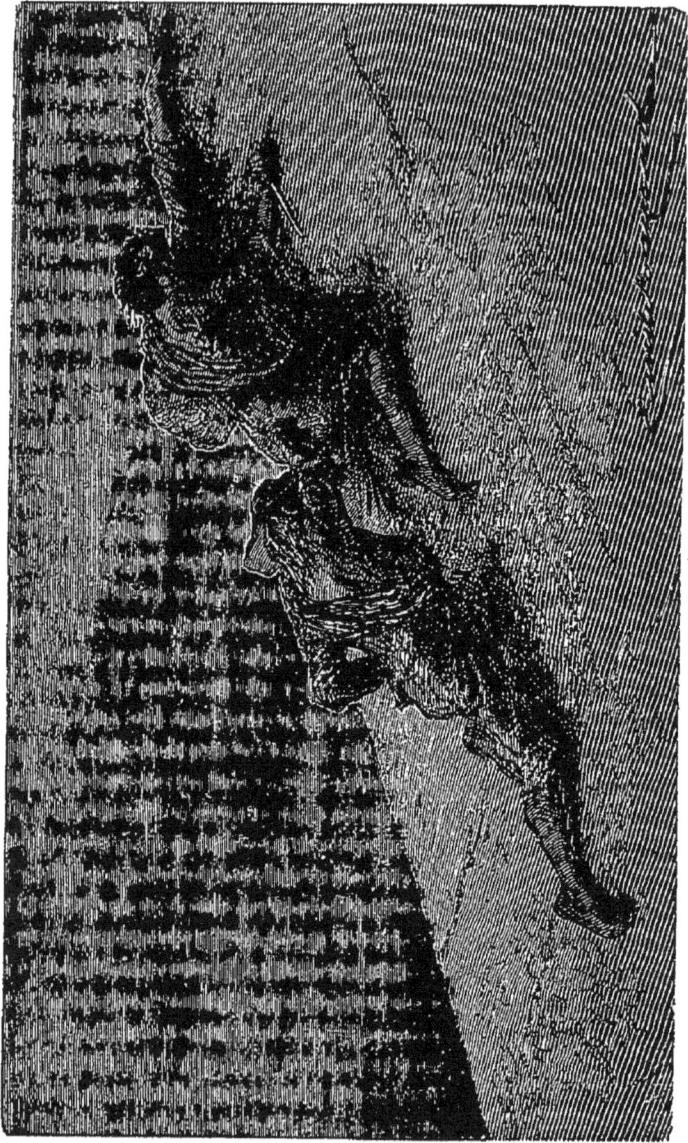

« Le moine, pour me suivre, avait passé sa main dans ma ceinture. » (Casanova.)

que c'était sa petite pacotille, dans laquelle il avait un manuscrit qu'il avait trouvé dans les greniers des Plombs et
dont il attendait fortune, je lui dis qu'il fallait avoir patience, qu'un pas en arrière pourrait nous perdre. Le
pauvre moine soupira, et nous continuâmes à grimper.

« Après avoir franchi quinze ou seize plaques avec une
peine extrême, nous arrivâmes sur l'arête supérieure, où
je m'établis commodément à califourchon, et le P. Balbi
m'imita. Nous tournions le dos à la petite île Saint-Georges
Majeur, et, à deux cents pas en face, nous avions les nombreuses coupoles de l'église Saint-Marc. Je commençai
d'abord par me décharger de mon fardeau, et j'invitai mon
compagnon à suivre mon exemple. Il plaça son tas de
cordes sous ses cuisses, le mieux qu'il put, mais ayant
voulu se décharger de son chapeau qui le gênait, il s'y
prit mal, et bientôt, roulant de plaque en plaque jusqu'à
la gouttière, le chapeau alla rejoindre le paquet de hardes
dans le canal. Voilà mon pauvre compagnon désespéré. —
« Mauvais augure ! s'écria-t-il ; me voilà, dès le commencement de l'entreprise, sans chemise, sans chapeau et
sans un manuscrit précieux. » Moins féroce alors que
quand je grimpais, je lui dis tranquillement : — « Mon
cher, ces deux accidents, qui sont loin de me décourager,
vous prouvent que Dieu nous protége, car si votre chapeau, au lieu de tomber à droite, était tombé à gauche,
nous aurions été perdus, il serait tombé dans la cour du
palais, où les gardes l'auraient trouvé, et nous n'aurions
pas tardé à être repris. »

« Après avoir passé quelques minutes à regarder à
droite et à gauche, je dis au moine de rester là immobile
jusqu'à mon retour, et je m'avançai, n'ayant que mon esponton à la main, et marchant à cheval sur la sommité
du toit sans aucune difficulté. Je mis presque une heure
à parcourir les toits, allant de tous côtés visiter, observer,
mais en vain, car je ne voyais à aucun des bords rien où

16

je pusse fixer un bout de la corde. J'étais dans la plus grande perplexité. Il ne fallait plus penser ni au canal ni à la cour du palais, et le dessus de l'église n'offrait à ma vue, entre les coupoles, que des précipices qui n'aboutissaient à rien d'ouvert. Pour aller au delà de l'église, vers la *Canonica*, j'aurais dû gravir des pentes si roides, que je ne voyais pas la possibilité d'en venir à bout.

« Il fallait pourtant en finir, sortir de là ou rentrer dans le cachot, peut-être pour n'en jamais sortir, ou me précipiter dans le canal. J'arrêtai ma vue sur une lucarne du côté du canal et aux deux tiers de la pente. Elle était assez éloignée de l'endroit d'où j'étais parti pour que je pusse juger que le grenier qu'elle éclairait n'appartenait pas à l'enclos des prisons que j'avais brisées. Elle ne pouvait éclairer que quelque galetas, habité ou non, au-dessus de quelque appartement du palais, où au point du jour j'aurais naturellement trouvé les portes ouvertes. Dans cette idée, il fallait que je visitasse le devant de la lucarne ; et, me laissant glisser doucement en ligne droite, je me trouvai bientôt à cheval sur son petit toit. Appuyant alors mes mains sur les bords, je tendis la tête en avant et je parvins à voir et à toucher une petite grille, derrière laquelle se trouvait une fenêtre garnie de carreaux de vitre enchâssés dans de minces lames de plomb. La fenêtre ne m'embarrassait pas ; mais la gille, toute mince qu'elle était, me paraissait offrir une difficulté invincible, car il me semblait que sans une lime je ne pouvais en venir à bout, et je n'avais que mon esponton. J'étais confus et je commençais à perdre courage, lorsque la chose la plus simple et la plus naturelle vint pour ainsi dire retremper mon être. La cloche de Saint-Marc, qui sonna minuit en cet instant, produisit le phénomène qui frappa mon esprit et qui, par une violente secousse, me fit sortir de l'état de perplexité qui m'accablait. Cette cloche me rappela que le jour qui allait commencer était celui de la Toussaint ; que ce jour-là devait être la fête de mon patron, et la prédiction de mon confesseur jésuite me revint : « *Sachez que vous ne sortirez d'ici que le jour de la fête du saint patron dont vous portez le nom.* » Mais, je l'avoue, ce qui releva surtout mon courage et augmenta réellement mes forces physiques, ce fut l'oracle profond que j'avais reçu de mon cher Arioste : « *Frà il fin d'ottobre, e il capo di novembre.*

« Le son de la cloche me parut être un talisman parlant qui me disait d'agir et me promettait la victoire. Étendu à plat ventre, la tête penchée vers la petite grille, je pousse mon verrou dans le châssis qui la retenait et je me détermine à l'enlever tout entière. En un quart d'heure j'en vins à bout; la grille se trouva intacte entre mes mains, et l'ayant placée à côté de la lucarne, je n'eus aucune difficulté à rompre toute la fenêtre vitrée, malgré le sang qui coulait d'une blessure que je m'étais faite à la main gauche. A l'aide de mon esponton, suivant ma première méthode, je regagnai le faîte du toit et je m'acheminai vers l'endroit où j'avais laissé mon compagnon. Je le trouvai désespéré, furieux; il me dit les plus grosses injures, parce que l'avais laissé là si longtemps. Il m'assura qu'il n'attendait que sept heures (une heure après minuit) pour retourner dans sa prison. « Que pensiez-vous donc de moi? — Je vous croyais tombé dans quelque précipice. — Et vous ne m'exprimez que par des injures la joie que vous devez éprouver à me revoir? — Qu'avez-vous donc fait si longtemps? — Suivez-moi, vous allez le voir. »

« Ayant repris mes paquets, je m'acheminai vers la lucarne. Lorsque nous fûmes en face, je rendis à Balbi un compte exact de ce que j'avais fait, en le consultant sur les moyens à prendre pour y entrer et pénétrer dans le grenier. La chose était facile pour l'un des deux, car, au moyen de la corde, il pouvait être descendu par l'autre; mais je ne voyais pas comment le second pourrait descendre ensuite, n'ayant aucun moyen d'assujettir la corde à

l'entrée de la lucarne. En m'introduisant et en me laissant
tomber, je pouvais me casser bras et jambes, car je ne
connaissais pas la distance de la lucarne au plancher. A ce
raisonnement sage, et prononcé du ton de l'intérêt le plus
amical, ma brute me répondit par ces mots : « Descen-
dez-moi toujours, et quand je serai en bas, il vous res-
tera assez de loisir pour penser au moyen de me suivre. »

« J'avoue que, dans le premier mouvement d'indignation, je fus tenté de lui enfoncer mon esponton dans la poitrine. Un bon génie me retint, et je ne proférai pas le mot
pour lui reprocher la bassesse de son égoïsme. Au contraire, défaisant à l'instant mon paquet de cordes, je le
ceignis solidement sous les aisselles, et l'ayant fait coucher à plat ventre, les pieds en bas, je le descendis jusque
sur le toit de la lucarne. Quand il fut là, je lui dis de s'introduire dans la lucarne jusqu'aux hanches, en s'appuyant
de ses bras sur les rebords. Lorsque cela fut fait, je me
glissai le long du toit, comme je l'avais fait la première
fois, et dès que je fus sur le petit toit, je me plaçai à plat
ventre et, tenant fortement la corde, je dis au moine de
s'abandonner sans crainte. Arrivé sur le plancher du grenier, il détacha la corde, et l'ayant retirée, je trouvai
que la hauteur était de plus de cinquante pieds[1]. C'était
trop pour risquer le saut périlleux. Quant au moine, sûr
de lui, car il avait été, pendant près de deux heures, en
proie aux angoisses sur le toit où, je l'avoue, la position
n'était pas rassurante, il me cria de lui jeter les cordes,
qu'il en aurait soin. Je n'eus garde, comme on le devine,
de suivre ce sot conseil.

« Ne sachant que devenir et attendant une inspiration
de mon esprit, je grimpai derechef sur le sommet du toit,
et ma vue s'étant portée sur un endroit près d'une coupole

[1] Le plancher du dernier étage du palais n'est qu'à environ 6 mètres
au-dessous du faîte de la toiture.

que je n'avais pas encore visitée, je m'y acheminai. Je vis
une terrasse en plate-forme, couverte de plaques de plomb,
jointe à une grande lucarne fermée par deux volets. Il y
avait une cuve pleine de plâtre délayé, une truelle, et,
tout à côté, une échelle que je jugeai assez longue pour
me servir à descendre jusqu'au grenier où était mon compagnon. Ce fut assez pour me décider. Ayant passé ma
corde dans le premier échelon, je traînai cet embarrassant
fardeau jusqu'à la lucarne. Il s'agissait alors d'introduire
cette lourde masse, qui avait douze de mes brasses[1], et les
difficultés que je rencontrai me firent repentir de m'être
privé du secours du moine. J'avais poussé l'échelle de manière que l'un de ses bouts touchait à la lucarne, tandis
que l'autre dépassait la gouttière d'un tiers. Je me glissai
alors sur le toit de la lucarne, je traînai l'échelle de côté,
et, l'attirant à moi, j'attachai le bout de ma corde au huitième échelon, ensuite je la laissai couler de nouveau jusqu'à ce qu'elle fût parallèle à la lucarne; là, je m'efforçai
de la faire entrer dans la lucarne, mais il me fut impossible de l'introduire au delà du cinquième échelon, car le
bout s'arrêtant contre le toit intérieur de la lucarne, aucune force au monde n'aurait pu la faire pénétrer plus
loin sans briser ou le toit ou l'échelle. Il n'y avait pas
d'autre remède que de l'élever de l'autre bout; alors l'in-
clinaison, en détruisant l'obstacle, aurait fait couler l'é-
chelle par son propre poids, j'aurais pu placer l'échelle

[1] Le mot brasse correspond évidemment ici à la brasse des cordiers,
qui mesurait environ 1ᵐ,62. L'échelle aurait eu par conséquent
19 mètres en nombre rond. Or, il n'y a jamais eu d'échelle de cette
longueur ; les plus longues ne dépassent guère 10 mètres, et l'homme
le plus fort ne peut manœuvrer une semblable échelle, ni même la
porter. En supposant que le mot brasse pût être pris dans le sens du
braccio italien, qui mesure en moyenne environ 0ᵐ,60, on aurait encore une échelle de plus de 7 mètres, et il eût été bien difficile à
Casanova de mouvoir une pareille échelle, comme il le raconte. Fai-
sons la part de l'exagération, et laissons-le poursuivre son récit.

en travers et y attacher ma corde pour me descendre en
me glissant sans aucun danger, mais l'échelle serait restée au même endroit, et le matin elle aurait indiqué aux
archers et à Laurent l'endroit où peut-être nous nous serions trouvés encore.

« Je ne voulais pas courir le risque de perdre, par une
imprudence, le fruit de tant de fatigues et de périls, et il
fallait, pour enlever toute trace, que l'échelle entrât dans
son entier. N'ayant personne pour m'aider, je me déterminai à aller moi-même sur la gouttière pour l'élever et
atteindre le but que je me proposais. C'est ce que j'exécu-
tai, mais avec un danger si grand que, sans une espèce de
prodige, j'aurais payé ma témérité de ma vie. J'osai abandonner l'échelle en lâchant la corde sans crainte qu'elle
tombât dans le canal, parce qu'elle se trouvait comme
accrochée à la gouttière par son troisième échelon. Alors,
tenant mon esponton à la main, je me glissai doucement
jusqu'à la gouttière, tout à côté de l'échelle. La gouttière
de marbre faisait front à la pointe de mes pieds, car j'étais
couché à plat ventre. Dans cette position j'eus la force de
soulever l'échelle d'un demi-pied en la poussant en avant,
et j'eus la satisfaction de voir qu'elle avait pénétré d'un
pied dans la lucarne; le lecteur conçoit que cela diminua
considérablement son poids. Il s'agissait de la faire entrer
encore de deux pieds en la soulevant d'autant, car, après
cela, j'étais certain qu'en remontant sur le toit de la lucarne je l'aurais, au moyen de la corde, fait entrer tout à
fait. Pour parvenir à lui donner l'élévation nécessaire, je
me dressai sur mes genoux : mais la force que j'avais besoin d'employer pour réussir me fit glisser, de sorte que
tout à coup je me trouvai lancé en dehors du toit jusqu'à
la poitrine, ne me soutenant que par mes deux coudes.

« Moment affreux, dont je frémis encore, et qu'il est peut-
être impossible de se figurer dans toute son horreur ! L'instinct naturel de la conservation me fit presque à mon insu

employer toutes mes forces pour m'appuyer et m'arrêter
sur mes côtes et, je serais tenté de dire presque miraculeu-
sement, j'y réussis. Attentif à ne pas m'abandonner, je
parvins à m'aider de toute la force de mes bras jusqu'aux
poignets en même temps que je m'appuyais de mon ventre. Je n'avais heureusement rien à craindre pour l'échelle,
car dans le malheureux ou plutôt le malencontreux effort
qui avait failli me coûter si cher, j'avais eu le bonheur de
la faire entrer de plus de trois pieds, ce qui la rendait immobile. Me trouvant sur la gouttière positivement sur mes
poignets et sur mes aines, entre le bas-ventre et les cuisses, je vis qu'en élevant ma cuisse droite pour parvenir à
smettre sur la gouttière d'abord un genou et puis l'autre
je me trouverais tout à fait hors de danger. Mais je n'était
pas encore au bout de mes peines de ce côté-là. L'effort
que je fis pour réussir me causa une crampe extrêmement
douloureuse et me rendit comme perclus de tous mes
membres. Ne perdant pas la tête, je me tins immobile
jusqu'à ce que la crampe fût passée. Que ce moment était
terrible! Deux minutes après, ayant graduellement re-
nouvelé l'effort, j'eus le bonheur de parvenir à opposer
mes deux genoux à la gouttière, et dès que j'eus pris
haleine, je soulevai l'échelle avec précaution et je la fis
enfin parvenir au point qu'elle se trouva parallèle à la
lucarne. Suffisamment instruit des lois de l'équilibre et
du levier, je repris mon esponton et, suivant ma manière
de grimper, je me hissai jusqu'à la lucarne où j'achevai
facilement d'introduire toute l'échelle, dont mon compagnon reçut le bout entre ses bras. Je jetai alors dans le
grenier les hardes, les cordes et les débris de la fenêtre,
et je descendis dans le grenier, où le moine m'accueillit
fort bien.

« Bras à bras, nous nous mîmes à faire l'inspection de
l'endroit ténébreux où nous nous trouvions. Il avait une
trentaine de pas de long sur environ vingt de large. A l'un

des bouts, nous trouvâmes une porte à deux battants composée de barreaux de fer; c'était d'un mauvais augure,
mais ayant posé la main sur le loquet qui se trouvait au
milieu, il céda à la pression et la porte s'ouvrit. Nous fîmes
d'abord le tour de ce nouvel enclos, et, en voulant traverser l'endroit, nous nous heurtâmes contre une grande table entourée de tabourets et de fauteuils. Nous retournâmes
vers l'endroit où nous avions senti des fenêtres, nous en
ouvrîmes une et à la lueur des étoiles nous n'aperçûmes
que des précipices entre les coupoles. Je ne m'arrêtai pas
un seul instant à l'idée de descendre, je voulais savoir où
j'allais et je ne reconnaissais pas l'endroit où je me trouvais. Je refermai la fenêtre, nous sortîmes de la salle et
retournâmes à l'endroit où nous avions laissé nos bagages.
Épuisé outre mesure, je me laissai tomber sur le plancher
et, mettant un paquet de cordes sous ma tête, me trouvant
dans une destitution totale de forces de corps et d'esprit,
un doux sommeil s'empara de mes sens. Je m'y abandonnai si positivement que, quand bien même j'aurais su que
la mort devait en être la suite, il m'aurait été impossible
d'y résister, et je me rappelle fort bien que le plaisir que
j'éprouvai en dormant était délicieux.

« Je dormis pendant trois heures et demie. Les cris et
les violentes secousses du moine me réveillèrent avec
peine. Il me dit que douze heures venaient de sonner
(cinq heures du matin) et que mon sommeil lui paraissait
inconcevable dans la situation où nous nous trouvions.
C'était inconcevable pour lui, mais non pour moi : mon
sommeil n'avait pas été volontaire, je n'avais cédé qu'à
ma nature épuisée et, si j'ose parler ainsi, aux abois. Mon
épuisement n'avait rien de surprenant. Il y avait deux
grands jours que l'agitation m'avait empêché de prendre
aucune nourriture et de fermer l'œil; et les efforts que
je venais de faire auraient suffi pour épuiser les forces
de tout homme. Au reste, ce sommeil bienfaisant m'avait

rendu ma première vigueur, et je fus enchanté de voir l'obscurité diminuée au point de pouvoir agir avec plus d'assurance et de célérité.

« Dès que j'eus jeté les yeux autour de moi ; je m'écriai : « Ce lieu n'est pas une prison ; il doit y avoir une issue facile à trouver. » Nous nous dirigeâmes alors vers le bout opposé à la porte de fer et, dans un recoin fort étroit, je crus reconnaître une porte, je tâtonne et je finis par arrêter mes doigts sur un trou de serrure. J'y enfonce mon esponton, et en trois ou quatre coups je l'ouvre et nous entrons dans une petite chambre et je trouve une clef sur la table. Je l'essaye à une porte en face, je vois en la tournant que la serrure était ouverte. Je dis au moine d'aller chercher nos paquets et, remettant la clef sur la table où je l'avais prise, nous sortons et nous nous trouvons dans une galerie à niches remplies de papiers ; c'étaient des archives. Je découvre un petit escalier en pierre, je le descends ; j'en trouve un autre, je le descends encore ; je trouve au bout une porte vitrée que j'ouvre, et me voilà dans une salle que je connais : nous étions dans la chancellerie ducale. J'ouvre une fenêtre, il m'était facile de descendre, mais je me serais trouvé dans le labyrinthe des petites cours qui entourent l'église de Saint-Marc. Que Dieu me préserve d'une telle folie !

« Je vais à la porte de la chancellerie, je mets mon verrou dans le trou de la serrure, mais en moins d'une minute acquérant la certitude qu'il me serait impossible de la rompre, je me décide à faire vite un trou à l'un des battants. J'eus soin de choisir le côté où la planche avait le moins de nœuds, et vite en besogne. A coups redoublés de mon esponton, je crevais, je fendais le mieux que je pouvais. Le moine, qui m'aidait autant qu'il pouvait avec un gros poinçon que j'avais pris sur le bureau, tremblait au bruit retentissant que produisait mon esponton chaque fois que je tâchais de l'enfoncer dans la planche ; on devait entendre ce bruit de fort loin ; j'en sentais tout le danger, mais j'étais dans la nécessité de le braver.

« En une demi-heure le trou fut assez grand, et bien nous en prit, car il m'aurait été bien difficile de l'agrandir davantage sans le secours d'une scie. Les bords de ce trou faisaient peur, car ils étaient tout hérissés de pointes faites pour déchirer les habits et lacérer les chairs. Il était à la hauteur de 5 pieds. Ayant placé dessous deux tabourets l'un à côté de l'autre, nous montâmes dessus et le moine s'introduisit dans le trou les bras croisés et la tête en avant, et le prenant par les cuisses puis par les jambes, je parvins à le pousser dehors ; quoiqu'il y fît obscur, j'étais sans inquiétude parce que je connaissais le local. Lorsque mon compagnon fut dehors, je lui jetai nos petits effets, à l'exception des cordes dont je fis l'abandon, et, mettant un troisième tabouret sur les deux premiers, je montai dessus et, me trouvant au bord du trou à la hauteur des cuisses, je m'y enfonçai jusqu'au bas-ventre quoique avec de grandes difficultés, parce que le trou était très-étroit. N'ayant aucun point d'appui pour accrocher mes mains, ni personne qui me poussât comme j'avais poussé le moine, je lui dis de me prendre à bras-le-corps et de m'attirer à lui sans s'arrêter, dût-il ne me retirer que par morceaux. Il obéit et j'eus la constance d'endurer la douleur affreuse que j'éprouvais par le déchirement de mes flancs et de mes cuisses, d'où le sang ruisselait. Aussitôt que j'eus le bonheur de me voir dehors, je me hâtai de ramasser mes hardes, et, descendant deux escaliers, j'ouvris sans aucune difficulté la porte qui donne dans l'allée où se trouve la grande porte de l'escalier royal et, à côté, la porte du cabinet du Savio alla Scrittura. Cette grande porte était fermée comme celle des archives, et d'un coup d'œil je jugeai qu'il m'était impossible de l'entamer. Mon verrou à la main semblait me dire : « *Hic fines posuit :* Tu n'as plus que faire de moi, tu peux me déposer. » Il était

l'instrument de ma liberté, je le chérissais ; il était digne
d'être suspendu en ex-voto.sur l'autel de la délivrance et
de la liberté.

« Calme, résigné et parfaitement tranquille, je m'assis
en disant au moine de m'imiter. — « Mon ouvrage est fini,
lui dis-je ; maintenant c'est à Dieu ou à la fortune à faire
le reste.

> Abbia, chi regge il ciel, cura del resto,
> O la fortuna se non tocca a lui.

« Je ne sais si les balayeurs du palais s'aviseront de venir ici aujourd'hui, jour de la Toussaint, ni demain, jour
des Trépassés. Si quelqu'un vient, je me sauverai dès que
je verrai la porte ouverte, et vous me suivrez à la piste ;
mais si personne ne vient, je ne bouge pas d'ici et, si je
meurs de faim, tant pis. » A ce discours le pauvre homme
se mit en fureur. Il m'appela fou, désespéré, séducteur,
trompeur, menteur. Je le laissai dire, je fus impassible.
Treize heures (six heures du matin) sonnèrent sur ces
entrefaites. Depuis l'instant de mon réveil dans le grenier, il ne s'était écoulé qu'une heure.

« L'affaire importante qui m'occupa d'abord fut celle de
me changer de tout. Le P. Balbi avait l'air d'un paysan,
mais il était intact. Son gilet de flanelle rouge et sa culotte de peau violette n'étaient pas déchirés, tandis que
moi je ne pouvais inspirer que l'horreur et la pitié, car
j'étais tout en sang et tout dépouillé. Ayant arraché mes
bas de dessus mes genoux, le sang sortait de fortes écor-
chures que je m'y étais faites sur la gouttière. Le trou de
la porte de la chancellerie m'avait déchiré gilet, chemise,
culotte, hanches et cuisses ; j'avais partout d'affreuses écor-
chures. Déchirant mes mouchoirs, je me fis des bandes et
me pansai le mieux qu'il me fut possible. Je mis mon bel
habit, qui par un jour d'hiver devait paraître assez co-
mique, je mis tant bien que mal mes cheveux dans ma

bourse, je passai des bas blancs, une chemise à dentelle, faute d'autre, deux autres pareilles par-dessus, des mouchoirs et des bas dans mes poches, et je jetai dans un coin tout le reste. Je mis mon beau manteau sur les épaules du moine, et le malheureux avait l'air de me l'avoir volé. Je devais ressembler assez bien à un homme qui, après avoir été au bal, aurait passé la nuit dans un cabaret où il aurait été échevelé. Il n'y avait que les bandages qu'on voyait à mes genoux qui déparassent mon intempestive élégance.

« Ainsi paré, mon beau chapeau à point d'Espagne d'or et à plumet blanc sur la tête, j'ouvris une fenêtre. Ma figure fut d'abord remarquée par des oisifs qui se trouvaient dans la cour du palais, et qui, ne comprenant pas comment quelqu'un fait comme moi pouvait se trouver de si bonne heure à cette fenêtre, allèrent avertir celui qui avait la clef de cet endroit. Le concierge crut qu'il pouvait y avoir enfermé quelqu'un la veille et, étant allé prendre les clefs, il vint. J'étais fâché de m'être fait voir à la fenêtre ne sachant pas qu'en cela le hasard m'avait servi à souhait. Je m'étais assis près du moine qui me disait des sottises, lorsqu'un bruit de clefs vint frapper mon oreille. Tout ému, je me lève et, collant mon œil contre une petite fente qui heureusement séparait les deux ais de la porte, je vis un homme seul, coiffé d'une perruque sans chapeau, qui montait lentement l'escalier avec un gros trousseau de clefs à la main. Je dis au moine d'un ton très-sérieux de ne pas ouvrir la bouche, de se tenir derrière moi et de suivre mes pas. Je prends mon esponton que je tiens de la main droite caché sous mon habit et je vais me placer à l'endroit de la porte où je pouvais sortir dès qu'elle serait ouverte et enfiler l'escalier. J'envoyais des vœux à Dieu pour que cet homme ne fit aucune résistance ; car dans le cas contraire je me serais vu forcé de le terrasser, et j'y étais déterminé.

« La porte s'ouvrit, et, à mon aspect, ce pauvre homme demeura comme pétrifié. Sans m'arrêter, sans mot dire, profitant de sa stupéfaction, je descends précipitamment l'escalier, et le moine me suit. Sans avoir l'air de fuir, mais allant vite, je pris le magnifique escalier appelé des Géants ; méprisant la voix du P. Balbi, qui ne cessait de me crier : « Allons dans l'église, » je poursuivis mon chemin. La porte de l'église n'était qu'à vingt pas de l'escalier, mais les églises n'étaient déjà plus, à Venise, des lieux de sûreté pour les criminels, et personne ne s'y réfugiait plus. Le moine le savait, mais la peur lui ôtait la mémoire.

« L'immunité que je cherchais était au delà des frontières de la très-sérénissime République, et je commençais à m'y acheminer. Je me dirigeai droit à la porte royale du palais ducal (*porta della Carta*), et, sans regarder personne, moyen d'être moins observé, je traverse la Piazzetta, je vais au rivage et j'entre dans la première gondole que je trouve, en disant au gondolier : « Je veux aller à Fusine ; appelle vite un autre rameur. » Il était tout près, et pendant qu'on détache la gondole, je me jette sur le coussin du milieu, tandis que le moine se place sur la banquette. La figure bizarre de Balbi, sans chapeau, ayant un beau manteau sur ses épaules, mon accoutrement hors de saison, tout dut me faire prendre pour un charlatan ou pour un astrologue.

« Dès que nous eûmes doublé la douane, les gondoliers commencèrent à fendre avec vigueur les eaux du canal de la Giudecca, par lequel il faut passer soit pour aller à Fusine, soit pour aller à Mestre, où effectivement je voulais aller. Lorsque je me vis à moitié du canal, je mis la tête dehors, et je dis au barcarol de poupe : « Crois-tu que nous soyons à Mestre avant quinze heures (huit heures du matin) ? — Mais, monsieur, vous m'avez dit d'aller à Fusine. — Tu es fou, je t'ai dit d'aller à Mestre. » Le second

barcarol me dit que je me trompais ; et mon sot de moine,
zélé chrétien et grand ami de la vérité, ne manqua pas de
répéter que j'avais tort. J'avais envie de lui lâcher un coup
de pied pour le punir d'être si bête ; mais réfléchissant .
que n'a pas du bon sens qui veut, je me mis à rire aux
éclats, convenant que je pouvais m'être trompé, mais
ajoutant que mon intention était d'aller à Mestre. On ne
me répliqua pas, et un instant après le gondolier me dit
qu'il était prêt à me conduire en Angleterre si je le voulais. — « Bravo ! va à Mestre. — Nous y serons dans trois
quarts d'heure, car nous avons pour nous le vent et le
courant. »

« Très-satisfait, je regarde derrière moi le canal, qui
me parut plus beau que je ne l'avais jamais vu, et surtout
parce qu'il n'y avait aucun bateau qui vînt de notre côté.
La matinée était superbe, l'air pur, les premiers rayons
du soleil magnifiques ; nos deux jeunes barcarols ra-
maient avec autant d'aisance que de vigueur. Réfléchissant à la cruelle nuit que je venais de passer, aux dangers auxquels je venais d'échapper, au lieu où j'étais
enfermé la veille, à toutes les combinaisons du hasard qui
m'avaient été favorables, à la liberté dont je commençais
à jouir et dont j'avais la plénitude en perspective, tout
cela m'émut si violemment que, plein de reconnaissance
envers Dieu, je me sentis suffoqué par le sentiment, et
je fondis en larmes.

« Mon adorable compagnon, qui jusqu'alors n'avait proféré le mot que pour donner raison aux gondoliers, crut
devoir se mettre en frais de consolations. Il se trompait
sur la cause de mes larmes, et de la façon dont il s'y
prit, il me fit en effet passer de la délicieuse affliction à
un rire d'une espèce singulière qui le jeta dans une terreur contraire, car il crut que j'étais devenu fou. Ce pauvre moine, comme je l'ai dit, était bête, et sa méchanceté
ne provenait que de sa bêtise. J'avais été dans la dure

nécessité d'en tirer parti; mais, quoique sans intention, il faillit me perdre.

« Nous arrivâmes à Mestre. Je ne trouvai pas de chevaux à la poste, mais il y avait bon nombre de voituriers qui vont aussi vite, et je fis mes accords avec l'un d'eux pour qu'il me menât, en cinq quarts d'heure, à Trévise. En trois minutes les chevaux furent mis, et, supposant le P. Balbi derrière moi, je me retournai pour lui dire : « Montons; mais il n'était pas là. Je dis à un garçon d'écurie d'aller le chercher, décidé à le réprimander, quelle que fût la cause de son absence. On vint me dire qu'on ne le trouvait pas. J'étais furieux. L'idée me vint de l'abandonner, je le devais; un sentiment d'humanité me retint. Je descends, je m'informe : tout le monde l'a vu, mais personne ne sait me dire où il est ni où il peut être. Je parcours les arcades de la grande rue, et m'avisant, par instinct, de mettre la tête dans la fenêtre d'un café, je vois ce malheureux au café, debout et prenant du chocolat. Il me voit, et m'engage à prendre une tasse de chocolat, en me disant de payer la sienne, parce qu'il n'avait pas le sou. Réprimant mon indignation : « Je n'en veux pas, lui dis-je, et dépêchez-vous. » En même temps, je lui serrai le bras de façon à le faire pâlir de douleur. Je paye, et nous sortons. Je tremblais de colère. Nous arrivons, nous montons en voiture, mais, à peine avions-nous fait six pas, que je rencontre un habitant de Mestre, nommé Balbi Tommasi, bon homme, mais ayant la réputation d'être un des familiers du saint office inquisitorial de la République. Il me connaissait, et, s'approchant, il me crie : — « Comment, monsieur! vous ici? Je suis charmé de vous voir. Vous venez donc de vous sauver? Comment avez-vous fait? — Je ne me suis pas sauvé, monsieur; on m'a donné mon congé. — Cela n'est pas possible, car hier soir encore j'étais à la maison de M. Grimani, et je l'aurais su. »

« Lecteur, il vous sera plus facile de deviner l'état où
je devais me trouver en ce moment, qu'il ne me le serait
de vous le peindre. Je me voyais découvert par un homme
que je croyais payé pour m'arrêter, qui, pour cela, n'a-
vait besoin que de cligner de l'œil au premier sbire, et
Mestre en était plein. Je lui dis de parler bas, et, descendant de voiture, je le priai de venir un peu de côté,
je le menai derrière la maison ; là, me trouvant seul avec
lui, et près d'un fossé au delà duquel on est en rase
campagne, je m'arme de mon esponton et je le prends au
collet. Voyant mon intention, il fait un effort, il m'é-
chappe et franchit le fossé. Aussitôt, sans se détourner,
il se mit à courir à toutes jambes en ligne droite. Dès
qu'il fut un peu éloigné, ralentissant sa course, il tourna
la tête et m'envoya des baisers en signe de souhaits de
bon voyage. Quand je l'eus perdu de vue, je rendis grâce
à Dieu que cet homme, par son agilité, m'eût préservé de
commettre un crime, car j'allais l'assommer, et il paraît
qu'il n'avait pas de mauvaises intentions.

« Morne comme un homme qui vient d'échapper à un
grand péril, je donnai un coup d'œil de mépris au lâche
moine qui voyait à quel danger il nous avait exposés, et
je remontai dans la chaise. Je pensai au moyen de me
délivrer de ce malotru qui n'osait pas ouvrir la bouche.
Nous arrivâmes à Trévise sans autre rencontre, et je dis
au maître de poste de me tenir prêts deux chevaux et une
voiture pour dix-sept heures (dix heures du matin) ; mais
mon intention n'était pas de continuer ma route en poste,
d'abord parce que je n'en avais pas le moyen, et puis
parce que je craignais d'être poursuivi. L'aubergiste me
demanda si je voulais déjeuner ; j'en avais besoin pour
me conserver la vie, car je mourais d'inanition, mais je
n'eus pas le courage d'accepter. Un quart d'heure de
perdu pouvait m'être fatal.

« Je sortis par la porte Saint-Thomas, comme en me pro-

menant, et après avoir fait un mille sur le grand chemin, je me jetai dans les champs avec l'intention de ne
plus en sortir aussi longtemps que je me trouverais dans
les États de la République. Le plus court était de passer
par Bassano; mais je pris par le plus long, parce qu'il
n'était pas impossible qu'on m'attendît au débouché le
plus voisin, tandis qu'il était probable qu'on ne s'imagi-
nerait pas que, pour sortir de l'État, je prisse par le chemin de Feltre, qui, pour se rendre dans la juridiction de
l'évêque de Trente, était la ligne la plus longue.

« Après avoir marché trois heures, je me laissai tomber
par terre, n'en pouvant plus. J'avais besoin de quelque
nourriture, ou bien il fallait se disposer à mourir là. Je
dis au moine de mettre le manteau près de moi et d'aller
à une ferme que je voyais, se procurer, en payant, quelque chose à manger et de me l'apporter. Je lui donnai
l'argent nécessaire. Il partit en me disant qu'il me croyait
plus courageux. Ce malheureux ignorait ce que c'est
que le courage; mais il était plus vigoureux que moi, et
sans doute avant de quitter la prison, il s'était bien meublé l'estomac.

« Quoique la maison ne fût pas une auberge, la bonne
fermière m'envoya par une paysanne un dîner suffisant
qui ne me coûta que 30 sous de Venise. Après avoir bien
satisfait mon appétit, sentant que le sommeil allait me gagner, je me hâtai de me mettre en marche, assez bien
orienté. Après quatre heures de marche, je m'arrêtai
derrière un hameau, et je sus que j'étais à 24 milles
(42 kilomètres) de Trévise. J'étais rendu, j'avais les chevilles enflées et les souliers déchirés; je n'avais plus
qu'une heure de jour. M'étant étendu au milieu d'un
bouquet de bois, je fis asseoir le P. Balbi près de moi, et
je lui tins ce discours : « Nous allons aller à Borgo di
Val Sugana, c'est la première ville qu'on trouve au delà
des frontières de la république. Là, nous serons aussi

17

en sûreté qu'à Londres, et nous pourrons nous reposer;
mais pour y parvenir, nous avons besoin d'user de précautions essentielles, et la première est de nous séparer.
Vous irez par les bois de Mantello, moi par les montagnes; vous par la voie la plus facile et la plus courte, moi
par la plus longue et la plus difficile; enfin, vous avec de
l'argent et moi sans un sou; je vous fais présent de mon
manteau, que vous troquerez contre une capote et un chapeau. Voilà tout l'argent qui me reste des deux sequins du
comte Asquin, ce sont dix-sept livres, prenez-les. Vous serez
à Borgo après demain au soir et j'y arriverai vingt-quatre
heures plus tard. Vous m'attendrez à la première auberge
à main gauche et vous pouvez compter de m'y voir arriver. Pour cette nuit j'ai besoin de dormir dans un bon lit
et la Providence me le fera trouver quelque part; mais
il faut que j'y repose tranquillement et avec vous ce serait
impossible. Je suis sûr qu'actuellement on nous cherche
partout et que nos signalements sont si bien donnés, qu'on
nous arrêterait dans toute auberge où nous oserions entrer
ensemble. Vous voyez le triste état où je me trouve et le
besoin indispensable que j'ai de me reposer dix heures.
Adieu donc, allez-vous-en et laissez-moi m'en aller seul
de mon côté. Je trouverai un gîte dans ces alentours.

« — Je m'attendais à ce que vous venez de me dire, me
répondit Balbi; mais pour toute réponse je ne vous rap-
pellerai que ce que vous m'avez promis lorsque je me suis
laissé persuader de rompre votre cachot. Vous m'avez promis que nous ne nous séparerions plus; ainsi n'espérez pas
que je vous quitte, votre destinée sera la mienne, la mienne
sera la vôtre. Nous trouverons un bon gîte pour notre
argent et nous n'irons pas aux auberges; on ne nous
arrêtera pas. — Vous êtes donc déterminé à ne pas suivre
le bon conseil que la prudence me fait vous donner? —
Oui, très-déterminé. — Nous verrons. »

« Je me levai, non sans efforts, je pris la mesure de sa

« Je vais vous enterrer ici mort ou vif. » (Casanova.)

taille et je la transportai sur le terrain ; puis tirant mon
esponton de ma poche, je me courbe, presque couché sur
mon côté gauche, et je commence une petite excavation,
avec le plus grand sang-froid et sans rien répondre aux
questions qu'il m'adressait. Après un quart d'heure d'ouvrage, je me mis à le regarder tristement et je lui dis qu'en
bon chrétien je me croyais obligé de lui dire qu'il devait
recommander son âme à Dieu. — « Car je vais vous enterrer ici mort ou vif, et si vous êtes plus fort que moi,
ce sera vous qui m'enterrerez. Voilà l'extrémité à laquelle
me réduit votre brutale obstination. Vous pouvez cependant vous sauver, car je ne courrai pas après vous. »
Voyant qu'il ne me répondait pas, je me remis à l'ouvrage ;
mais j'avoue que je commençais à craindre de me voir
pousser à bout par cette brute, et j'étais déterminé à
m'en défaire. Enfin, soit peur ou réflexion, il se jeta près
de moi. Ne devinant pas ses intentions, je lui présentai
la pointe de mon esponton ; mais je n'avais rien à redouter.—« Je vais faire, me dit-il, tout ce que vous voulez. »
Aussitôt je l'embrasse et, lui ayant donné tout l'argent
que j'avais, je lui réitérai la promesse de l'aller rejoindre à Borgo.

« Dès que je le vis assez loin, je me levai et, ayant
aperçu à peu de distance un berger qui gardait un petit
troupeau sur une colline, je me dirigeai vers lui. — « Mon
ami, lui dis-je, comment s'appelle ce village ? — *Val de
Piene*, signor. » J'en fus surpris, car j'avais fait plus de
chemin que je ne croyais. Je lui demandai alors le nom
des maîtres de cinq ou six maisons que je voyais à la
ronde et, par hasard, tous ceux qu'il me nomma étaient
des personnes de ma connaissance, chez qui je ne devais
pas aller porter le trouble par mon apparition. Lui ayant
demandé le nom d'un palais que je voyais : « Palazzo Grimani, » me dit-il. Le doyen de cette famille était inquisiteur d'État, et devait se trouver en ce moment à sa campa-

gne; il fallait donc bien me garder de m'y montrer.
Enfin le berger m'indiqua une dernière maison comme
celle du chef des sbires... »

L'idée vint à Casanova d'aller loger là plutôt que partout ailleurs. Il entre dans la cour, demande à un enfant
qui y jouait où est son père; l'enfant appelle sa mère, qui
demande à l'étranger ce qu'il veut à son mari, s'excusant
de son absence. — « Je suis fâché que mon compère n'y
soit pas, autant que charmé de faire la connaissance de sa
belle épouse. — Votre compère? je parle donc à Son Ex-
cellence M. Vetturi? Mon mari m'a dit que vous aviez eu
la bonté de lui promettre d'être le parrain de l'enfant que je
porte. Mon mari sera au désespoir de ne pas s'être trouvé
chez lui. — J'espère qu'il ne tardera pas à rentrer, car
je veux lui demander à coucher pour cette nuit, je n'ose
aller nulle part dans l'état où vous me voyez. — Vous aurez le meilleur lit de la maison et je vous procurerai un
assez bon souper. Mon mari ira remercier Votre Excel-
lence de l'honneur que vous nous faites, aussitôt qu'il
sera de retour. Il est parti il y a une heure et je ne l'attends que dans deux ou trois jours. — Pourquoi res-
tera-t-il donc si longtemps, ma charmante commère? —
Vous ne savez donc pas que deux prisonniers se sont
échappés des Plombs? L'un est patricien, l'autre un particulier nommé Casanova; mon mari a reçu de Messer
Grande l'ordre de les chercher. »

Après avoir expliqué l'état de ses genoux par une chute
de cheval à la chasse, ce qui fut cru avec beaucoup de
naïveté par cette jeune femme d'archer, qui, dit Casanova, n'avait pas l'esprit de son métier, il fut livré par
elle aux soins de sa mère, vénérable dame, qui le pansa
en l'appelant son fils. Complétement remis par douze
heures de sommeil, il partit à six heures du matin sans
dire adieu à personne, pas même à deux individus de mine
suspecte qui se tenaient près de la porte, deux sbires sans

doute. Frémissant du danger qu'il venait de courir, il marcha pendant cinq heures à travers les bois et les montagnes, sans rencontrer personne que quelques paysans. Vers
midi, le son d'une cloche attire son attention sur une petite
église, dans un fond de vallée. C'était le jour des Morts,
l'idée lui vient d'entendre la messe. Il entre dans l'église et
y voit un homme qu'il croyait son ami, Marc-Antoine Grimani, le neveu de l'inquisiteur, avec sa femme. On se sa-
lue mutuellement. Après la messe, il sort et Grimani le
suit seul. — « Que faites-vous ici, Casanova, où est votre
compagnon ? — Je lui ai donné le peu d'argent que j'avais
pour qu'il se sauvât par une autre route ; si Votre Excel-
lence voulait me donner quelque secours, je me tire-
rais plus facilement d'affaire. — Je ne puis rien vous donner, mais vous trouverez sur votre chemin des ermites qui
ne vous laisseront pas mourir de faim. Mais contez-moi
donc comment vous vous êtes échappé des Plombs. — Ce
serait fort intéressant, mais trop long ; pendant ce temps
les ermites mangeraient leurs provisions. »

Après avoir marché tout le jour, il trouva une hospitalité désintéressée dans une maison isolée, puis dans un
couvent de capucins ; enfin il arriva chez un de ses amis
qui, tout épouvanté de voir un fugitif dans sa demeure,
refusa de lui donner même un verre d'eau. Casanova n'avait
pas cru devoir user de violence envers le comte Asquin,
mais cette fois il n'avait pas affaire à un vieillard. Il obtint par la menace, son esponton à la main, qu'on lui
donnât six sequins, puis continua sa route. Enfin, après
avoir passé la nuit chez un paysan, il acheta de vieux vêtements et loua un âne sur le dos duquel il passa la frontière, sans que les hommes du poste lui fissent l'honneur
de lui demander son nom. Arrivé de bonne heure à Borgo
di Val Sugana, il y trouva le moine, dont le compliment
de bienvenue fut qu'il ne comptait pas sur lui.

LATUDE

— 1750-1784 —

Masers de Latude naquit, en 1725, au château de Crai-
seih, près de Montagnac en Languedoc. Son père, le mar-
quis de Latude, était officier supérieur. Le jeune Latude
fut destiné au génie militaire. Pendant qu'il étudiait à Paris, en 1749, à l'âge de vingt-quatre ans, il eut la malheureuse idée de recourir à une supercherie pour attirer sur
lui l'attention et la protection de madame de Pompadour.
Il mit à la poste une petite boîte de carton, contenant une
poudre insignifiante, et portant l'adresse de la marquise ;
puis alla, à Versailles, lui déclarer que deux individus
voulaient l'empoisonner, qu'il avait surpris leur secret et
venait l'en prévenir. A l'expression d'une vive reconnaissance succéda bientôt chez la marquise le soupçon d'une
fraude ; elle demanda au jeune homme quelques lignes
de son écriture, et la vérité fut bientôt découverte par
l'identité de cette écriture et de celle de l'adresse que
portait la boîte. Quelques jours après, Latude était à la
Bastille.

Au bout de quatre mois, on le transféra au château de
Vincennes. Il avait tout lieu de se croire prisonnier pour
la vie ; il savait du moins que madame de Pompadour s'é-
tait montrée inexorable à son égard.

« Mon courage ne se soutint, dit-il dans ses Mémoires,
que par l'espoir que je pourrais un jour me procurer ma

liberté; je conçus que je ne devais l'attendre que de moi-
même; dès lors je ne m'occupai que des moyens d'y parvenir. Je voyais tous les jours un ecclésiastique âgé se
promener dans un jardin qui fait partie du château. J'appris qu'il y était enfermé depuis longtemps pour cause de
jansénisme. L'abbé de Saint-Sauveur, fils d'un ancien lieutenant du roi à Vincennes, avait la liberté de venir causer
avec lui dans ce jardin, et il en profitait souvent. Notre
janséniste, d'ailleurs, enseignait à lire et à écrire aux
enfants de plusieurs officiers du château; l'abbé et les
enfants allaient et venaient sans qu'on y fît beaucoup d'attention. L'heure à laquelle se faisaient ces promenades
était à peu près celle à laquelle on me menait dans un
jardin voisin, qui est aussi dans l'enclos du château.
M. Berryer (le lieutenant de police) avait ordonné qu'on
m'y laissât deux heures par jour, pour prendre l'air et ré-
tablir ma santé. Deux porte-clefs venaient me prendre et
me conduisaient; quelquefois le plus âgé allait m'attendre
au jardin, et le plus jeune venait seul ouvrir les portes de
ma prison : je l'habituai pendant quelque temps à me voir
descendre l'escalier plus vite que lui; et, sans l'attendre,
je rejoignais son camarade; arrivé au jardin, il me trouvait toujours avec ce dernier.

« Un jour, résolu à quelque prix que ce fût de m'échapper, il eut à peine ouvert la porte de ma chambre que je
m'élançai sur l'escalier; j'étais en bas de la tour avant
qu'il eût pensé à me suivre; je fermai au verrou une porte
qui s'y trouve, pour rompre toute communication entre
les deux porte-clefs pendant que j'exécuterais mon projet;
il y avait quatre sentinelles à tromper : la première était à
une porte qui conduisait hors du donjon, et qui était toujours fermée; je frappe, la sentinelle ouvre; je demande
l'abbé de Saint-Sauveur avec vivacité : « Depuis deux heures,
dis-je, notre prêtre l'attend au jardin; je cours après lui
de tous côtés sans pouvoir le rencontrer... » En disant cela,

je continuai toujours à marcher avec la même vitesse. A
l'extrémité de la voûte, qui est au-dessous de l'horloge, je
trouve une seconde sentinelle; je lui demande s'il y avait
longtemps que l'abbé de Saint-Sauveur était sorti; elle me
répond qu'elle n'en sait rien et me laisse passer; même
question à la troisième, qui était de l'autre côté du pont-
levis, et qui m'assure qu'elle ne l'a pas vu : « Je l'aurai
bientôt trouvé! m'écriai-je. Transporté de joie, je cours,
je saute comme un enfant; j'arrive dans cet état devant
une quatrième sentinelle qui, bien éloignée de me soupçonner un prisonnier, ne trouve pas plus surprenant que
les autres de me voir courir après l'abbé de Saint-Sauveur : je franchis le seuil de la porte, je m'élance, je me
dérobe à leurs regards; je suis libre.

« Je courus à travers les champs et les vignes, en m'é-
cartant le plus que je pouvais du grand chemin; je vins
m'enfermer à Paris, dans un hôtel garni, et jouir enfin du
bonheur de me retrouver libre après quatorze mois de
captivité. »

Ayant eu l'imprudence d'adresser au roi un mémoire
pour s'excuser de sa faute et demander que l'expiation fût
considérée comme suffisante, Latude fut arrêté de nouveau et reconduit à la Bastille, où on le mit au cachot. Il y
resta dix-huit mois; puis le lieutenant de police Berryer lui
fit donner une chambre, et bientôt lui adjoignit un compagnon de son âge à peu près, nommé d'Alègre, et dont le
crime était aussi d'avoir offensé madame de Pompadour.

« Il ne devait, dans de semblables circonstances, rester
à des jeunes gens que deux partis : mourir ou se sauver.
Pour tout homme qui a eu la plus légère idée de la situation de la Bastille, de son enceinte, de ses tours, de son
régime... le projet, l'idée seule de s'en échapper ne peut
paraitre que le fruit du délire... J'étais cependant maître
de mes esprits en m'y arrêtant; et l'on va juger qu'il fallait une âme peu commune, et peut-être une très-forte,

pour concevoir, méditer et exécuter un semblable projet.

« Il ne fallait pas penser à s'évader de la Bastille par les portes, toutes les impossibilités physiques se réunissaient pour rendre cette voie impraticable; restait donc la ressource des airs. Nous avions bien dans notre chambre une cheminée dont le tuyau aboutissait au haut de la tour, mais, comme toutes celles de la Bastille, elle était pleine de grilles, de barreaux qui, en plusieurs endroits, laissaient à peine un passage libre à la fumée. Fussions-nous arrivés au sommet de la tour, nous avions sous les pas un abime de près de 200 pieds de hauteur[1]; au bas, un fossé dominé par un mur très-élevé qu'il fallait encore franchir. Tant d'obstacles, tant de dangers ne me rebutèrent pas; je voulus communiquer mon idée à mon camarade; il me regarda comme un insensé. Je dus m'occuper seul de ce dessein... Il fallait grimper au haut de la cheminée, malgré les grilles de fer; il fallait, pour descendre du haut de la tour dans le fossé, une échelle de 180 pieds au moins; une seconde, nécessairement de bois, pour en sortir; il·fallait, dans le cas où je me procurerais des matériaux, les dérober à tous les regards, travailler sans bruit, tromper la foule de mes surveillants.

« Le premier objet dont je devais m'occuper, c'était de découvrir un lieu où nous pussions cacher nos outils et nos matériaux. A force de rêver, je m'arrêtai à une idée qui me parut heureuse. J'avais habité diverses chambres à la Bastille et, toutes les fois que celles qui se trouvaient au-dessus ou au-dessous de moi étaient occupées, j'avais parfaitement distingué le bruit qu'on faisait dans l'une ou dans l'autre. Pour cette fois, j'entendais tous les mouvements du prisonnier qui était au-dessus et rien du tout de

---

[1] D'après un dessin coté, qui existe au cabinet des estampes de la Bibliothèque nationale, les tours de la Bastille avaient en hauteur, du parapet au fond du fossé, 95 pieds, ou 30^m,85.

celui qui était au-dessous. J'étais sûr cependant qu'il y en
avait un. A force de calculs je crus entrevoir qu'il pourrait bien y avoir un double plancher, séparé peut-être par
quelque intervalle. Voici le moyen dont j'usai pour m'en
convaincre.

« Il y avait à la Bastille une chapelle où tous les jours
on disait une messe et le dimanche trois. La permission
d'assister à la messe était une faveur spéciale que l'on
n'accordait que très-difficilement. M. Berryer nous en faisait jouir ainsi que le prisonnier qui occupait la chambre
du n° 3, c'est-à-dire celle au-dessous de la nôtre.

« Je résolus de profiter, au sortir de la messe, du moment où celui-ci ne serait pas encore renfermé pour jeter
un coup d'œil sur sa chambre. J'indiquai à d'Alègre un
moyen de me faciliter cette visite; je lui dis de mettre son
étui dans son mouchoir et, quand nous serions au second
étage, de tirer son mouchoir, de faire en sorte que l'étui
tombât le long des degrés et de dire au porte-clefs d'aller le
ramasser. Tout ce petit manége se pratiqua à merveille.
Pendant que Daragon (le porte-clefs) courait après l'étui, je
monte vite au n° 3, je tire le verrou de la porte, je regarde
la hauteur du plancher, je remarque qu'il n'avait pas plus
de 10 pieds et demi de hauteur, je referme la porte et, de
cette chambre à la nôtre, je compte 32 degrés; je mesure
la hauteur de l'un deux et je trouve qu'il y avait entre le
plancher de notre chambre et le plafond de celle au-dessous, un intervalle de 5 pieds et demi. Il ne pouvait être
comblé ni par des pierres ni par du bois, le poids aurait été énorme; j'en conclus qu'il devait y avoir un vide
de 4 pieds entre les planchers. — « Mon ami, dis-je à
d'Alègre, nous sommes sauvés, nous pouvons cacher nos
cordes et nos matériaux. — Des cordes, des matériaux, où
sont-ils? où nous en procurerons-nous? — Des cordes!
nous en avons plus qu'il ne nous en faut, cette malle, en
lui montrant la mienne, en contient plus de 1,000 pieds.

—Votre malle, dites-vous? je sais comme vous ce qu'elle contient, il n'y en a pas un pouce — Eh quoi! n'ai-je pas une quantité de linge, douze douzaines de chemises, beaucoup de serviettes, de bas, de coiffes et autres choses? Nous les effilerons et nous en aurons des cordes. »

« Nous avions une table pliante soutenue par deux fiches de fer; nous leur fîmes un taillant en les repassant sur un carreau du plancher; d'un briquet nous fabriquâmes, en moins de deux heures, un bon canif avec lequel nous fîmes deux manches à ces fiches dont le principal usage devait être d'arracher les grilles de fer de notre cheminée.

« Le soir, après que toutes les visites de la journée furent faites, nous levâmes, au moyen de nos fiches, un carreau du plancher et nous nous mîmes à creuser de telle sorte qu'en moins de six heures nous l'eûmes percé; nous vîmes alors que nos conjectures étaient fondées et nous trouvâmes entre les deux planchers un vide de 4 pieds. Nous remîmes le carreau, qui ne paraissait pas avoir été levé.

« Ces premières opérations faites, nous décousîmes deux chemises et leurs ourlets, et nous en tirâmes les fils l'un après l'autre; nous les nouâmes tous et nous en fîmes un certain nombre de pelotons que nous réunîmes ensuite en deux grosses pelottes, chacune avait cinquante filets de 60 pieds de longueur; nous les tressâmes, ce qui nous donna une corde de 55 pieds de long environ, avec laquelle nous fîmes une échelle de 20 pieds qui devait nous servir à nous soutenir en l'air pendant que nous arracherions les barres et les pointes de fer dont la cheminée était armée. Cette besogne fut la plus pénible et la plus embarrassante, elle nous demanda six mois d'un travail dont l'idée fait frémir. Nous ne pouvions y travailler qu'en pliant le corps et en le torturant par les postures les plus gênantes; nous ne pouvions résister plus d'une heure à cette situation et nous ne descendions qu'avec les mains ensanglantées. Ces barres de fer étaient scellées dans un ciment extrèmement dur que nous ne pouvions amollir qu'en soufflant de l'eau avec notre bouche dans les trous que nous pratiquions.

« Qu'on juge de tout ce que cette besogne avait de pénible, en apprenant que nous étions satisfaits quand, dans une nuit entière, nous avions enlevé l'épaisseur d'une ligne de ce ciment! A mesure que nous arrachions une barre de fer, il fallait la replacer dans son trou pour que, dans les fréquentes visites que nous essuyions, on ne s'aperçût de rien et de manière à pouvoir les enlever toutes au moment où nous serions dans le cas de sortir.

« Après six mois de ce travail opiniâtre et cruel, nous nous occupâmes de l'échelle de bois qui nous était nécessaire pour monter du fossé sur le parapet et de ce parapet dans le jardin du gouverneur. Il lui fallait 20 à 25 pieds de longueur. Nous y consacrâmes le bois qu'on nous donnait pour nous chauffer; c'étaient des bûches de 18 à 20 pouces. Il nous fallait aussi des moufles et beaucoup d'autres choses pour lesquelles il était indispensable de nous procurer une scie; j'en fis une avec un chandelier de fer, au moyen de la seconde partie du briquet dont j'avais transformé la première en canif ou petit couteau. Avec ce morceau de briquet, cette scie et les fiches, nous dégrossissions nos bûches, nous leur faisions des charnières et des tenons pour les emboîter les unes dans les autres, avec deux trous à chaque charnière et à son tenon pour y passer un échelon et deux chevilles pour l'empêcher de vaciller. Nous ne fîmes à cette échelle qu'un bras; nous y mîmes vingt échelons de 15 pouces chacun; le bras avait 5 pouces de diamètre, par conséquent chaque échelon excédait ce bras de 6 pouces de chaque côté. A chaque morceau de cette échelle nous avions attaché son échelon à sa cheville avec une ficelle, de manière à pouvoir la monter facilement pendant la nuit. A mesure que nous avions achevé et perfectionné un de ces morceaux, nous le cachions entre les deux planchers.

« C'est avec ces outils que nous garnîmes notre atelier. Nous nous procurâmes compas, équerre, règle, dévidoir, moufles, échelons, etc., etc. Tout cela, comme on le comprend, soigneusement caché dans notre magasin. Il y avait un danger auquel nous ne pouvions nous soustraire qu'avec les précautions les plus attentives. J'ai déjà prévenu qu'indépendamment des visites très-fréquentes que faisaient les porte-clefs et divers officiers de la Bastille au moment où on s'y attendait le moins, un des usages du lieu était d'épier les actions et les discours des prisonniers. Nous pouvions nous soustraire aux regards en ne faisant que la nuit nos principaux ouvrages et en évitant avec soin d'en laisser apercevoir les moindres traces ; car un copeau, le moindre débris pouvait nous trahir, mais il fallait tromper aussi les oreilles de nos espions. Nous nous entretenions nécessairement sans cesse de notre objet ; il fallait donc éviter de donner des soupçons ou les détourner en confondant les idées de ceux qui pouvaient nous entendre. Pour cela nous fîmes un dictionnaire particulier. Nous appelions la scie *faune*, le dévidoir *Anubis*, les fiches *Tubalcain*, le trou que nous avions fait à notre plancher *Polyphème*, l'échelle de bois *Jacob*, échelons *rejetons*, cordes *colombes*, de leur blancheur, peloton de fil *petit frère*, canif *toutou*, etc... Nous étions sans cesse sur nos gardes et nous fûmes assez heureux pour tromper la surveillance de tous nos argus.

« Les premières opérations dont j'ai parlé plus haut étant achevées, nous nous occupâmes de la grande échelle. Elle devait avoir au moins 180 pieds de longueur. Nous nous mîmes à effiler tout notre linge, chemises, serviettes, coiffes, bas, caleçons, mouchoirs, tout ce qui pouvait nous fournir de la soie ou du fil. A mesure que nous avions fait

un peloton, nous le cachions dans Polyphème, et lorsque nous en eûmes une quantité suffisante, nous employâmes une nuit entière à tresser cette corde : je
défierais le cordier le plus adroit d'en fabriquer une
avec plus d'art.

« Autour de la Bastille, à la partie supérieure, était un
rebord saillant de 3 ou 4 pieds, ce qui nécessairement devait faire flotter et vaciller notre échelle pendant que nous
descendrions; c'était plus qu'il n'en eût fallu pour troubler et bouleverser la tête la mieux organisée. Pour obvier
à cet inconvénient et empêcher qu'un de nous ne tombât
en descendant, nous fîmes une seconde corde d'environ
360 pieds de longueur. Cette corde devait être passée dans
une moufle, c'est-à-dire une espèce de poulie sans roue,
pour éviter que cette corde ne s'engageât entre la roue
et les côtés de la poulie et que celui qui descendrait ne
se trouvât suspendu en l'air sans pouvoir descendre davantage. Après ces deux cordes nous en fîmes plusieurs
autres de moindre longueur pour attacher notre échelle
à un canon et pour d'autres besoins imprévus.

« Quand toutes ces cordes furent faites, nous les mesu-
râmes; il y en avait 1,400 pieds. Ensuite, nous fîmes deux
cent huit échelons, tant pour l'échelle de corde que pour
celle de bois. Un autre inconvénient qu'il fallait prévoir,
c'était le bruit que causerait le frottement des échelons
sur la muraille, au moment où nous descendrions. Nous
leur fîmes à tous un fourreau avec les doublures de nos
robes de chambre, de nos vestes et de nos gilets.

« Nous employâmes dix-huit mois entiers d'un travail
continuel pour tous ces préparatifs; mais ce n'était pas tout
encore. Nous avions bien pourvu au moyen d'arriver au
haut de la tour et de descendre dans le fossé; pour en sortir il nous en restait deux autres : l'un de monter sur le
parapet, de ce parapet dans le jardin du gouverneur et de
là descendre dans le fossé de la porte Saint-Antoine; mais

ce parapet qu'il fallait traverser était toujours garni de sentinelles. Nous pouvions choisir une nuit très-obscure pluvieuse, alors les sentinelles ne se promènent pas, et nous serions parvenus à leur échapper; mais il pouvait pleuvoir à l'instant où nous monterions dans notre cheminée et le temps devenir calme et serein au moment où nous arriverions sur le parapet. Nous pouvions nous rencontrer avec les rondes major qui à chaque instant le visitent; il nous eût été impossible de nous cacher à cause des lumières que ces rondes portent toujours, et nous étions perdus à jamais.

« L'autre parti augmentait les difficultés, mais il était moins dangereux; il consistait à faire un passage à travers la muraille qui sépare le fossé de la Bastille de celui de la porte Saint-Antoine... Pour cela il nous fallait une virole (tarière), au moyen de laquelle nous ferions des trous dans le mortier pour engrener les pointes de deux barres de fer que nous pourrions prendre dans notre cheminée; avec ces deux barres nous pouvions arracher des pierres et nous faire un passage. Il fut décidé que nous préférerions ce parti. Nous fîmes donc une virole avec la fiche d'un de nos lits, à laquelle nous attachâmes un manche en forme de croix.

« ... Nous fixâmes le jour de notre fuite au mercredi 25 février 1756, veille du jeudi gras; alors la rivière était débordée, il y avait 4 pieds d'eau dans le fossé de la Bastille et dans celui de la porte Saint-Antoine, où nous devions chercher notre délivrance. Je remplis un porte-manteau de cuir que j'avais d'un habillement complet pour chacun de nous, afin de pouvoir nous changer si nous étions assez heureux pour nous sauver.

« A peine nous eut-on servi notre dîner que nous montâmes notre grande échelle de corde, c'est-à-dire que nous y mîmes les échelons; nous la cachâmes sous nos lits afin que le porte-clefs ne pût l'apercevoir dans les visites qu'il

18

devait nous rendre encore pendant la journée ; nous ac-
commodâmes ensuite notre échelle de bois en trois morceaux, nous mîmes nos barres de fer, nécessaires pour
percer la muraille, dans leur fourreau, pour empêcher
qu'elles ne fissent du bruit ; nous nous munîmes d'une
bouteille de *scubac* pour nous réchauffer et nous rendre
des forces quand nous aurions à travailler dans l'eau
jusqu'au cou pendant plus de neuf heures. Toutes ces
précautions prises, nous attendîmes l'instant où on nous
aurait apporté notre souper ; il arriva enfin.

« Je montai le premier dans la cheminée ; j'avais un
rhumatisme au bras gauche, mais j'écoutai peu cette douleur ; j'en éprouvai bientôt une autre plus aiguë ; je n'a-
vais employé aucune des précautions que prennent les
ramoneurs, je faillis être étouffé par la poussière de la suie ;
je fus écorché aux coudes et aux genoux, le sang ruisselait sur mes mains et sur mes jambes ; c'est dans cet état
que j'arrivai au haut de la cheminée. Dès que j'y fus parvenu, je fis couler une pelote de ficelle dont je m'étais
muni ; d'Alègre attacha à l'extrémité le bout d'une corde à
laquelle tenait mon portemanteau, je le tirai à moi, je le
déliai et le jetai sur la plate-forme de la Bastille ; nous
montâmes de la même manière l'échelle de bois, les deux
barres de fer et tous nos autres paquets ; nous finîmes par
l'échelle de corde dont je laissai descendre une extrémité
pour aider d'Alègre à monter, pendant que je soutenais le
reste au moyen d'une grosse cheville que nous avions pré-
parée exprès. Je la fis passer dans la corde et la posai en
croix sur le tuyau de la cheminée ; par ce moyen mon
compagnon évita de se mettre en sang comme moi. Cela
fini, je descendis du haut de la cheminée, où j'étais dans
une posture fort gênante, et nous nous trouvâmes tous
les deux sur la plate-forme de la Bastille.

« Arrivés là, nous disposâmes tous nos effets ; nous
commençâmes par faire un rouleau de notre échelle de

cordes, ce qui fit une masse de 4 pieds de diamètre et de 1 pied d'épaisseur. Nous la fîmes rouler sur la tour appelée *la tour du Trésor* qui nous avait paru la plus favorable pour faire notre descente ; nous attachâmes un des bouts de l'échelle à une pièce de canon et nous la fîmes couler doucement le long de la tour, ensuite nous attachâmes notre moufle et nous y passâmes la corde, qui avait 360 pieds de longueur ; je m'attachai autour du corps la corde passée dans la moufle ; d'Alègre la lâchait à mesure que je descendais ; malgré cette précaution, je voltigeais dans l'air à chaque mouvement que je faisais ; qu'on juge de ma situation d'après le frissonnement que cette idée seule fait éprouver. Enfin j'arrivai sans aucun accident dans le fossé. Sur-le-champ, d'Alègre me descendit mon portemanteau et tous les autres objets ; je trouvai heureusement une petite éminence qui dominait l'eau dont le fossé était rempli et je les y plaçai. Ensuite mon compagnon fit la même chose que moi ; mais il eut un avantage de plus, je tins de toutes mes forces le bout de l'échelle, ce qui l'empêcha de vaciller autant. Arrivés tous deux au bas, nous ne pûmes nous défendre d'un léger regret d'être hors d'état d'emporter avec nous notre corde et les objets dont nous nous étions servis [1]. »

« Il ne pleuvait pas, nous entendions la sentinelle qui se promenait à 4 toises au plus de nous ; il fallait donc renoncer à monter sur le parapet et à nous sauver par le jardin du gouverneur. Nous prîmes le parti de nous servir de nos barres de fer... Nous allâmes droit à la muraille qui sépare le fossé de la Bastille de celui de la porte Saint-Antoine, et sans relâche nous nous mîmes au travail. Dans cet endroit précisément était un petit fossé d'une toise de

---

[1] Il les retrouva le 15 juillet 1789, le lendemain de la prise de la Bastille ; les échelles étaient dans les archives, avec un procès-verbal en date du 27 février 1756, signé par le major de la Bastille et le commissaire Rochebrune.

largeur et d'un pied et demi de profondeur, ce qui augmentait la hauteur de l'eau. Partout ailleurs nous n'en aurions eu que jusqu'au milieu du corps ; là nous en avions jusqu'aux aisselles. Il dégelait seulement depuis quelques jours, en sorte que l'eau était encore pleine de glaçons; nous y restâmes pendant neuf heures entières, le corps épuisé par un travail excessivement difficile et les membres engourdis par le froid. À peine avions-nous commencé que je vis venir à 12 pieds au-dessus de nos têtes une ronde major dont le falot éclairait parfaitement le lieu où nous étions ; nous n'eûmes pas d'autre ressource pour éviter d'être découverts que de faire le plongeon. Il fallut recommencer cette manœuvre toutes les fois que nous reçûmes cette visite, c'est-à-dire chaque demi-heure. Enfin, après neuf heures de travail et d'effroi, après avoir arraché les pierres les unes après les autres, avec une peine que l'on ne peut concevoir, nous parvînmes à faire dans une muraille de 4 pieds et demi d'épaisseur un trou assez large pour pouvoir passer ; nous nous traînâmes tous deux au travers. Déjà notre âme commençait à s'ouvrir à la joie, lorsque nous courûmes un danger que nous n'avions pas prévu et auquel nous faillîmes succomber. Nous traversions le fossé Saint-Antoine pour gagner le chemin de Bercy : à peine eûmes-nous fait vingt-cinq pas, que nous tombâmes dans l'aqueduc qui est au milieu, ayant 10 pieds d'eau au-dessus de nos têtes et 2 pieds de marais (vase) qui nous empêchaient de nous mouvoir et de marcher pour aller gagner l'autre bord de l'aqueduc qui n'a que 6 pieds de largeur. D'Alègre se jeta sur moi et faillit me faire tomber ; si ce malheur était arrivé, nous étions perdus ; il ne nous restait pas assez de forces pour nous relever et nous périssions dans ce bourbier. Me sentant saisir, je lui donnai un violent coup de poing qui lui fit lâcher prise, et, du même mouvement, je m'élançai et je parvins à sortir de l'aqueduc. J'enfonçai alors mon bras dans l'eau, je saisis d'Alègre

« Je vis venir une ronde major... » (Latude.)

par les cheveux et le tirai de mon côté; bientôt nous
fûmes hors du fossé et, au moment où cinq heures son-
naient, nous nous trouvions sur le grand chemin.

« Transportés du même sentiment, nous nous précipi-
tâmes dans les bras l'un de l'autre, nous nous tinmes
étroitement serrés, et tous deux nous nous prosternâmes
pour exprimer au Dieu qui venait de nous arracher à tant de
périls notre reconnaissance. Ce premier devoir rempli,
nous pensâmes à changer de vêtements. C'est alors que
nous vîmes combien il était heureux que nous eussions
pris la précaution de nous munir d'un portemanteau qui
en contenait de secs ; l'humidité avait engourdi nos membres, et, ce que j'avais prévu, nous sentîmes le froid bien
plus que nous ne l'avions fait pendant les neuf heures
consécutives que nous avions passées dans l'eau et dans
la glace : chacun de nous eût été hors d'état de s'habiller et de se déshabiller lui-même, et nous fûmes obligés
de nous rendre mutuellement ce service. Nous nous
mîmes enfin dans un fiacre, et nous nous fîmes conduire
chez M. de Silhouette, chancelier de M. le duc d'Orléans.
Je le connaissais beaucoup ; malheureusement, il était à
Versailles. »

Ils trouvèrent un asile chez des amis, Languedociens
comme eux, et, après être restés cachés un mois, ils partirent séparément pour Bruxelles. D'Alègre, arrivé le premier, fut immédiatement arrêté par les agents français.
On le ramena en France, et, quinze ans après, Latude le retrouva à Charenton. Il était devenu fou. Quant à Latude,
il évita, en Belgique, les piéges que lui tendirent les
agents de la police française, mais il fut arrêté à Ams-
terdam et réintégré à la Bastille, où on lui mit les fers
aux pieds et aux mains.

En 1764, on le transfère à Vincennes, en lui faisant subir
les traitements les plus cruels d'après les ordres de M. de
Sartine. Au bout de quelque temps, le gouverneur,

Guyonnet, le fait tirer de son cachot, lui donne une chambre, lui permet une promenade de deux heures chaque jour dans les jardins du château.

« Ce que je trouvai de plus précieux dans cette faveur, ce fut l'espoir qu'elle me procurerait, tôt ou tard, les moyens de m'échapper encore. Pendant huit mois, je ne pus parvenir à le faire; j'étais surveillé avec tant de soins, . qu'il m'était impossible d'exécuter mon projet... Ce n'était qu'au hasard que je pouvais devoir ma liberté. Il s'en présenta un auquel j'étais loin de pouvoir m'attendre.

« Le 23 novembre 1765, je me promenais sur les quatre heures du soir, le temps était assez serein : tout à coup, il s'élève un brouillard épais ; l'idée qu'il pouvait favoriser ma fuite se présente sur-le-champ à mon esprit, je m'y arrête, mais comment me délivrer de mes gardiens? sans parler de plusieurs sentinelles qui fermaient les passages, j'en avais deux à mes côtés avec un sergent ; ils ne me quittaient pas une seconde. Je ne pouvais pas les combattre ; je ne pouvais me glisser furtivement et m'éloigner d'eux, leurs fonctions étaient de m'accompagner et de suivre tous mes mouvements... Je m'adresse impudemment au sergent, je lui fais remarquer ce brouillard qui venait de s'élever subitement : « Comment, lui dis-je, trouvez-vous ce temps? — Fort mauvais, monsieur. » Je reprends à l'instant, avec le ton le plus calme et plus simple : « Et moi je le trouve excellent pour m'échapper. » En prononçant ces mots, j'écarte, avec chacun de mes coudes, les deux sentinelles qui étaient à mes côtés; je pousse avec violence le sergent, et je vole; j'avais déjà passé près d'une troisième sentinelle qui ne s'en était aperçue que lorsque je fus plus loin : toutes se réunissent, on entend crier de tous côtés : *Arrête! arrête!* A ce mot, les gardes s'assemblent, on ouvre les fenêtres; tout le monde court; chacun crie et répète : *Arrête! arrête!* Je ne pouvais échapper. A l'instant je conçois l'idée de profiter de cette

« Je crie moi-même : « Arrête! au voleur! » (Latude.)

circonstance pour me frayer un passage à travers la foule
de ceux qui s'apprêtaient à m'arrêter. Je crie moi-même,
plus fort que les autres : *Arrête! au voleur! au voleur!
arrête!* Je fais avec la main le geste qui indique que le
voleur est devant; tous, trompés par cette ruse et par le
brouillard qui la favorisait, m'imitent, courent et poursui-
vent avec moi le fuyard que je paraissais indiquer. Je de-
vançais beaucoup les autres, je n'avais plus qu'un pas à
franchir; déjà j'étais à l'extrémité de la cour royale, il ne
restait qu'une sentinelle, mais il était difficile de la tromper, parce que nécessairement le premier qui se présente-
rait devait lui paraître suspect, et son devoir était de
l'arrêter. Mon calcul n'était que trop juste. Aux premiers
cris qu'elle avait entendus, elle s'était mise au milieu du
passage, qui était à cette place très-étroit. Pour surcroît
de malheur, cet homme me connaissait; il se nommait
Chenu. J'arrive, il me barre le chemin en me criant d'arrêter ou qu'il me passerait sa baïonnette au travers du
corps. « Chenu, lui dis-je, vous me connaissez; votre
consigne est de m'arrêter et non de me tuer. » Je ra-
lentis ma course, je l'abordai lentement; lorsque je fus
près de lui, je m'élançai sur son fusil; je le lui arrachai
avec tant de violence, que ce mouvement, auquel il ne
s'attendait pas, le fit tomber par terre; je sautai par-
dessus son corps en jetant son fusil à dix pas de lui,
dans la crainte qu'il ne tirât sur moi; et cette fois encore
je fus libre. Je me cachai facilement dans le parc, je
m'étais écarté du grand chemin, je sautai par-dessus le
mur et j'attendis la nuit pour entrer dans Paris. »

Réfugié chez deux demoiselles avec qui il avait entamé
une correspondance du haut des tours de la Bastille, et qui
avaient inutilement cherché à le servir en distribuant les
lettres qu'il leur avait jetées, il ne trouva pas d'autre
moyen, pour assurer sa liberté, que d'écrire à M. de Sartine, en lui demandant de devenir son protecteur. Il sem-

blait que cet esprit actif et lucide, qui sous les verrous
calculait si bien ses chances et profitait des occasions avec
tant d'adresse et d'énergie, abandonnât Latude aussitôt
qu'il était en liberté. Non content d'avoir appelé sur lui,
l'attention de M. de Sartine, qui n'était déjà que trop
éveillée, il ne trouva rien de mieux à faire, lui fugitif,
en rupture de ban, que d'aller à Fontainebleau pour y
voir M. de Choiseul et M. de la Vrillière, tous deux ministres, et se recommander à eux. On l'arrêta, bien entendu, et on le ramena à Vincennes, où il fut mis dans
un cachot nommé le trou noir. En 1775, il fut transféré
à Charenton, et mis en liberté, en 1777, par une lettre de
cachet qui l'exilait à Montagnac, son pays natal. Il re-
tarda quelque temps son départ; enfin il partit, mais à
une cinquantaine de lieues de Paris, on l'arrêta de nouveau, et il fut mis à Bicêtre. Il avait alors cinquante-trois
ans, et depuis l'âge de vingt-quatre ans il avait passé
bien peu d'instants hors des cachots. Enfin, en 1784,
madame Necker eut assez de crédit pour le faire mettre
en liberté.

Le comte Beniowski, magnat de Hongrie et de Pologne,
fait prisonnier par les Russes, fut déporté au Kamtchatka.
Dès le lendemain de son arrivée dans la petite ville de
Bolsha ou Bolchérietzkoï, qui lui était assignée comme
résidence, il avait déjà réuni sept de ses compagnons d'exil
dans un complot d'évasion. Il ne s'agissait encore que de
se procurer un navire pour s'enfuir ; plus tard, les choses
devaient suivre une bien autre marche. Beniowski n'avait
pas trente ans ; aux avantages physiques de la force, de
l'adresse et de l'élégance, il joignait une instruction assez
avancée qui le mettait au premier rang parmi les autres
exilés ; aussi devint-il leur chef sans conteste. Le gouverneur le chargea de donner des leçons de langues à ses trois
filles, dont la plus jeune, Aphanasie, devint éperdument
éprise de son maître. Beniowski se servit habilement de
sa passion pour mener à bonne fin ses projets.

Le nombre des conjurés, d'abord peu considérable,
s'augmenta bientôt ; mais ils eurent à surmonter bien des
difficultés. Beniowski et ses affidés avaient besoin d'argent
pour leur entreprise, et sous ce rapport le hasard et la cupidité de leurs gardiens vinrent heureusement à leur aide.
Les trois principaux personnages de Bolsha étaient le gouverneur, le chancelier et l'hetman des Cosaques. Ces deux
derniers ayant reconnu l'habileté de Beniowski aux échecs,

imaginèrent de le faire jouer avec les plus riches marchands du pays qu'il gagnait presque toujours. Il fut obligé, dans l'intérêt de son entreprise et de ses compagnons, de se prêter à ces manœuvres contre la bourse des convives de l'hetman et du chancelier, qui prélevaient la part du lion sur le gain ; on dut bientôt faire aussi la part du gouverneur. Malgré cela, la caisse des conjurés contenait déjà douze mille roubles environ, quand le dépit d'un joueur pensa tout découvrir.

Un marchand, nommé Casarinow, qui avait perdu de fortes sommes à ce jeu, fit présent à Beniowski d'une certaine quantité de sucre empoisonné. Le 1er janvier 1771, les principaux conjurés se rassemblent pour prendre le thé, et à peine en ont-ils avalé quelques tasses qu'ils sont pris d'affreuses douleurs. Un d'eux mourut dans la nuit ; les autres, échappés par miracle, essayent le sucre sur des animaux, reconnaissent ses qualités vénéneuses et, apprenant par là quel est le coupable, ils le dénoncent au gouverneur. On mande Casarinow ; le gouverneur lui propose, en présence d'une nombreuse réunion, de prendre le thé. Il accepte. « Voyez quel bon cœur ont ces exilés ! dit le gouverneur en faisant offrir du sucre à Casarinow ; ils m'ont fait, hier, cadeau de ce pain de sucre qu'ils avaient eux-mêmes reçu en présent. » Casarinow pâlit, se plaint d'un malaise subit, veut se retirer ; on le retient et, succombant sous l'évidence des faits qu'on lui reproche, il dit avoir voulu faire périr Beniowski pour le punir du complot qu'il a formé d'armer les exilés et de s'emparer d'un vaisseau pour sortir avec eux du Kamtchatka. C'est un conjuré, Pianitsin, qui lui a tout révélé. Trop irrité pour tenir compte de cette inculpation, le gouverneur fait enfermer Casarinow et donne ordre au chancelier de procéder à la confiscation des biens du coupable et à son envoi aux mines, suivant la loi contre les empoisonneurs. Mais Beniowski avait assisté à la scène, caché dans un cabinet, car la loi défendait aux fonctionnaires et même aux simples citoyens de communiquer avec les exilés; on a vu comment on l'observait, quelquefois cependant on y revenait dans les circonstances officielles. Beniowski avait donc entendu la déposition de Casarinow. De retour chez lui, il assemble le conseil des conjurés et leur dénonce la trahison de Pianitsin, qui était présent. L'assemblée le condamne d'une voix unanime et lui accorde trois heures seulement pour se préparer à la mort. Un prêtre, qui était du complot, reste seul avec lui; puis, le soir, il·est conduit hors du village et fusillé.·

Quelque temps après, les autorités se rappelèrent la déposition de Casarinow; mais on chercha vainement Pianitsin, et Casarinow fut convaincu d'avoir fait une fausse déposition pour se justifier.

Nous ne pouvons raconter en détail les différents épisodes de cette histoire de quatre mois, pendant lesquels le complot fut plusieurs fois découvert. Les conjurés durent leur salut à la présence d'esprit de leur chef, et surtout à l'ineptie ou à la corruption de leurs gardiens. Peu s'en fallut cependant qu'eux-mêmes ne perdissent tout, par suite de soupçons contre Beniowski. Quelques jours après l'affaire de Casarinow, la pauvre Aphanasie, en présence de son père et d'une foule de personnes invitées à une fête, déclara sa passion pour le comte. Grande fureur du père, qui se calme bientôt quand on lui fait observer que de lui dépend la liberté de Beniowski; tout s'arrange. Beniowski se trouve en faveur plus que jamais et déclaré libre séance tenante. Le bruit s'en répand aussitôt, et quand Beniowski rentre chez lui, il y trouve quatre des principaux conjurés qui lui enjoignent d'un air sombre de se rendre à l'assemblée générale. Il y va et, en entrant, il voit la porte gardée par deux hommes, le sabre à la main; une coupe de poison est sur la table, au milieu de la chambre. On l'accusait d'avoir acquis sa liberté en trahissant ses compagnons. Il se justifia sans peine, et son accusateur fut le premier à l'embrasser avec effusion en se reprochant de l'avoir soupçonné. Bientôt Beniowski obtint du gouverneur que tous les exilés fussent déclarés libres et qu'ils pussent se réunir pour former une colonie au pays de Lopattka. Mais, pendant qu'il avançait ainsi vers son but, la femme du gouverneur, madame Nilow, insistait pour que le mariage de sa fille eût lieu prochainement; d'autre part, un des conjurés, nommé Stephanow, s'éprit d'Aphanasie, devint jaloux jusqu'à la fureur, voulut tuer Beniowski et révéla presque le complot. On lui fit peur et on lui pardonna, tout en s'assurant de sa personne.

Les conjurés étaient, en effet, parfaitement organisés; ils avaient des armes et des munitions; enfin, malgré bien des obstacles, on n'attendait que la rupture des glaces pour s'embarquer sur un vaisseau préparé par un des affidés, quand de nouveaux soupçons rendirent les autorités plus défiantes. Beniowski, reconnaissant à des signes nombreux que tout pouvait être compromis d'un instant à l'autre, engagea la jeune Aphanasie, qu'il avait mise dans le secret du complot, à lui envoyer un morceau de ruban rouge en cas de danger imminent. Tous les conjurés se tinrent prêts et armés. Le surlendemain, le ruban rouge fut envoyé par Aphanasie, et le gouverneur dépêchait en même temps un sergent à Beniowski pour l'engager à déjeuner. On juge si l'avis de la fille lui donnait envie d'accepter l'invitation du père. Il prétexta une indisposition et remit la visite au lendemain. Le sergent eut la sottise de lui dire qu'il vînt de bonne grâce s'il ne voulait être conduit par force; et Beniowski lui répondit que si on le chargeait encore d'un pareil message près de lui, il eût soin d'aller à confesse avant de s'en acquitter.

A midi, l'hetman arriva et fut reçu poliment; mais son air confidentiel, sa bonhomie, ses finesses, assez maladroites il est vrai, tout échoua devant le bon sens de Beniowski. Sur son refus d'aller au fort, le pauvre hetman s'emporta et le menaça de ses cosaques. Beniowski lui rit au nez; l'hetman, furieux, appelle ses hommes; Beniowski siffle, cinq de ses compagnons paraissent, l'hetman et ses deux cosaques sont désarmés et mis en lieu sûr.

A cinq heures, le gouverneur envoie un message qui conseille à Beniowski de recourir à la clémence du trône, et le menace de la peine capitale s'il ne remet pas l'hetman en liberté. Le comte répond par écrit pour amuser le gouverneur et, cependant, fait enlever, à défaut du chancelier, qu'on ne put prendre, son neveu et deux autres individus dont il craignait les conseils. L'affaire était engagée.

Le lendemain, le gouverneur envoie quatre hommes et un caporal pour arrêter le comte, qui s'empare d'eux sans coup férir, sous prétexte de les faire boire, et les enferme dans sa cave. Bientôt c'est un détachement qui s'avance vers sa maison, dont il avait fait une forteresse bien gardée. Il marche vers le détachement, lui tue trois hommes, et les autres se sauvent. On lui envoie alors un autre détachement avec un canon. L'officier commandant laisse Beniowski approcher à quinze pas, sous prétexte de parlementer; arrivés à cette distance, les conjurés font feu, leurs ennemis se sauvent ou se jettent la face contre terre, et le canon passe au parti de l'insurrection. Tous les conjurés sont alors rassemblés en un quart d'heure; le canon leur sert à se frayer la route jusqu'au fort; la sentinelle, en les voyant venir avec cette pièce, les prend pour le détachement qui l'avait emmenée le matin même, et baisse le pont-levis. Beniowski et les siens entrent dans le fort; le comte se rend aussitôt à l'appartement du gouverneur pour le sauver; mais celui-ci lui tire un coup de pistolet, lui saute à la gorge, et Beniowski allait se voir obligé de faire usage de ses armes, quand un autre conjuré casse la tête d'un coup de pistolet au malheureux gouver-

19

neur et délivre le comte. Cependant la nuit était venue, et
les Cosaques marchaient sur le fort pour lui donner l'assaut; heureusement, leurs échelles se trouvèrent trop
courtes; le feu de leurs fusils servit aux conjurés à diriger
le pointage de leurs canons, qui firent beaucoup de mal
aux assiégeants, tandis que les assiégés ne perdirent pas
un homme. Le lendemain, les exilés enfermèrent dans
l'église de la ville les femmes et les enfants, au nombre
d'environ un millier de personnes, puis ils signifièrent aux
huit cents Cosaques qui bloquaient le fort que s'ils ne se
soumettaient pas à eux en déposant les armes et donnant
des otages, ils mettraient le feu à l'église. Les Cosaques
acceptèrent ces conditions, et les conjurés furent maîtres
de la place. Ils avaient perdu neuf hommes et sept d'entre
eux étaient blessés grièvement.

Quelques jours après, les exilés s'emparaient de la corvette de guerre *Saint-Pierre-et-Saint-Paul*. On rendit les
derniers devoirs au pauvre gouverneur; le 9 et le 10, on
s'occupa de charger le navire, et les otages furent ren-
voyés à la ville, à l'exception du secrétaire de la chancellerie, dont on fit le cuisinier du bord pour le punir de ses
méchancetés passées. C'était une grande imprudence,
mais il ne paraît pas que les exilés aient eu à s'en repentir. Enfin, le 11, Beniowski monta à bord, arbora le pavillon de la Confédération de Pologne, qui fut salué par
les canons de la corvette, et quitta le Kamtchatka, non
pas comme un prisonnier qui s'évade, mais comme un
souverain qui parcourt son empire.

Le 15 août 1792, Haüy, Lhomond et les autres profes-
seurs du collége du Cardinal-Lemoine furent arrêtés,
comme prêtres non assermentés, et renfermés au sémi-
naire de Saint-Firmin, converti en prison. Près de là demeurait un jeune étudiant qui devait bientôt devenir une
des gloires de la France. C'était Geoffroy Saint-Hilaire. Il
avait fait ses études au collége du Cardinal-Lemoine, et
non moins dévoué à ses maîtres que passionné pour la
science, sans s'occuper du danger auquel il s'exposait
lui-même en ce moment de réaction terrible, il résolut de
sauver Haüy et ses compagnons d'infortune. A force de
démarches, il détermina les membres de l'Académie des
sciences à réclamer en faveur d'Haüy. Un ordre de mise
en liberté fut accordé, Geoffroy l'apporta en toute hâte, et
quelques jours après, Haüy obtint de Tallien, pour Lhomond, la liberté que Geoffroy et l'Académie lui avaient
fait rendre à lui-même.

Mais plusieurs des collègues d'Haüy restaient encore
sous les verrous. On était à la veille des massacres de
septembre et, sans que rien de ces projets atroces fût officiellement connu du public, après le manifeste de Brunswick, on s'attendait à quelque chose de terrible.

Geoffroy veut, à tout prix, arracher ses maîtres au péril

qui les menace. Le 2 septembre, au moment où déjà les
massacres commençaient à l'Abbaye et à la Force, il
prend le costume d'un commissaire des prisons, parvient
ainsi jusqu'aux détenus et leur fait part des moyens qu'il
a préparés pour faciliter leur évasion. — « Non, répond
l'un d'eux, l'abbé de Keranran, non, nous ne·quitterons
pas nos frères, notre délivrance rendrait leur perte plus
certaine. » Ce sublime refus désola Geoffroy sans le décourager. La nuit venue, il se rend avec une échelle à
Saint-Firmin, à un angle de mur que, le matin même, il
avait, afin de tout prévoir, indiqué à l'abbé de Keranran
et à ses compagnons. Il passa là plus de huit heures sans
que personne se montrât. Enfin un prêtre parut et fut
bientôt mis hors de la fatale enceinte. Plusieurs autres se
succédèrent. L'un d'eux, en franchissant le mur avec trop
de précipitation, fit une chute et se blessa au pied. Geoffroy le prit dans ses bras et le porta dans un chantier
voisin. Puis il courut de nouveau au poste que son dévouement lui avait assigné, et d'autres prêtres s'échappèrent
encore avec son aide. Douze victimes avaient été arrachées
à la mort, lorsqu'un coup de fusil fut tiré du jardin sur
Geoffroy et atteignit ses vêtements. Il était alors sur le
haut du mur et, tout entier à ses généreuses préoccupa-
tions, il ne s'apercevait pas que le soleil était levé. Il lui
fallut descendre et s'éloigner, à la fois heureux et désespéré, car ceux qu'il n'avait pu tirer de leur prison, il ne
devait plus les revoir. (*Vie d'Étienne Geoffroy Saint-
Hilaire*, par Isidore Geoffroy.)

M. de Vaublanc rapporte, dans ses *Mémoires*, le fait suivant :

« Un gentilhomme, nommé M. de Chateaubrun, avait été condamné à mort par le tribunal révolutionnaire ; il avait été mis sur le fatal tombereau et conduit au lieu de l'exécution, place de la Révolution. Après la Terreur, il est rencontré par un de ses amis qui pousse un cri d'étonnement, ne peut croire ses yeux, et lui demande l'explication d'une chose si étrange. Il la lui donna, et je la tiens de son ami.

« Il fut conduit au supplice avec vingt autres malheureuses victimes. Après douze ou quinze exécutions, une partie de l'horrible instrument se brisa ; on fit venir un ouvrier pour le réparer. Le condamné était avec les autres victimes auprès de l'échafaud, les mains liées derrière le dos. La réparation fut longue. Le jour commençait à baisser ; la foule très-nombreuse des spectateurs était occupée du travail qu'on faisait à la guillotine, bien plus que des victimes qui attendaient la mort, tous et les gendarmes eux-mêmes avaient les yeux attachés sur l'échafaud. Résigné, mais affaibli, le condamné se laissait aller sur les personnes qui étaient derrière lui. Pressées par le poids de son corps, elles lui firent place machinalement ; d'autres firent de même, toujours occupées du spectacle qui captivait toute leur attention. Insensiblement, il se trouva dans les derniers rangs de la foule, sans l'avoir cherché, sans y avoir pensé.

« L'instrument rétabli, les supplices recommencèrent, on en pressa la fin. Une nuit sombre dispersa les bourreaux et les spectateurs. Entraîné par la foule, il fut d'abord étonné de sa situation ; mais il conçut bientôt l'espoir de se sauver. Il se rendit aux Champs-Élysées ; là il s'adressa à un homme qui lui parut être un ouvrier. Il lui dit en riant que des camarades, avec qui il badinait, lui avaient attaché les mains derrière le dos et pris son chapeau, en lui disant de l'aller chercher. Il pria cet homme de couper les cordes. L'ouvrier avait un couteau et les coupa, en riant du tour qu'on lui racontait. M. de Chateaubrun lui proposa de le régaler dans un des cabarets qui sont aux Champs-Élysées. Pendant ce petit repas, il paraissait attendre que ses camarades vinssent lui rendre son chapeau ; ne les voyant pas arriver, il pria son convive de porter un billet à un de ses amis qu'il voulait prier de lui apporter un chapeau, parce qu'il ne voulait pas traverser les rues tête nue. Il ajoutait que cet ami lui apporterait de l'argent, et que ses camarades avaient pris sa bourse en jouant avec lui. Ce brave homme crut tout ce que lui disait M. de Chateaubrun, se chargea du billet, et revint une demi-heure après avec cet ami. » (*Correspondance littéraire*, décembre 1857. — Extrait des *Mémoires* de M. de Vaublanc.)

L'ouvrier avait un couteau et coupa les cordes. (De Chateaubrun.)

Le commodore William Sidney-Smith, depuis amiral,
avait été fait prisonnier à l'embouchure de la Seine, où il
avait osé pénétrer avec les embarcations de sa frégate en
station devant le Havre. Cette entreprise parut tellement
audacieuse qu'on soupçonna le marin anglais d'avoir voulu
favoriser une tentative des royalistes et diriger un dangereux espionnage ; aussi fut-il traité avec peu de ménagement. Les soupçons sur la nature de sa mission semblent
confirmés par ce fait, qu'il avait pour secrétaire un émigré
nommé de Tromelin, qui l'accompagnait depuis quelque
temps dans l'espoir d'être utile à la cause royale. Si la na-
tionalité de cet homme avait été reconnue, il aurait été
mis à mort sur-le-champ, suivant la loi qui régissait alors
la France ; mais le commodore le fit passer pour son domestique. Vainement l'Angleterre demanda l'échange de
Sidney-Smith, le Directoire s'y refusa, sachant combien
cet ennemi de la France était dangereux. Enfermé à l'Abbaye, puis au Temple, il fut sur le point d'être délivré
plusieurs fois, malgré la vigilance de la police. Des dames essayèrent à diverses reprises de le faire évader
ainsi que Tromelin. La femme de ce dernier, qui pouvait,
elle au moins, invoquer le devoir comme mobile de sa conduite, vint à Paris et loua une maison près du Temple.
Un maçon, gagné à prix d'or, ouvrit une communication

entre cette maison et le Temple, par les caves, et tout
semblait assurer le succès, quand le bruit occasionné
par la chute de quelques pierres répandit l'alarme. Les
prisonniers furent resserrés plus étroitement, et la surveillance augmenta. Bientôt, plus heureux que ne méritait de l'être un homme qui portait les armes contre sa
patrie, Tromelin fut échangé. Mais Sidney-Smith dut renoncer à jouir du même avantage. Après le 18 fructidor,
il fut traité avec encore plus de rigueur; cependant le
moment de sa délivrance approchait.

Parmi les royalistes alors cachés et conspirant à Paris,
était un officier du génie nommé Phélippeaux, autrefois
rival heureux de Bonaparte à l'École militaire, et, dès
cette époque, son ennemi déclaré. Sans prévoir assurément
que deux ans après Sidney-Smith et lui se trouveraient en
présence du général Bonaparte à Saint-Jean-d'Acre, et
sans autre but que celui de nuire à la cause républicaine,
Phélippeaux résolut de délivrer le commodore. Il s'associa
d'autres royalistes et notamment un danseur de l'Opéra,
nommé Boisgirard. Il noua aussi des relations avec la fille
d'un geôlier du Temple, et par elle il parvint à tromper
son père. Déguisé en commissaire des prisons, accompagné
de ses complices travestis en gendarmes, et dont un, Boisgirard, portait l'uniforme de général, Phélippeaux se rend
au Temple pendant la nuit. Boisgirard présente au greffe
un ordre de mise en liberté signé du ministre des relations extérieures, et demande qu'on lui remette le prisonnier; achetés ou trompés par les apparences, les gardiens et le directeur de la prison obéissent. Sidney-Smith
est amené. Jouant parfaitement son rôle, il affecte la
surprise, et, comme on parle de translation momentanée
dans une autre prison, il proteste; puis, feignant de
céder à la force, il suit ses libérateurs et monte dans
une voiture qui le conduit à Rouen, d'où il se rend
aussitôt au Havre. Là, il réussit à se faire conduire

Sydney-Smith affecte la surprise.

à bord du navire anglais *l'Argo,* qui le transporta à
Londres.

Le capitaine anglais Brenton assure, dans son *Histoire
de la marine,* qu'il sait de bonne source que 3,000 livres
sterling (75,000 francs), données par le gouvernement
anglais, avaient ouvert les portes de la prison à Sidney-
Smith et aplani les obstacles jusqu'à la côte. Il ajoute
que lord Saint-Vincent (Jervis) lui a certifié qu'il avait
vu l'ordre du trésor.

Après la journée du 18 fructidor, un certain nombre d'hommes parmi ceux qui avaient pris part aux menées contre-révolutionnaires, furent déportés à la Guyane. Ils appartenaient de près ou de loin au parti royaliste. Parmi eux figuraient : Pichegru, l'un des plus grands hommes de guerre et des plus mauvais citoyens que la France ait produits ; Barthélemy, membre du Directoire ; Ramel, adjudant général commandant des grenadiers du Corps législatif ; de Larue, membre du conseil des Cinq-Cents ; Aubry, Willot, généraux, etc., qui furent arrêtés des premiers. A ces noms d'hommes de parti, il est juste de joindre celui de Letellier, domestique de Barthélemy, qui demanda comme une grâce et obtint de suivre son maître en prison, l'accompagna dans son exil, et mourut victime de son dévouement.

A Cayenne, puis à Sinnamary, les déportés virent succomber aux influences du climat plusieurs de leurs compagnons, et, pour échapper au même sort, ils résolurent de s'évader et de gagner la Guyane hollandaise.

Ici, nous nous trouvons en présence de deux relations fort différentes, celle de Ramel, qui publia, dès son retour à Londrès, le *Journal* de son évasion, et celle de de Larue, qui, longtemps après, sous la Restauration, écrivit une *Histoire du 18 fructidor*, où cette évasion est racontée. Au point de vue qui nous intéresse, le journal de Ramel n'est, suivant toute probabilité, qu'un roman, tandis que la narration de de Larue, beaucoup plus simple, paraît être l'expression de la vérité. Nous donnons l'une et l'autre version, en commençant par la première en date.

« Nous nous promenions souvent, dit Ramel, sur le rempart, le long de la rivière; nous regardions en soupirant la côte de l'ouest, mais nous n'apercevions rien, ni sur les eaux, ni dans les bois, qui pût nous inspirer une idée secourable. Il y avait au pied de ce bastion, en dehors du fort et au bord de la rivière, une petite pirogue qui servait à transporter à la redoute de la Pointe la garde montante et à ramener l'ancienne. Cette petite pirogue avec ses agrès était consignée au factionnaire qui était placé sur l'angle flanqué du bastion, dans l'intérieur duquel se trouvait le corps de garde. Nous avions souvent regardé la pirogue avec des yeux d'envie, mais ce ne fut que peu à peu et poussés par le désespoir que nous nous accoutumâmes à l'idée de nous hasarder en pleine mer sur un si frêle esquif; aucun de nous ne savait conduire un bateau et surtout une pirogue, dont la manœuvre est difficile et périlleuse. Nous n'avions point de boussole, il fallait nous confier à quelque Indien ou à quelque matelot. »

Une première tentative échoua. Pichegru ayant essayé de séduire un Indien qui venait vendre des légumes dans le fort, celui-ci répandit les soupçons que cette demi-ouverture lui avait donnés. Une personne qui se trouvait dans le fort et que Ramel ne désigne pas autrement, leur donna des renseignements précieux sur la route à suivre et sur les mesures propres à assurer leur fuite. Ils se procurèrent des passe-ports sous des noms supposés et mûrirent leurs projets, en les cachant soigneusement à ceux de leurs compagnons d'infortune qui, déportés comme eux, n'étaient pas du complot, et dont plusieurs leur inspiraient une méfiance très-fondée.

Un capitaine de corsaire, nommé Poisvert, avait cap-
turé un bâtiment américain commandé par un certain
Tilly, qui était propriétaire de la cargaison. Poisvert
amena sa prise à Sinnamary et mit dans le fort l'équipage
américain et son capitaine. Celui-ci n'eut rien de plus
pressé que de venir trouver Pichegru, Ramel et leurs compagnons pour leur donner des nouvelles de leurs familles
et de leurs amis. C'était eux qu'il venait chercher à Sinnamary pour les faire évader sur son bâtiment, quand le
corsaire, sans lequel il comptait, avais mis brusquement
fin à son entreprise. Ils lui dirent leurs projets et lui
montrèrent la pirogue. Après avoir cherché à leur démontrer l'impossibilité de tenir la mer et de faire une
navigation de plusieurs jours dans une pareille embarcation, les voyant résolus à périr plutôt que de rester plus
longtemps à Sinnamary, Tilly voulut associer sa destinée à leur : « J'abandonne tout, leur dit-il, pour vous
sauver, je prendrai avec moi mon pilote Barrick et nous
partirons ensemble. » Tout était convenu quand on apprit
que Tilly allait être immédiatement transféré à Cayenne.
Il partit, leur laissant Barrick, son pilote, pour le remplacer; mais on craignait la surveillance et la délation.

« Barrick disparut donc et resta caché dans les bois
voisins pendant trente-six heures, perché sur un arbre
pour échapper aux serpents et aux caïmans. Il avait été
convenu que le surlendemain, 3 juin, à neuf heures du
soir, il se trouverait au bord de la rivière, sous le bastion, et sauterait dans la pirogue en nous voyant paraître. »

Tout semblait favoriser les fugitifs; le capitaine Poisvert donnait à dîner, à bord de la prise américaine, au
commandant du fort, et le vin commença bientôt à couler
à flots dans le fort comme sur le bâtiment; soldats, officiers, déportés même, tout était de la fête. Tous furent
bientôt ivres, sauf nos huit conjurés, qui se contentèrent

de feindre l'ivresse et de se disputer entre eux pour détourner les soupçons.

« La nuit s'approchait, nous vîmes rentrer chez lui le commandant Aimé, tout à fait ivre et qu'on portait comme un homme mort. Le silence avait succédé aux chants, aux cris des buveurs, les soldats et les nègres étaient couchés çà et là, le service oublié, le corps de garde abandonné.

« Elle sonna cette dernière heure de notre séjour à Sinnamary; à neuf heures, Dossonville, qui veillait, avertit chacun de nous. Nous sortîmes et nous nous rassemblâmes vers la porte du fort, dont le pont n'était pas encore levé. Tout dormait d'un sommeil profond. Je monte avec Pichegru et Aubry sur le bastion du corps de garde et je vais droit au factionnaire; c'était un misérable tambour qui nous avait causé tous les ennuis possibles; je lui demande l'heure qu'il est; il lève les yeux vers les étoiles. Je lui saute à la gorge. Pichegru le désarme, nous l'entraînons en le serrant pour l'empêcher de crier; nous étions sur le parapet, l'homme se débat vivement, nous échappe et tombe dans la rivière; nous rejoignons nos camarades au pied du rempart et, n'apercevant personne dans le corps de garde, nous courons y prendre des armes et des cartouches; nous sortons du fort, nous volons à la pirogue; Barrick était là, il vient au-devant de nous, il nous aide, il nous porte dans la pirogue. Barthélemy, infirme et moins agile que nous, se laisse tomber et s'enfonce dans la vase. Barrick le saisit d'un bras vigoureux, le retire, le met dans la pirogue; le câble est coupé. Barrick tient le gouvernail; immobiles, silencieux, nous nous laissons aller au fil de l'eau. Les courants et la marée entraînant le léger esquif, nous écoutons et n'entendons que le murmure des eaux et la brise de terre, qui bientôt enfle notre petite voile. Nous cessons de voir le tombeau de Sinnamary.

20

« Quand nous approchâmes de la redoute de la Pointe
qu'il fallait passer, nous amenâmes la voile afin d'être
moins aperçus. Nous savions que les huit hommes de
garde à la redoute avaient reçu leur bonne part des
largesses du capitaine Poisvert, et qu'ils devaient s'être
enivrés comme leurs camarades. Nous ne fûmes point
hêlés, la marée nous porta au delà de la barre, nous lais-
sâmes à notre droite le navire de notre brave ami Tilly,
nous passâmes près de la goëlette *la Victoire* qui venait
d'arriver de Cayenne, et que nous savions être commandée
par le capitaine Brachet, que notre fuite a dû bien réjouir, et qui certainement ne s'y serait pas opposé.

« La brise fraîchit, la mer était belle ; mais, en gagnant
le large, nous risquions de nous égarer, et si nous sui-
vions la côte de trop près, nous pouvions nous briser
sur les écueils dont elle est parsemée jusqu'à Iracoubo.
La lune perça tout à coup comme pour éclairer notre
marche ; ce moment fut délicieux, nous nous félicitâmes,
nous remerciâmes la Providence et notre généreux pilote
Barrick, qui était dans un état affreux, tout enflé par les
piqûres des moustiques.

« Nous voguions heureusement depuis environ deux
heures, lorsque nous entendîmes trois coups de canon,
deux du fort de Sinnamary et un de la redoute de la Pointe ;
bientôt après, le poste d'Iracoubo répéta les trois coups
de canon ; nous ne pûmes douter que notre fuite ne fût
découverte ; nous ne craignions déjà plus les poursuites
directes de Sinnamary, où il n'y avait pas un seul bateau
qui pût être armé ; nous avions d'ailleurs assez d'avance.

« Nous n'avions donc à redouter que le détachement
d'Iracoubo, que nous savions être composé de douze
hommes. Ils ne pouvaient venir à notre rencontre que
dans un bateau à peu près comme le nôtre avec huit ou
dix hommes. Nous continuâmes de longer la côte, pré-
parant nos armes et bien déterminés à nous défendre si

nous étions attaqués, ou si l'on cherchait à nous barrer le passage sous le fort d'Iracoubo.

« A quatre heures du matin, deux coups de canon se firent entendre dans l'est, et aussitôt il y fut répondu par un coup qui partit presque à nos oreilles; nous étions devant le fort, il était nuit encore, rien ne parut; nous marchions bien et, quand le jour se fit, nous nous trouvâmes sous le vent d'Iracoubo. Nous n'avions plus à craindre d'être poursuivis, il nous restait à vaincre les dangers de la mer. »

Dans une embarcation trop petite et trop légère, que les lames emplissaient à chaque instant et qu'ils devaient vider sans cesse avec une calebasse, les fugitifs étaient sans cesse en danger de périr. Un faux mouvement de Ramel, qui voulut rattraper son chapeau tombé à la mer, manqua faire chavirer la pirogue, et Pichegru, nommé capitaine à l'unanimité, réprimanda sévèrement l'imprudent. Sans boussole et sans instruments pour se diriger et connaître leur route, sans vivres et n'ayant que deux bouteilles de rhum pour toute ressource, ils eurent à souffrir de la faim pendant huit jours, si l'on en croit Ramel. Leur force morale les soutint, ils trouvaient encore à plaisanter de leur dénûment et de leur faim, qu'ils supportaient avec patience.

Après avoir été canonnés à leur passage devant le fort Orange, qui voulait leur faire arborer leur pavillon, ils furent jetés à la côte par une tempête. Le lendemain, des soldats hollandais vinrent les reconnaître; quelques difficultés qui se présentèrent d'abord à leur admission sur le territoire hollandais furent éludées ou levées, et bientôt ils se virent accueillis et secourus par l'hospitalité la plus généreuse. (*Journal de l'adjudant général Ramel.*)

Suivant de Larue, les déportés jouissaient à Sinnamary d'une grande liberté; ils pouvaient courir le pays et chasser dans certaines limites; ils avaient des fusils et des

munitions. Le poste de Sinnamary, gardé par quelques soldats, n'avait rien qui ressemblât à un fort; c'était un pauvre village de pêcheurs et de caboteurs, indiens ou
créoles, et la pirogue qui servit à l'évasion appartenait à
un homme d'origine allemande, que les déportés connaissaient pour se livrer avec cette embarcation au cabo-
tage entre Surinam et Cayenne. On trouva que de semblables conditions n'offraient pas grande sécurité contre
les déportés, et l'on décida qu'ils seraient transférés dans
une partie de la Guyane beaucoup plus insalubre. Ce fut
alors qu'ils résolurent de s'évader, aidés des conseils de
Tilly, qui ne put les accompagner parce qu'on le trans-
férait à Cayenne, et de Barrick, son maître d'équipage.
Un soir, ils se rendirent tranquillement, avec leurs
armes de chasse, au bois où Barrick les attendait, et sans
toutes les circonstances d'orgie dont parle Ramel; ils
n'eurent point de sentinelle à désarmer, mais seulement
à secourir un nègre qui ne savait comment faire pour se
rendre maître d'une grosse tortue. La pirogue contenait
des provisions peu abondantes, il est vrai, mais qui n'é-
taient pas encore épuisées quand ils prirent terre dans
les possessions hollandaises. Ils n'eurent donc point à
souffrir de la faim pendant huit jours, comme le dit
Ramel; ils n'entendirent point le canon signaler leur
départ; enfin ils s'échappèrent sans la plupart des épisodes dont Ramel a cru devoir embellir son récit. (De
Larue, *Histoire du 18 fructidor* 1821.)

En 1807, le baron de Richemont, colonel français, fut pris par un corsaire anglais avec le navire qui, de l'île de France, l'amenait en Europe. La ville de Chesterfield lui fut assignée pour résidence. Il y avait environ dix-huit mois que Richemont était en Angleterre, toute proposition d'échange avait été refusée, et sa captivité semblait devoir se prolonger indéfiniment, lorsqu'un matin il trouva dans son journal une nouvelle qui fit sur lui une impression profonde.

« Je venais de lire et de relire à deux fois, dit-il dans ses Mémoires, que le colonel Crawford s'était sauvé de Verdun, où il était prisonnier sur parole, et que, ne voulant pas reprendre le commandement de son régiment sans que sa conduite eût été approuvée, il avait réclamé un jury, lequel avait déclaré qu'étant retenu prisonnier contre le droit des gens, il avait légitimement agi en rompant la prétendue obligation qui lui avait été imposée. Cet article m'absorba tout entier, et je le relus une troisième fois avec une profonde attention. J'y trouvai les détails de son évasion, c'est-à-dire le moyen que lui avait suggéré le sentiment de son droit, d'après son appréciation, et la ruse à laquelle il avait eu recours pour assurer sans danger le succès de son entreprise. Il avait sollicité du gouvernement français la permission d'aller prendre les eaux à Spa, sous promesse de revenir se constituer prisonnier à Verdun, et il avait profité de cette faveur, accordée avec la confiance qu'inspire la parole d'un galant homme, pour retourner en Angleterre. On devine toutes les pensées qu'un tel événement fit surgir dans mon esprit. J'étais aussi retenu en violation du droit des gens, et ma position était bien autrement constatée que celle du colonel anglais; car c'était un jugement de la haute cour de l'amirauté qui avait proclamé la neutralité du bâtiment sur lequel j'avais été arrêté. J'avais protesté officiellement contre l'iniquité de ma détention et, certes, il ne pouvait me venir en l'idée de solliciter un permis de voyage pour faciliter ma fuite. Je devais d'ailleurs me trouver relevé de toute espèce d'engagement par la déclaration du jury qui avait prononcé l'absolution du colonel Crawford; je ne pouvais plus être retenu par le moindre scrupule de délicatesse. »

Sa détermination une fois prise, Richemont s'associa un Français, officier de marine, qui déjà lui avait proposé de s'enfuir. Leur plan arrêté, il écrivit à messieurs du Transport-Office une lettre où il leur déclarait son intention de sortir d'Angleterre et leur exposait les motifs et le verdict du jury anglais qui l'y déterminaient.

« Cette lettre, mise à la poste deux heures après que j'eus quitté Chesterfield, était entre les mains de messieurs du Transport-Office le jour même où je suis entré dans Londres, et je n'ai quitté l'Angleterre que huit ou dix jours après. Je leur ai donc donné tout le temps nécessaire pour faire leurs recherches; mais, en bonne conscience, ils ne devaient pas s'attendre à ce que j'allasse moi-même me livrer à leur générosité. »

Les deux fugitifs, qui se faisaient passer pour Espagnols et qui avaient la bourse bien garnie, gagnèrent heureusement Londres; ils en repartirent immédiatement en poste pour Folkestone, où se trouvait certain contrebandier sur lequel Richemont s'était procuré les renseignements les plus précis. A peine arrivé, il se rendit chez lui.

« Je frappe et j'entre, la fille qui m'avait ouvert la porte me conduit dans un petit parloir fort propre et très-confortablement meublé, où je trouvai mon homme seul et fumant sa pipe en face d'un verre de grog. Je le saluai d'un signe de tête et lui demandai si j'avais l'honneur de parler à maître W. G.—*Yes, sir*, me dit-il, *I am the man*. Alors, abordant mon sujet sans détour, je lui dis que nous étions ici deux Français qui avions compté sur lui pour rentrer en France. « Pour qui me prenez-vous? cria-t-il d'un ton courroucé.—Maître, repris-je aussitôt, ne nous emportons pas, parlons froidement; si vous avez à vous plaindre de moi, vous serez toujours libre de faire ce qu'il vous plaira ; mais écoutez-moi d'abord, nous sommes deux gentlemen honnêtes et discrets, qui désirons traiter amiablement avec vous, et je dois vous dire que j'ai pris mes précautions pour vous contraindre, au besoin, ou vous faire payer cher un refus obstiné, car je me suis muni de tous les documents et de tous les témoignages qui établissent avec une pleine certitude qu'à telle époque vous êtes venu à Chesterfield prendre le capitaine X..., que vous avez emmené dans votre chaise de poste, que vous avez gardé tant de jours caché chez vous et que vous avez transporté de l'autre côté du détroit. A présent, j'ai cent beaux pounds à vous offrir et de plus la reconnaissance et l'amitié de deux hommes de cœur et de loyauté. — Quand on parle comme ça, me dit-il en me prenant la main, qu'il secouait vivement, on est servi dans tous les pays du monde. Votre manière me plaît, il y a franchise et résolution dans vos paroles. Soyez le bienvenu, je suis votre homme et vous conserverez bon souvenir de moi. Soyez sans crainte, c'est nous qui sommes les maîtres de la mer, et non pas *the ships of the royal navy*. — C'est vrai, lui dis-je, et je lui serrai cordialement la main. C'est chose faite, ajoutai-je ; il faut à présent nous entendre pour l'exécution. » Alors je lui fis connaître où nous étions descendus, que la chose importante était de pouvoir attendre en sûreté un temps décidément favorable, et de pourvoir à tout pendant notre séjour. « C'est bien, me dit le maître, tout sera fait et bien fait. A telle heure de la soirée venez me prendre ici, et je vous conduirai en lieu sûr, où vous pourrez boire, fumer et dormir tout à votre aise, sans vous occuper de rien.

« A l'heure indiquée, nous nous rendîmes chez le smuggler, qui nous attendait. J'acquittai entre ses mains les cent pounds convenus, et lui dis qu'il devait s'attendre à voir placarder contre les murs une affiche du Transport-Office, avec promesse de récompense à celui qui nous arrêterait. « — *Never mind*, s'écria-t-il vivement : on m'offrirait la couronne d'Angleterre, qu'une lâcheté, une trahison ne seront jamais reprochées à W. G. »

« Nous nous mettons en route, et nous entrons dans une maison d'assez mesquine apparence, vrai repaire de contrebandiers, maison à trente-six portes ou trappes. On serait venu pour nous prendre qu'il y avait chance de se sauver par la dixième ou la douzième issue. La maison était éclairée, et par conséquent habitée. Nous trouvâmes, en effet, une femme d'un certain âge qui nous fut présentée comme notre servante et notre cuisinière; nous vîmes un buffet garni d'une copieuse vaisselle, bonne provision de charbon tant pour le parloir que pour la cuisine installée à l'anglaise avec ses fourneaux en fonte. « Vous n'aurez qu'à donner vos ordres, nous dit maître W...; le marché est bien fourni ; la bière, le porter, le vin se trouvent en abondance, et vous pourrez choisir les meilleurs. » Il nous conduisit dans deux chambres à coucher qui chacune avaient leur lit, une table et quelques chaises. Dans l'une se trouvait un secrétaire avec encre et papier...

« Installés et traités avec plus de soins et d'attentions

que ne le comportent les bons offices de l'hospitalité,
tandis que nous ne pouvions prétendre qu'à trouver sécurité dans le plus humble réduit, nous en exprimâmes
nos remercîments et nous serrâmes affectueusement la
main à notre libérateur, qui prit congé de nous en riant
et en nous souhaitant bonne nuit.

« Il y avait déjà sept à huit jours que nous cherchions
à tromper les ennuis et les anxiétés de la solitude, lorsque
maître W... se présente à nous tout radieux et nous an-
nonce que le vent est devenu on ne peut plus favorable,
qu'il est bien établi et qu'il y a toute chance pour sa fixité;
qu'ainsi vers les dix heures du soir, il arriverait avec
des habits de matelots et que nous mettrions à la voile
sous les meilleurs auspices. Quelle heureuse nouvelle!
Nous terminons toutes nos petites affaires et soldons nos
comptes. Nous remercions et rémunérons notre cuisinière
comme elle le méritait; nous satisfaisons en un mot à
toutes les exigences de l'équité et d'une généreuse libé-
ralité, et nous attendons le moment solennel. Il arrive
enfin. Nous entrons tout vêtus dans les pantalons et les
larges vestes de matelot qui nous avaient été apportés et
nous sortons, un brûle-gueule entre les dents. Nous arrivons sur la plage, où nous trouvons une gentille et légère
embarcation de 15 ou 16 pieds de quille et non pontée,
que nous mettons à l'eau. Nous guindons son mât, instal-
lons sa voile et son foc, remontons son gouvernail, et nous
sautons dedans avec les deux matelots fournis par maître
W... Nous poussons au large, la voile se gonfle et nous
voilà partis. Un bâtiment de la douane était en surveillance dans le port; il nous aperçoit et fait le signal de
venir raisonner à son bord; mais nous n'en tenons aucun
compte, et avant qu'il ait pu descendre et armer son canot,
nous étions déjà loin, car notre esquif était un fin mar-
cheur et la nuit nous enveloppait de son ombre épaisse.
Nous étions tous les quatre marins et chacun avait son

poste : l'un au gouvernail, un autre à l'écoute de la voile, le troisième à l'avant de la barque, et le quatrième, armé d'une lunette de nuit, avait mission d'explorer l'horizon pour y découvrir la croisière et la surveiller. Il soufflait bonne brise et la mer était belle; en moins de deux heures nous étions sous le cap Gris-Nez. Nous longeâmes la côte en descendant au sud, et chaque fois qu'une batterie nous faisait un signe de reconnaissance, nous y répondions par un signal ami, car nous étions pourvus de tous les signaux correspondant à ceux de la côte. La croisière était loin, et notre embarcation se projetant sur la terre, échappait à sa vue; d'ailleurs, au premier mouvement suspect, nous pouvions gagner la côte et aborder malgré tous ses canots.

« Au point du jour, nous donnons hardiment dans le petit port de Vimereux, et je saute lestement à terre. Le commandant du poste, qui faisait une ronde matinale de surveillance, arriva au moment où je m'étais élancé. « — Si je m'étais trouvé présent, vous ne seriez pas descendus, nous dit-il de mauvaise humeur. — Monsieur le commandant, lui répondis-je, si S. M. l'empereur, auquel je suis dévoué de corps et d'âme autant qu'un homme de France, eût voulu m'interdire le sol de la patrie, j'y fusse descendu malgré lui et sa vaillante garde, malgré vous et votre garnison. Je suis le colonel Richemont; faites votre rapport. »

Richemont se rendit promptement à Boulogne, y obtint la liberté des deux matelots anglais qui les avaient amenés et les récompensa généreusement. (*Mémoires du général Camus, baron de Richemont, correspondance littéraire.* février 1859.)

Les pontons de Cadix n'ont pas laissé dans l'histoire des souvenirs moins lugubres que ceux de l'Angleterre. Les pontons espagnols reçurent d'abord les équipages de l'amiral Rosily, qui, réfugié dans le port de Cadix avec quatre vaisseaux, restes de Trafalgar, fut obligé de se rendre après une résistance honorable contre des forces bien supérieures. La honteuse capitulation de Baylen augmenta singulièrement le nombre des prisonniers condamnés aux tortures de ces prisons empestées.

Un de ces pontons, *la Vieille-Castille*, était cependant privilégié. Spécialement destinée aux officiers, à qui une solde journalière permettait de vivre très-passablement, *la Vieille-Castille* n'était pas ravagée par le typhus, et les angoisses de la faim n'y déchiraient pas les malheureux prisonniers. Ils étaient prisonniers cependant et ne rêvaient que délivrance, surtout quand l'armée française s'approchant de Cadix, ils surent que leurs camarades campaient à une heure de leurs cachots. Bien des projets avaient été formés et abandonnés tour à tour, car la concorde ne régnait pas absolument parmi les prisonniers, qui se reprochaient les uns aux autres leur *prudence* ou leur *témérité*, qu'on appelait de noms plus militaires.

Enfin le chef des *téméraires*, Grivel, alors capitaine des marins de la garde, depuis vice-amiral, convint avec ses intimes d'enlever la première barque qui viendrait au ponton par un vent frais. Le 25 février 1810, *le Mulet*, petit navire espagnol, porteur des barriques d'eau, arriva le long de *la Vieille-Castille*. La brise était favorable ; sous prétexte d'aider à transporter les barriques, les chefs du complot descendirent dans l'embarcation et s'assurèrent des bateliers. Sans perte de temps, la voile fut regarnie de ses écoutes et hissée. Pendant que l'on s'embarquait à la hâte, une chaloupe anglaise partit du vaisseau amiral et salua le bateau d'une décharge de mousqueterie ; la garde du ponton répondit au signal, et bientôt pierriers, canons, fusils, tout se ligua contre le faible navire. Il ne fallait qu'un biscaïen pour casser son mât ou sa vergue : ce malheur n'arriva pas ; un seul homme fut tué... Le capitaine Grivel et ses compagnons donnèrent au milieu des bâtiments marchands mouillés près de Cadix et s'en firent un rempart. Les marques du plus vif intérêt les y attendaient : « *Hourra ! hourra !* criaient les équipages ; *courage, Français !* » Heureux de ces marques de sympathie, les fugitifs mirent à profit la bonne brise qui les poussait, et ils touchèrent au nombre de trente-quatre la côte de l'Andalousie après une heure d'angoisse et de périls sans cesse renaissants. Le maréchal Soult donna les plus grands éloges à leur conduite courageuse. *Bah ! monsieur le maréchal*, répondit le capitaine Grivel, *ce n'est qu'un tour de matelots*. (*France maritime*, tome III.)

Arrêté le 18 juillet 1815 et écroué à la Conciergerie, le comte de Lavalette avait été condamné à mort, comme ayant pris une part active au retour de l'île d'Elbe. Vainement sa femme avait essayé de fléchir Louis XVIII, qui n'avait pas voulu renoncer à sa vengeance : vainement elle avait espéré trouver la duchesse d'Angoulême plus accessible à la pitié. Elle s'était vue repoussée durement. « Épuisée de fatigue, dit Lavalette dans ses Mémoires, elle s'assit sur les marches de pierre de la cour et y resta pendant une heure, se faisant encore l'illusion qu'on la laisserait entrer. Elle attirait les regards des passants et surtout des gens qui montaient au château; mais personne n'osait lui donner un signe de compassion. Enfin elle se décida à s'éloigner du palais et à retourner dans mon cachot, où elle arriva exténuée et le cœur brisé par la douleur. »

Cependant les heures de Lavalette étaient comptées. A force de questionner ses gardiens, il avait fini par deviner que l'exécution devait avoir lieu le jeudi matin, et l'on était au mardi soir.

« Ma femme vint, dit-il, à six heures pour dîner avec moi. Quand nous fûmes seuls, elle me dit : « Il paraît trop certain que nous n'avons plus rien à espérer; il faut donc, mon ami, prendre un parti, et voici celui que je vous propose : à huit heures, vous partirez couvert de mes vêtements, accompagné de ma cousine; vous monterez dans ma chaise à porteurs qui vous conduira rue des Saints-Pères, où M. Baudus se trouvera avec un cabriolet et vous conduira dans une retraite qu'il vous a ménagée. Là, vous attendrez sans danger qu'on puisse vous faire sortir de France. »

Ce projet parut d'abord impraticable à Lavalette; cependant sa femme insistait avec tant de force qu'il craignit d'augmenter sa douleur et peut-être de l'atteindre d'une manière fatale par un refus; il lui fit seulement observer que le cabriolet était placé trop loin, qu'il ne pourrait l'atteindre assez tôt pour qu'on ne s'aperçût pas auparavant de sa fuite, et qu'alors il serait facilement repris. On convint de modifier le plan. La journée du lendemain se passa en adieux déchirants.

« A cinq heures, madame de Lavalette arriva, accompagnée de Joséphine, que je revis avec autant de surprise que de joie. « Je crois, me dit-elle, qu'il vaut mieux prendre notre enfant pour nous accompagner, je lui ferai faire plus docilement ce que j'ai en tête. » Elle s'était couverte d'une robe de mérinos doublée en fourrures; elle avait dans son sac une jupe de taffetas noir. « Il n'en faut pas davantage, me dit-elle, pour vous déguiser parfaitement. » Alors elle renvoya sa fille près de la fenêtre et me dit à voix basse : « A sept heures sonnant, vous serez habillé, tout est bien préparé; vous sortirez en donnant le bras à Joséphine; vous aurez soin de marcher bien lentement, et en traversant la grande pièce du greffe vous mettrez mes gants et vous vous couvrirez le visage de mon mouchoir. J'avais pensé à prendre un voile, mais malheureusement je n'ai pas pris l'habitude d'en porter en venant ici, il n'y faut donc pas penser. Ayez bien soin, en passant sous les portes, qui sont si basses, de ne point accrocher les fleurs du chapeau, car tout serait perdu. »

Madame de Lavalette donna ensuite des instructions à sa

fille, et, comme elle finissait, un ami de Lavalette, M. de
Saint-Rose, entra pour lui dire adieu. Il fallait le renvoyer au plus vite. C'est ce que fit Lavalette en lui donnant pour prétexte que sa femme n'était pas encore
instruite du terme fatal. Il en fit de même avec le colonel
de Bricqueville, qui avait quitté le lit, où le retenaient
des blessures graves, pour venir embrasser son ami.

« Enfin on servit le dîner. Ce repas, qui devait être le
dernier de ma vie, était effrayant. Les morceaux s'arrê-
taient à la gorge, nous n'échangions pas une parole, et il
fallait ainsi passer près d'une heure. Six heures trois
quarts sonnèrent enfin; elle tira la sonnette. Bonneville,
mon valet de chambre, entra ; elle le prit à part, lui dit
quelques mots à l'oreille, et ajouta tout haut : « Ayez
soin que les porteurs soient prêts, je vais sortir. — Allons,
me dit-elle, il faut vous habiller. » J'avais fait placer dans
ma chambre un paravent pour me faire un cabinet de
garde-robe. Nous passâmes derrière. Tout en faisant ma
toilette avec une adresse et une prestesse charmantes, elle
me disait : « N'oubliez pas de bien baisser la tête au passage
des portes. Marchez lentement dans le greffe, comme une
personne épuisée par la souffrance. » En moins de trois
minutes la toilette était complète. Nous avançâmes donc
tous en silence vers la porte. « Le concierge, dis-je à Émilie, vient tous les soirs après votre départ. Ayez soin de
vous tenir derrière le paravent et de faire un peu de bruit
en remuant quelque meuble; il me croira derrière et sor-
tira pendant quelques minutes, qui me sont indispensables
pour m'éloigner. » Elle me comprit, et je tirai le cordon
de la sonnette. Le geôlier se fit entendre ; Émilie s'élança
derrière le paravent; la porte s'ouvrit. Je passai le premier, ma fille ensuite, madame Dutoit (une vieille bonne
de madame de Lavalette) fermait la marche. Après avoir
traversé le corridor, j'arrivai à la porte du greffe. Il fallait
lever le pied et en même temps baisser la tête pour que

les plumes du chapeau ne rencontrassent pas le haut de
la porte. J'y réussis, mais en me relevant je me trouvai,
dans cette grande pièce, en face de cinq geôliers, assis,
appuyés, debout, le long de mon passage. Je tenais mon
mouchoir sur mes yeux, et j'attendais que ma fille se
plaçât à ma gauche, comme c'était convenu. L'enfant prit
mon bras droit, et le concierge, descendant l'escalier de
sa chambre qui était à gauche, vint à moi, et, plaçant sa
main sur mon bras, me dit : « Vous vous retirez de bonne
heure, madame la comtesse. » Il paraissait fort ému, et
pensait sans doute qu'elle venait de faire un éternel adieu
à son mari. On a dit que ma fille et moi, nous poussions
des cris; nous osions à peine soupirer. Enfin, j'arrivai au
bout de la pièce. Jour et nuit, se tient là un guichetier
assis dans un grand fauteuil, dans un espace assez étroit
pour avoir ses deux mains placées sur les clefs des deux
portes, l'une en grilles de fer, et l'autre qui est extérieure
et qu'on appelle le premier guichet. Le geôlier me regardait et n'ouvrait pas; je passai ma main droite entre les
barreaux pour l'avertir. Il tourna enfin ses deux clefs, et
nous sortîmes. Une fois dehors, ma fille ne se trompa pas
et me prit le bras droit. Il y a douze marches à monter
pour arriver sur la cour, mais au bas de cet escalier est
placé le corps de garde des gendarmes. Une vingtaine de
soldats, l'officier en tête, s'étaient placés à trois pas de
moi pour voir passer madame de Lavalette. Enfin j'atteignis
lentement la dernière marche, et j'entrai dans la chaise,
qui était à deux ou trois pas. Mais point de porteurs, point
de domestique; ma fille et la vieille bonne étaient debout à
côté de la chaise, la sentinelle à dix pas, immobile et tournée vers moi. A mon étonnement se mêla un commencement
d'agitation violente; mes regards étaient fixés sur le fusil
de la sentinelle comme ceux du serpent sur sa proie. Je
sentais pour ainsi dire ce fusil dans mes mains fermées.
Au premier mouvement, au premier bruit, je m'élançais

« Je tenais mon mouchoir sur mes yeux. » (Lavalette.)

24

sur cette arme... Cette situation terrible dura environ deux
minutes, mais elle avait pour moi la longueur d'une nuit.
Enfin j'entendis la voix de Bonneville, qui me dit tout bas :
« Un des porteurs m'a manqué, mais j'en ai trouvé un
autre. » Et alors je me sentis soulevé. La chaise traversa
la grande cour et tourna à droite en sortant. Nous allâmes
ainsi jusque sur le quai des Orfèvres, en face de la petite
rue du Harlay. Alors la chaise s'arrêta, la porte s'ouvrit,
et mon ami Baudus, me présentant le bras, me dit tout
haut : « Vous savez, madame, que vous avez une visite à
faire au président. » Je sortis donc, et il me montra du
doigt un cabriolet qui était à quelques pas dans cette petite
rue obscure. Je m'élançai dans cette voiture, et le cocher
me dit : « Donnez mon fouet. » Je le cherchais en vain, il
était tombé. « Qu'importe ? » dit mon compagnon. Un
mouvement des rênes fit partir le cheval au grand trot. En
passant je vis Joséphine sur le quai, les mains jointes et
qui priait Dieu de toute son âme. Nous traversâmes le
pont Saint-Michel, la rue de la Harpe, et bientôt nous
atteignîmes la rue de Vaugirard, derrière l'Odéon. Là seulement je commençai à respirer. En regardant le cocher
du cabriolet, quel fut mon étonnement de reconnaître le
comte de Chassenon ! « Quoi ! c'est vous ? lui dis-je. —
Oui, et vous avez derrière vous quatre pistolets doubles
bien chargés ; j'espère que vous en ferez usage. — Non,
en vérité, je ne veux pas vous perdre. — Alors je vous
donnerai l'exemple, et malheur à qui se présentera pour
vous arrêter ! » Nous allâmes jusqu'au boulevard, au coin
de la rue Plumet. Là, nous nous arrêtâmes. En chemin
je m'étais débarrassé de tout l'attirail féminin dont j'é-
tais affublé, et je me couvris d'un carrick de jockey avec
le chapeau rond galonné. M. Baudus arriva bientôt. Je
pris congé de M. de Chassenon, et je suivis modestement
mon nouveau maître.

« Il était huit heures du soir : la pluie tombait à torrents, la nuit était profonde et la solitude complète dans cette partie du faubourg Saint-Germain. Je marchais avec peine, et je suivais difficilement M. Baudus, qui avançait rapidement ; bientôt je perdis un de mes souliers, il fallait marcher cependant. Nous rencontrâmes des gendarmes qui couraient au galop et qui ne se doutaient guère que j'étais là, car probablement c'était à moi qu'ils en voulaient. Enfin, après plus d'une heure de marche, harassé de fatigue, un pied chaussé, l'autre nu, je vis M. Baudus s'arrêter un instant rue de Grenelle, près de la rue du Bac. « Je vais entrer, me dit-il, dans un hôtel ; pendant que je parlerai au suisse, avancez dans la cour, vous trouverez un escalier à gauche, montez jusqu'au dernier étage, avancez dans un corridor obscur que vous trouverez à droite ; au fond est une pile de bois, tenez-vous là et attendez. » Nous fîmes alors quelques pas dans la rue du Bac, et une sorte de vertige me prit quand je le vis frapper à la porte du ministère des affaires étrangères. Il entra le premier, et, pendant qu'il parlait au suisse qui avait la tête hors de sa loge, je passai rapidement. « Où va cet homme ? s'écria le suisse. — C'est mon domestique. » Je montai l'escalier jusqu'au troisième étage, et j'arrivai à l'endroit indiqué. A peine y étais-je, que j'entendis le frôlement d'une robe d'étoffe. Je me sentis prendre doucement par le bras ; on me poussa dans une chambre, et la porte fut fermée sur moi.

Un poêle était allumé et sur la tablette se trouvaient un flambeau et des allumettes, on pouvait donc éclairer la chambre sans danger. Sur la commode un papier portait ces mots : « Point de bruit, n'ouvrez la fenêtre que « la nuit, chaussez-vous de pantoufles de lisières et at- « tendez avec patience. » A côté de ce papier était une bouteille d'excellent vin de Bordeaux, plusieurs volumes de Molière et de Rabelais et un joli panier contenant des objets de toilette fort élégants.

Au bout de quelques instants, M. Baudus entra, se jeta dans les bras de son ami et lui apprit qu'il était chez M. Bresson, chef des fonds au ministère des affaires étrangères. M. Bresson et sa femme, proscrits sous la Terreur, avaient trouvé asile chez de braves gens qui les avaient cachés au péril de leur vie; eux aussi ils voulaient sauver un proscrit. Lavalette resta caché au ministère pendant dix-huit jours. Il entendait, de sa chambre, crier dans la rue les ordonnances menaçant de peines sévères ceux qui lui donneraient asile.

Cependant, madame de Lavalette fut bientôt découverte par le geôlier derrière le paravent où elle se tenait cachée; l'alarme donnée, cette femme héroïque se vit en butte aux injures de misérables qui ne pouvaient apprécier son courage. Le procureur général Bellart fit cesser leurs clameurs, mais adressa des reproches ridicules à madame de Lavalette et la logea dans une chambre qui donnait sur la cour des femmes, dont les cris et les propos révoltants étaient pour elle un supplice. Bellart se conduisait, comme on voit, en digne serviteur du roi qui avait dit à madame de Labédoyère, lui demandant la vie de son mari : « Madame, je ferai dire des messes pour le « repos de son âme. »

Après avoir prudemment étudié le moyen de faire sortir Lavalette du royaume, ses amis s'adressèrent à un jeune Anglais, M. Bruce, qui accepta la proposition avec transport et alla la confier au général Wilson. Celui-ci, qui avait échoué dans sa tentative pour sauver le maréchal Ney, voulut prendre sa revanche. Tout fut arrangé, toutes les mesures furent bien prises, quelques alertes n'eurent pas de suite, et malgré les gendarmes, les douaniers et toutes les difficultés d'un pareil voyage, Lavalette, revêtu d'un uniforme d'officier anglais, fut conduit par le général Wilson sur le territoire belge.

« En pressant les mains du général, je lui exprimai,

avec une profonde émotion, toute ma reconnaissance, mais lui, gardant sa gravité, souriait seulement sans me répondre. Après une demi-heure, il se tourna vers moi et me dit d'un grand sérieux :

« — Ah çà ! mon cher ami, expliquez-moi pourquoi vous ne vouliez pas être guillotiné ? »

« Je le regardais, surpris, sans lui répondre.

« — Oui, on m'a dit que vous avez demandé comme « une faveur d'être fusillé.

« — Mais, on conduit le condamné dans une charrette, « les mains liées derrière le dos, on l'attache sur une « planche...

« — Oh ! je comprends ; vous ne vouliez pas être égorgé « comme un veau. »

Quelques heures après, les deux compagnons de voyage se séparèrent, l'un pour gagner l'Allemagne, l'autre pour retourner à Paris, où son généreux dévouement lui valut quelques mois de prison. (*Mémoires de Lavalette*, 1831.)

Le comte Giovanni Arrivabene avait reçu en 1820, à
sa campagne de la Guàìta, près de Mantoue, Pellico, ses
deux élèves et leur père le comte Porro, c'est-à-dire des
hommes qui, suivant l'expression de Lamennais, avaient
osé prononcer le mot de Patrie. Ce crime entraînait la
peine de mort, que la miséricorde de l'Autriche commuait
en quinze ou vingt années de *carcere duro*. Porro et Pellico
étaient l'un poursuivi, l'autre arrêté, leur hôte ne pouvait
s'attendre à moins. Il fut, en effet, arrêté, mis en accusation, puis, après une détention assez longue, on lui rendit
la liberté. Mais, peu de temps après, il sut que la police
autrichienne regrettait sa clémence.

Un jour donc, il part dans le plus grand secret, peu
après traverse Brescia et vient frapper à la porte de Ca-
millo Ugoni et de Giovita Scalvini, ses amis les plus an-
ciens et les plus dévoués.

« Eh bien, je me sauve, car on veut m'arrêter de nouveau; vous n'êtes pas plus en sûreté que moi; venez,
montez tous deux dans ma voiture pendant qu'il en est
temps encore. »

Ses amis n'hésitèrent pas, mais il fallait pourtant aviser
à bien des choses et, surtout, partir sans être vus. Il était
quatre heures du soir; on résolut d'attendre jusqu'au

point du jour. Scalvini prit chez lui Arrivabene, le fit coucher dans le lit de sa mère, et la bonne dame, qu'on ne voulait instruire de rien, fut éloignée adroitement, de façon pourtant que, sans être initiée au secret, elle devait les avertir en cas de visite de la police. Le 10 avril 1822, les trois fugitifs et un domestique d'Arrivabene quittèrent Brescia et, se dirigeant vers les montagnes, renvoyèrent bientôt la voiture et poursuivirent leur route à cheval. Ils passèrent trois jours et trois nuits dans le labyrinthe des vallées, conduits par des guides toujours nouveaux, et partout reçus avec une affection et un respect qui ramènent aux temps d'Homère et de la Bible.

Arrivés à Edolo, village sur l'Adda, à douze heures de Tirano, ils entrent dans l'auberge et voient suspendus devant le feu d'une grande cheminée des uniformes de gendarmes tout trempés d'eau. — « Qu'est-ce que cela ? — Chut ! ils dorment ! pauvres gens, ce serait dommage de les réveiller ! » Les gendarmes cherchaient trois fugitifs ! une pluie diluvienne et une longue course à cheval les avaient brisés et ils reposaient à l'étage au-dessus. Les trois proscrits, pleins de charité, ne voulurent pas troubler le repos des dormeurs, et frappant de la main une des gibernes. — « Ceci, dirent-ils, renferme peut-être l'ordre de nous arrêter. Allons ! allons ! des chevaux, et quittons l'antre avant que le lion rugisse. »

Chacun s'empressa de leur venir en aide, mais on ne put leur fournir que deux chevaux seulement. Le domestique alla à pied, Ugoni monta l'un des chevaux, Scalvini et Arrivabene enfourchèrent l'autre de leur mieux. Il était écrit que le courage de ces dignes citoyens ne serait pas mis à l'épreuve du martyre. Les gendarmes endormis continuèrent à dormir. Au point du jour, les fugitifs passèrent les grands degrés de la montagne qu'on nomme les *Sapei della Briga*. Là se trouvait un poste de gendarmes, mais le bon ange qui avait endormi ceux d'Edolo

Ils se laissèrent tomber sur le sol, épuisés de fatigue. (Arrivabene, Ugoni et Scalvini.)

fit de même pour ceux-ci. Arrivabene et ses compagnons de fuite passèrent inaperçus.

· Cependant, le point le plus difficile, la frontière, n'était pas encore franchi. Ils se firent annoncer comme des marchands de bœufs qui allaient à la foire, puis, tout doucement et sans bruit, ils traversèrent une file de douaniers autrichiens qui leur adressèrent un respectueux coup de chapeau, croyant saluer des bouviers et non des comtes et des barons. Ceux-ci répondirent à un accueil si courtois en se découvrant aussi, puis, à peine arrivés au delà de la borne qui marque la frontière, ils se laissèrent tomber sur le sol, épuisés de fatigue. Comment décrire un pareil tableau : à deux pas en deçà de la frontière, les douaniers blasphémant, menaçants, furieux de voir qu'ils venaient de laisser passer des fugitifs et non des marchands de bœufs! à deux pas au delà, les pauvres exilés, abandonnant la patrie, leur fortune, leurs amis et tout ce qu'ils avaient de plus cher, mais bénissant le ciel qui les avait sauvés, et ne répondant que par une tranquille indifférence aux injures dont on les accablait!

Quant à l'aubergiste d'Edolo, il fut longtemps retenu en prison, et sa pauvre femme, à qui l'on avait dit que son mari serait pendu, en mourut de saisissement et de chagrin. (Maroncelli, *Alle mie Prigioni di Silvio Pellico addizioni.*)

MARRAST, GUINARD, GODEFROY CAVAIGNAC

ET AUTRES PRISONNIERS POLITIQUES

— JUILLET 1834 —

A la suite des émeutes d'avril 1834, à Paris et à Lyon, un grand nombre d'hommes, connus pour leurs opinions hostiles au gouvernement, furent mis en accusation devant la cour des pairs, comme ayant pris une part directe ou de complicité dans ces mouvements. Parmi ces accusés figuraient MM. Guinard, Marrast, Godefroy Cavaignac, frère de l'illustre général, Berrier-Fontaine, etc. Le procès suivait son cours, lorsque, le 12 juillet au soir, on apprit que vingt-huit des prisonniers détenus à Sainte-Pélagie, dans l'ancienne prison pour dettes, venaient de s'évader.

La surveillance à leur égard était fort peu rigoureuse; ils communiquaient avec le dehors et passaient toute la journée réunis, soit dans leurs chambres, soit dans la cour destinée à la promenade. Une porte de cave donnait sur cette cour, et la cave se dirigeait vers l'enceinte de la prison, en sorte que son extrémité n'était séparée que par une faible distance du jardin d'une maison voisine. Il suffisait donc de percer le mur de la cave et de creuser une galerie, passant sous le chemin de ronde et sous les deux murs d'enceinte, pour arriver dans ce jardin. C'est ce que firent les prisonniers. Il creusèrent une galerie de dix mètres environ de longueur sur un mètre de

diamètre, et dirigée de manière à venir affleurer par son
extrémité le sol du jardin de la maison située rue Copeau, n° 7. Grâce à leurs intelligences avec le dehors, ils
trouvèrent tout préparé dans cette maison pour faciliter
leur fuite sans compromettre personne. Vers neuf heures
du soir, ils percèrent la croûte de terre qui séparait encore leur galerie de l'air libre, passèrent ainsi de Sainte-
Pélagie dans le jardin, et de là se sauvèrent par groupes
ou individuellement. Les journaux ministériels dirent
qu'ils s'étaient procuré une fausse clef de la porte de la
cave ; suivant le *National,* cette cave était de tout temps
à la disposition des détenus. Pendant que vingt-huit d'entre eux s'évadaient, quinze autres environ se refusèrent
à les suivre pour divers motifs, ou en furent empêchés par
la maladie ; mais ceux d'entre eux qui n'étaient pas retenus à la chambre se tinrent dans la cour, d'où on ne les
faisait remonter qu'à dix heures, et leur présence en ce
lieu, leurs conversations et leur bruit empêchèrent, dit-
on, les gardiens de soupçonner l'évasion des autres. En
un mot, cette évasion fut si facile et si favorisée par une
foule de circonstances, qu'on alla jusqu'à dire que l'autorité l'avait aidée pour simplifier un procès fort difficile
à terminer.

Ceux des prisonniers qui passèrent à l'étranger n'eurent pas non plus beaucoup d'obstacles à surmonter.
Armand Marrast et ses compagnons de voyage furent cependant arrêtés par les gendarmes à 40 kilomètres de la
frontière et sur une route de traverse qu'ils croyaient
très-sûre. Depuis deux heures ils se voyaient retenus
sous la main d'un brigadier de gendarmerie quand heureusement l'adjoint du pays survint. Marrast l'interpella
vivement : « Monsieur, lui dit-il, je vous rends person-
nellement responsable des dommages que me cause le
retard que j'éprouve ; voilà deux heures que j'attends
votre présence pour me délivrer des ridicules méprises

de ces gendarmes qui me prennent pour je ne sais qui. »
L'adjoint, un peu confus, examina avec grand soin les
passe-ports des deux voyageurs qui, bien entendu, étaient
parfaitement en règle, et les laissa partir. Le soir même
Marrast, guidé par des contrebandiers, passait la frontière
sans obstacle.

Il en fut de même de Guinard. Arrivé à Compiègne
chez un de ses amis, celui-ci, pour plus de sûreté, ne
trouva rien de mieux que de faire dîner le fugitif avec le
procureur du roi. Le magistrat, qui avait sous la main, on
peut le dire, une belle occasion d'avancement, ne sus-
pecta pas le moins du monde l'agréable convive qu'on lui
donnait. Quand la soirée fut terminée, l'ami enleva son
hôte dans un cabriolet bien attelé, et le conduisit jusque
près de la frontière, puis un contrebandier, dont on
s'était assuré, fit traverser les lignes de douane au fugitif.

Parmi les victimes innombrables que le gouvernement russe a transportées depuis un siècle en Sibérie, on n'en connaît que deux qui soient parvenues à recouvrer la liberté en s'échappant de cet affreux séjour. Ce sont Beniowski, dont nous avons annoncé l'évasion, et M. Piotrowski. Mais, si les aventures du magnat hongrois sont intéressantes comme un roman, l'histoire du modeste et intrépide soldat de la Pologne inspire un sentiment tout autre. Ce n'est plus l'émotion d'une pompeuse mise en scène, c'est le drame intime, le déchirement de toutes les fibres du cœur, torturé de ces longues angoisses dont le récit est simple et digne comme celui d'un martyr. Beniowski, général et prisonnier de guerre, est traité comme tel, il conserve jusque dans l'exil une liberté relative et presque les privilèges de son rang ; Piotrowski, l'ancien combattant de 1831, devenu simple émissaire de ses compatriotes réfugiés en France, est confondu en Sibérie dans la tourbe des forçats, dans la *katorga*, le bagne ; il faut qu'il obéisse aux ordres d'un forçat condamné pour vol, et la population demi-sauvage du pays où on l'a jeté désigne sous l'appellation infamante de *varnak* le Polonais déporté pour son patriotisme aussi bien que l'ignoble faussaire et l'assassin.

Rufin Piotrowski est le Silvio Pellico de la Pologne. Le

livre de Silvio Pellico a soulevé contre l'Autriche l'indignation de tous les peuples civilisés. Battus à Solferino,
anéantis à Sadowa, les geôliers du Spielberg n'ont rencontré nulle part un regard de pitié. Les *Souvenirs d'un
Sibérien* sont un témoignage redoutable contre les geôliers de la Sibérie.

M. Piotrowski, envoyé en Russie par l'émigration polo-
naise, était arrivé en 1843 à Kamiéniec, en Podolie, sous
le nom et le titre supposés de Catharo, sujet anglais ; il y
séjournait depuis neuf mois, comme professeur de langues, quand il fut reconnu pour un Polonais, arrêté et
condamné aux travaux forcés en Sibérie. Déporté, en
1844, au lieu de son exil, il fut dirigé sur la distillerie
d'Ékatérininski-Zavod (établissement de Catherine), à
300 kilomètres au nord d'Omsk. Là, pendant près d'un
an, il dut se soumettre aux travaux les plus pénibles
et les plus rebutants. Un mot, un geste de sa part ou
seulement la mauvaise humeur de ceux qui lui commandaient pouvaient l'exposer à la bastonnade, au knout ;
mais, décidé à souffrir la mort plutôt que de se laisser
frapper, ayant d'ailleurs toujours présente la pensée de
s'évader, il sut prendre assez d'empire sur lui-même
pour montrer une docilité, un soin constant à s'acquitter
des travaux qu'on lui imposait, et parvint ainsi à se faire
employer dans les bureaux de la distillerie.

« Mon bureau, dit-il, était le rendez-vous de beaucoup
de voyageurs qui arrivaient, soit pour la vente des grains,
soit pour l'achat des spiritueux ; paysans, bourgeois, com-
merçants, Russes, Tatars, Juifs, Kirghis. Je m'enquis,
avec une curiosité qui ne se lassa jamais, auprès des
étrangers de passage, de toutes les particularités de
la Sibérie. Je parlais à des hommes dont les uns
avaient été à Bérézov, les autres à Nertschinsk, aux frontières de la Chine, au Kamtchatka, dans les steppes des
Kirghis, dans le Boukhara. Sans sortir de mon bureau,

j'arrivai ainsi à connaître toute la Sibérie dans ses moindres détails. Ces connaissances acquises devaient m'être
plus tard d'une utilité immense dans mon entreprise d'évasion... Un autre adoucissement à mon sort fut la permission, que m'accorda l'inspecteur, de quitter la caserne.
Je pus abandonner cette habitation ordinaire des forçats,
et demeurer avec mes deux compatriotes dans la maison
de Siésicki. Ce dernier était parvenu à se construire peu
à peu une petite maison en bois, grâce à son long séjour
à Ékaterininski-Zavod et aux épargnes amassées sur
sa faible paye. La maison n'était pas encore finie, le
toit manquait complétement; nous y transportâmes néanmoins nos pénates. Le vent sifflait par toutes les fentes ;
mais, comme le bois ne coûtait presque rien, nous
allumions chaque nuit un grand feu dans la cheminée : nous étions chez nous d'ailleurs et débarrassés de
la hideuse compagnie des forçats ; les soldats seuls, que
nous avions à payer, ne nous quittaient jamais. Nous passions les longues nuits d'hiver à causer, à nous rappeler
ce qui nous était cher, à faire même des plans pour
l'avenir. Ah ! si cette maison est encore debout, et si elle
abrite quelque malheureux frère déporté, qu'il sache qu'il
n'est pas le premier à y pleurer et à invoquer la patrie
absente !

« J'avais assez vite monté du dernier jusqu'au premier
degré auquel pouvait s'élever un forçat dans notre établissement des bords de l'Irtiche. Au commencement de 1846,
je pouvais presque me faire illusion et me regarder comme
une simple recrue de l'omnipotente bureaucratie, tristement reléguée dans des parages lointains et sous un climat inhospitalier. Combien ce temps ne différait-il pas de
l'hiver terrible de 1844, alors que je balayais les canaux,
portais ou fendais du bois et vivais sous le même toit avec
le rebut du genre humain ? Combien de mes frères, hélas!
qui gémissaient en ce moment dans les mines de Ner-

22

tchinsk ou dans les compagnies disciplinaires, combien,
même parmi ceux qui avaient été condamnés à une peine
moins sévère que la mienne, ne se seraient-ils pas estimés
heureux de la position qui m'était faite, et à laquelle pourtant j'étais résolu de me soustraire, au risque même d'en-
courir le knout et les cachots mystérieux d'Akatouïa !...
L'empereur Nicolas avait rendu en 1845 une ordonnance
qui avait pour but d'aggraver la situation des déportés en
Sibérie. Des commissions visitaient les établissements
pénitentiaires afin de proposer de nouvelles mesures de
rigueur. La cohabitation obligée de tous les forçats dans
les casernes fut le point que l'on crut devoir accorder en
premier lieu à l'ombrageuse disposition du tzar. Tout cela
devait me faire persister dans un projet conçu depuis
longtemps.

« Dès l'été de 1845, je fis deux tentatives, un peu préci-
pitées et irréfléchies, qui échouèrent au début même, sans
cependant éveiller les soupçons. J'avais remarqué, au
mois de juin, une petite nacelle qu'on négligeait souvent,
de retirer le soir du bord de l'Irtiche : j'imaginai de profiter de cet esquif et de me laisser porter par le fleuve
jusqu'à Tobolsk ; mais à peine avais-je, par une nuit sombre, détaché le canot et donné quelques coups de rames,
que la lune sortit des nuages, éclairant la contrée d'une
dangereuse lumière ; en même temps j'entendis du rivage
les éclats de la voix du *smotritel* (inspecteur), qui se promenait en compagnie de quelques employés. Je regagnai
doucement la terre. C'en était fait pour cette fois. Le mois
suivant, j'aperçus la même barque dans un endroit beaucoup plus favorable, sur un lac qui communiquait par un
canal avec l'Irtiche à un point assez éloigné de notre établissement. Un phénomène, très-fréquent dans les eaux de
la Sibérie pendant cette saison, mit un obstacle infranchis-
sable à cette seconde entreprise. Par suite du refroidisse-
ment subit de l'air à la tombée de la nuit, il s'élève

souvent des colonnes énormes de vapeur tellement rap-
prochées et tellement épaisses, qu'il devient impossible de
rien distinguer à deux pas. J'eus beau pousser ma barque
dans tous les sens pendant les heures mortellement longues de cette nuit pleine d'angoisses, le bro illard m'empêchait d'apercevoir le canal par lequel je devais descendre dans l'Irtiche. Ce ne fut qu'au point du jour que je
découvris enfin l'issue si vainement cherchée ; mais il était
déjà trop tard et je dus m'estimer heureux de pouvoir
regagner ma demeure sans encombre. J'abandonnai dès
lors toute pensée de me confier encore aux flots si peu
cléments de l'Irtiche, et je me mis à mieux mûrir et com-
biner mon plan d'évasion. »

Après avoir longuement réfléchi sur les différentes voies
qui s'offraient à lui pour sortir de l'empire russe, il résolut de chercher son salut par le nord, les monts Ourals,
le steppe de Petchora et Archangel.

« Lentement, péniblement, je réunissais les objets indispensables pour le voyage, parmi lesquels figurait en
première ligne un passe-port. Il y a deux sortes de passe-
port pour les habitants de la Sibérie, une espèce de billet
de passe à courte échéance et pour les destinations rap-
prochées, puis un passe-port bien autrement important,
délivré par l'autorité supérieure sur papier timbré, le *plakatny*. Je parvins à me fabriquer l'un et l'autre. Lentement, péniblement aussi, je me procurai les habits et les
accessoires qui devaient servir à mon déguisement : au
moral comme au physique, je travaillai à ma transforma-
tion en un indigène, « un homme de la Sibérie » (*Sibir-
ski tcheloviek*), comme on dit en Russie. Dès mon départ
de Kiow, j'avais laissé à dessein croître ma barbe, qui
bientôt devint d'une longueur respectable et tout à fait
orthodoxe. Avec de longs efforts, je devins aussi possesseur d'une perruque, mais d'une perruque sibérienne,
c'est-à-dire faite d'une peau de mouton avec la fourrure

retournée. Grâce à ces divers moyens, j'étais sûr de me rendre à-peu près méconnaissable. Enfin il me restait la somme de 180 roubles en assignats (environ 200 francs), somme bien modique pour un si long voyage et qui devait encore être diminuée de beaucoup par un accident fatal.

« Je ne me dissimulais nullement les difficultés de mon entreprise, ni les dangers auxquels elle m'exposait à chaque pas. Une chose me soutenait et, tout en aggravant ma situation, allégeait de beaucoup ma conscience : c'était le serment que je m'étais fait de ne révéler à personne mon secret avant d'être arrivé dans un pays libre, de ne demander ni aide, ni protection, ni conseils à aucune âme humaine, tant que je n'aurais pas franchi les limites de l'empire des tzars, et de renoncer plutôt à la délivrance que de devenir un sujet de péril pour mes semblables. J'avais pu envelopper dans mon triste sort plus d'un de mes pauvres compatriotes par mon séjour à Kamiéniec, alors que je croyais remplir une mission d'intérêt général ; mais il ne s'agissait plus désormais que de mon salut personnel, et je ne devais avoir recours qu'à moi seul. Dieu a daigné me soutenir jusqu'au bout dans cette résolution qui, après tout n'était que simplement honnête, et peut-être est-ce en considération de ce vœu, fait dès le début, qu'il a étendu sur moi son bras protecteur.

« Dans les derniers jours de janvier 1846, mes préparatifs étaient terminés, et l'époque me sembla d'autant plus favorable que bientôt devait avoir lieu la grande foire d'Irbite, au pieds des monts Ourals, une de ces foires comme on n'en connaît guère que dans la Russie orientale... J'espérais me perdre au milieu d'une telle migration de peuples, et j'eus hâte de profiter de la circonstance.

« Le 8 février, je me mis en marche. J'avais sur moi trois chemises, dont une de couleur par-dessus le pantalon de drap épais, sur le tout un petit burnous (*armiack*) de peau de mouton, bien enduit de suif, qui me descendait jusqu'aux genoux. De grandes bottes à revers et fortement goudronnées complétaient mon costume. Une ceinture de laine blanche, rouge et noire, me serrait les reins, et sur ma perruque se dressait un bonnet rond de velours rouge bordé de fourrure, bonnet que porte un paysan aisé de la Sibérie, aux jours de fête, ou un commis marchand. J'étais, de plus, enveloppé d'une grande et large pelisse, dont le collet, remonté et retenu par un mouchoir noué autour, avait pour but autant de me préserver du froid que de cacher mon visage. Dans un sac que je portais à la main, j'avais mis une seconde paire de bottes, une quatrième chemise, un pantalon d'été, bleu, suivant la coutume du pays, du pain et du poisson sec. Dans la tige de la botte droite, j'avais caché un large poignard ; je plaçai sous le gilet mon argent, en assignats de 5 et 10 roubles ; enfin, dans mes mains couvertes de gros gants de peau, le poil à l'envers, je tenais un bâton noueux et solide.

« C'est le soir, ainsi accoutré, que je quittai l'établissement d'Ékaterininski-Zavod, par un chemin de traverse. Il gelait très-fort, le givre voltigeant dans l'air scintillait aux rayons de la lune. Bientôt j'eus passé mon Rubicon, l'Irtiche, dont je foulai aux pieds la carapace glacée, et d'un pas précipité, quoique alourdi par le poids de mes vêtements, je pris le chemin de Tara, bourgade située à 12 kilomètres du lieu de ma détention. Les nuits d'hiver, pensais-je, sont très-longues en Sibérie : combien de chemin ferai-je avant que le jour paraisse et donne l'éveil sur mon évasion ? que deviendrai-je après ?

« J'avais à peine passé l'Irtiche, que j'entendis derrière moi le bruit d'un traineau. Je frémis, mais je résolus d'attendre le voyageur nocturne, et, comme il m'est arrivé plus d'une fois dans ma pérégrination hasardeuse, ce que je redoutais comme un péril m'offrit un moyen inespéré de salut. « — Où vas-tu ? me demanda le paysan qui con-

duisait le traineau, en s'arrêtant devant moi.' — A Tara.
— Et d'où es-tu ? — Du hameau de Zalivina. — Donne-
moi 60 kopeks (10 sous), je t'emmènerai à Tara, où je vais
moi-même. — Non, c'est trop cher; 50 kopeks, si tu veux
— Eh bien soit, et monte vite, l'ami. »

« Je pris place à côté de lui et nous partîmes au galop.
Au bout d'une demi-heure, nous fûmes à Tara. Resté seul
je m'approchai de la fenêtre de la première maison venue
et demandai à haute voix, selon la manière russe : « Y
a-t-il des chevaux ? — Et pour où ? — Pour la foire d'Irbite
— Il y en a. — Une paire ? — Oui, une paire. — Combien
la verste ? — 8 kopeks. — Je ne donnerai pas tant : 6 kopeks ? — Que faire ?... Soit. Dans l'instant. » Au bout de
quelques minutes, les chevaux étaient prêts et attelés au
traineau. « — Et d'où êtes-vous ? me demanda-t-on. — De
Tomsk ; je suis le commis de N... (je donnai un nom quelconque); mon patron m'a devancé à Irbite ; moi j'ai dû
rester pour quelques petites affaires et je suis horrible-
ment en retard, je crains que le maître ne se fâche. Si tu
vas bien vite, je te donnerai encore un pourboire. Le
paysan siffla et les chevaux partirent comme une flèche.
Tout à coup le ciel se couvrit, une neige abondante commença à tomber, le paysan perdit son chemin et ne sut plus
s'orienter. Après avoir longtemps erré, force nous fut de
faire halte et de passer la nuit dans la forêt. Je feignis
une grande colère, et mon conducteur de me demander
humblement pardon.

« Je n'essayerai pas de décrire les angoisses terribles
de cette nuit passée sur le traineau, au milieu d'une tempête de neige, à une distance de quatre lieues au plus
d'Ékaterininski-Zavod ; à tout moment je croyais entendre
le grelot des *kibitkas* lancées à ma poursuite. Enfin le jour
commençait à poindre. « — Retournons à Tara, dis-je au
paysan ; je prendrai là un autre traineau et toi, imbécile,
je ne te donnerai rien et je te livrerai à la police pour

m'avoir fait perdre du temps. Le paysan, tout penaud,
se mit en route pour revenir à Tara, mais à peine eut-il
parcouru une verste, qu'il s'arrêta, regarda de tous côtés
et montrant quelques vestiges de sentier sous des amas de
neige, il s'écria : « Voilà le chemin que nous aurions dû
prendre! — Va donc, lui dis-je et à la grâce de Dieu ! Le
paysan fit alors tout son possible pour me faire regagner
le temps perdu. Cependant une idée horrible me traversa
l'esprit; je me rappelai notre malheureux colonel
Wysçoki retenu comme moi toute une nuit dans la forêt,
pendant sa fuite, et livré aux gendarmes par son conducteur. Vaines terreurs ! le paysan arriva bientôt chez un de
ses amis qui me donna du thé et me fournit des chevaux
au même prix pour continuer ma route. Ainsi allai-je mon
train, renouvelant mes chevaux à des prix assez modiques,
quand arrivé bien tard dans la nuit à un village nommé
Soldatskaïa, n'ayant pas de monnaie pour payer le conducteur, j'entrai avec lui dans un cabaret, où se pres-
saient beaucoup de gens ivres. J'avais retiré de dessous
mon gilet quelques billets et j'allais en donner un ou deux
au maître du cabaret pour qu'il me les changeât, quand
un mouvement de la foule, calculé ou fortuit, me repoussa
de la table où j'avais étalé les papiers, dont une main
adroite s'empara aussitôt. J'eus beau crier, je ne pus découvrir le voleur, ni penser sérieusement à requérir les
gendarmes et je dus me résigner. Je fus ainsi frustré de
45 roubles en assignats, mais ce qui augmenta mes regrets
et, j'ose dire, ma terreur, c'est que le voleur s'était emparé en même temps de deux papiers d'un prix inestima-
ble : une petite note où j'avais inscrit les villes et les villages que je devais traverser jusqu'à Archangel, et mon
passe-port, celui sur papier timbré, dont la fabrication
m'avait tant coûté. Dès le début, et le premier jour de
mon évasion, j'avais perdu presque le quart de mon modeste pécule de voyage, la note qui devait me guider et

le *plakatny*, la seule pièce qui pouvait apaiser les premiers soupçons d'un curieux. J'étais au désespoir. »

Il fallait cependant continuer sa route, chaque pas fait en avant rapprochait le fugitif de la délivrance et, qu'il fût pris à quelques verstes de son lieu d'exil ou à la frontière russe, son sort était le même. Perdu dans la foule innombrable qui couvrait la route d'Irbite, il arriva le soir du troisième jour de son évasion aux portes de cette ville, ayant parcouru, grâce à la vitesse des traineaux, 1000 kilomètres depuis son départ d'Ékaterininski-Zavod.

« Halte-là et montrez votre passe-port! » me cria le factionnaire. Par bonheur, il ajouta tout de suite très-bas : « Donnez-moi vingt kopeks et filez droit. » Je satisfis avec empressement à l'exigence de la loi si à propos modifiée. »

Après une nuit passée à Irbite, M. Piotrowski se hâta dès le matin de quitter cette ville ; mais les dépenses de son voyage jusque-là et le vol dont il avait été victime avaient réduit son viatique à 75 roubles (environ 80 fr). Il ne pouvait plus voyager qu'à pied.

« L'hiver de 1846 fut d'une rigueur extrême. Pourtant le matin où je traversai Irbite, l'air devint plus doux, mais aussi la neige commença à tomber si épaisse qu'elle obscurcissait complètement la vue. La marche était très-fatigante au milieu de ces masses blanches, qui s'amoncelaient à chaque pas. Vers midi, le ciel s'éclaircit et la marche devint moins pénible. J'évitais d'ordinaire les villages, et quand il me fallait en traverser un, j'allais tout droit devant moi, comme si j'étais des environs et n'avait besoin d'aucun renseignement. Ce n'était qu'à la dernière maison d'un hameau que je me hasardais, parfois, à faire quelques questions, alors que des doutes graves s'élevaient en moi sur la direction à prendre. Quand j'avais faim, je tirais de mon sac un morceau de pain gelé et je le mangeais en marchant, ou en m'asseyant au pied d'un arbre dans un endroit écarté de la forêt. Afin d'apaiser ma soif, je recherchais les trous que les habitants du pays pratiquent dans la glace des fleuves et des étangs pour abreuver leurs bestiaux ; je me contentais même quelquefois de la neige fondue dans ma bouche, quoique ce moyen fût loin de me désaltérer à souhait. Mon premier jour de marche, au sortir d'Irbite, fut bien rude, et le soir je me trouvai tout à fait exténué. Les lourds vêtements que je portais sur moi ajoutaient aux fatigues de la route, et je n'osais pourtant pas m'en débarrasser. A la tombée de la nuit, je courus au plus profond de la forêt, et je songeai à préparer ma couche. Je savais le procédé qu'emploient les Ostiakes pour s'abriter pendant leur sommeil dans leurs déserts de glace : ils creusent tout simplement un trou profond sous une forte masse de neige, et y trouvent de la sorte un lit dur, il est vrai, mais parfaitement chaud. Ainsi fis-je moi aussi, et bientôt je pus prendre un repos dont j'avais grand besoin. »

Le lendemain, il s'égare et, après avoir erré presque tout le jour, il se retrouve le soir sur une route ; heureusement c'était la bonne. Apercevant une petite maison, voisine d'un hameau, il se décide à demander l'hospitalité qu'on lui accorde. Il se donne pour un ouvrier allant chercher du travail aux fonderies de Bohotole dans l'Oural, et joue son rôle le mieux possible ; mais on le trouve trop bien fourni de linge pour un ouvrier, et il est tiré de son premier sommeil par des paysans qui lui demandent son passe-port. Il paye d'audace et leur montre le billet de passe qui seul lui restait ; heureusement, la vue du cachet suffit à ces gendarmes improvisés, qui lui firent des excuses de l'avoir pris pour un forçat évadé.

« Le reste de la nuit s'écoula tranquillement, et le lendemain je pris congé de ceux dont l'hospitalité aurait pu me devenir si fatale. Cet incident porta dans mon esprit une triste conviction : c'est que je ne devais plus

compter sur un abri humain pendant la nuit, à moins de
m'exposer aux plus graves dangers, et que la couche
ostiake serait jusqu'à nouvel ordre mon seul lit de repos.
C'est de la couche ostiake, en effet, qu'il fallut me con-
tenter pendant toute ma traversée des monts Ourals jusqu'à mon arrivée à Véliki-Oustioug, c'est-à-dire depuis le
milieu de février jusqu'aux premiers jours d'avril. Trois
ou quatre fois seulement je me hasardai à demander
l'hospitalité pour la nuit dans une cabane isolée, exténué
par quinze ou vingt jours passés dans la forêt, à bout de
forces et presque sans la conscience de ce que je faisais.
Toutes les autres nuits, je me contentai de me creuser un
terrier pour dormir. Peu à peu je me familiarisai avec
cette manière de dormir. Il m'arriva même à la tombée
de la nuit d'entrer au plus profond du bois comme dans
une auberge bien connue; parfois, cependant, je dois le
dire, cette vie de sauvage me semblait intolérable. L'absence d'un logis humain, le manque d'aliments chauds et
même de pain gelé, mon unique nourriture pour des
jours entiers, me firent regarder en face et dans leur
réalité terrible ces deux spectres hideux qui s'appellent
le froid et la faim, et dont nous évoquons les noms si
légèrement à la moindre gêne! Dans de tels moments,
je redoutais surtout les accès de somnolence qui me prenaient subitement, car c'étaient là des invitations mani-
festes à la mort, contre lesquelles je luttais avec le peu de
forces qui me restaient encore. Le besoin d'une nourriture
chaude était d'ailleurs le plus fort chez moi, et je résistais
difficilement à la tentation d'aller demander dans une
hutte quelconque un peu de la soupe aux raves de
Sibérie. »

Après avoir ainsi gravi lentement les hauteurs de l'Oural, il le franchit enfin par une belle nuit; mais ses peines
furent les mêmes sur le versant occidental de la montagne. Un soir, il s'égara pendant une tempête de neige,

Heureusement la vue du cachet suffit. (Rufin Piotrowski.)

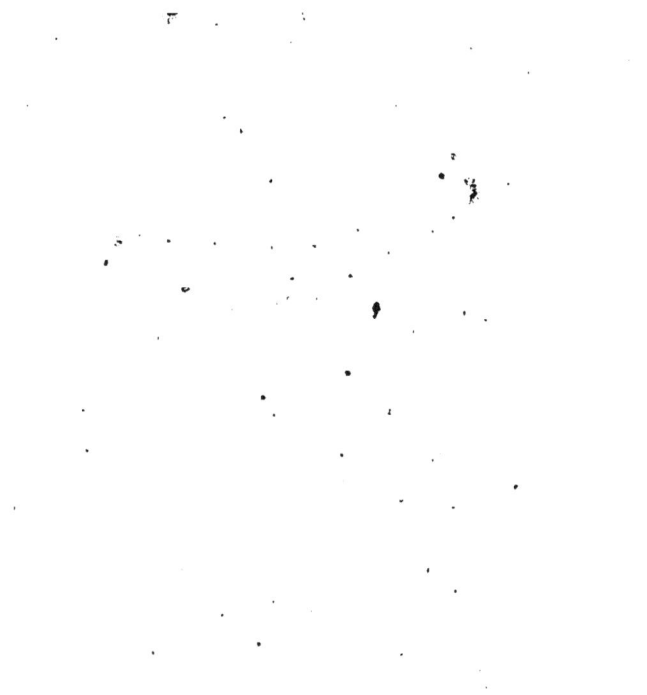

passa une nuit horrible dans les tortures de la faim, et le
jour venu, après avoir cherché à s'orienter, il tomba bientôt au pied d'un arbre. Déjà le sommeil, avant-coureur de
la mort, commençait à le gagner, quand il fut sauvé par
un *promychlennik* (trappeur) qui traversait la forêt. Ce
brave homme lui donna un peu d'eau-de-vie et quelques
bouchées de pain, lui fit reprendre courage, le conduisit
en vue d'une maison de refuge (izboutcha) et disparut
dans les bois.

« J'apercevais de loin l'izboutcha, ma joie défie toute
description ; j'y serais allé, je crois, même si j'avais su
que des gendarmes m'y attendaient pour m'arrêter. J'arrivai jusqu'à la porte ; mais le seuil franchi, je ne pus plus
me tenir debout et je roulai par terre sous un banc. »

Après quelques minutes d'un évanouissement complet,
il revint à lui, et sans pouvoir toucher à la nourriture que
son hôte lui offrait, il s'endormit et resta plongé dans un
profond sommeil pendant vingt-quatre heures, affectueusement soigné par le bon hôte, qui redoubla d'attention
quand il sut que ce voyageur était un pèlerin se rendant
à l'île sainte de la mer Blanche. Telle était en effet la qualité que prenait alors le fugitif ; il s'était transformé en
bohomolets (adorateur de Dieu), allant saluer les saintes
images du couvent de Solovetsk, près d'Archangel. Protégé par le respect et la sympathie que ce titre éveille
chez le paysan russe, M. Piotrowski parvint sans trop de
difficultés à Veliki-Oustioug, y fut bien accueilli par ses
confrères les *bohomolets*, qui attendaient en grand nombre, dans cette ville que le dégel leur permit de s'embarquer sur la Dvina pour Archangel. Après un mois de séjour
au milieu d'eux, et sa réputation de bon pèlerin bien
établie par l'exactitude avec laquelle il en remplissait tous
les devoirs, il s'embarqua sur un des nombreux bateaux
qui devaient les transporter, et se loua au patron comme
rameur au prix usuel de quinze roubles en assignats pour

la traversée. C'était juste la somme qu'il avait dépensée pour ses frais de route depuis Irbite. Environ quinze jours après il arrivait à Archangel. C'était le point où tendaient tous ses vœux, car il espérait bien que dans ce port, fréquenté par des navires de toutes les nations, il s'en trouverait un qui pourrait lui donner asile et le ramener en France ou en Angleterre.

Sans négliger les pratiques religieuses que son titre de pèlerin lui imposait, et les précautions dont l'oubli pouvait le perdre, il chercha vainement pendant deux jours ce navire sauveur. Sur le pont de chaque bâtiment stationnait jour et nuit un factionnaire russe; et, le long des quais, pour franchir la ligne des sentinelles qui les bordaient, il fallait pouvoir donner des explications et montrer des papiers que le fugitif de la katorga ne pouvait songer à se faire demander. Renonçant donc, non sans un profond découragement, à ses chères espérances, il prit la route d'Onéga, comme un pèlerin qui, ayant visité les saintes images de Solovetsk, se rendait à Kiow « pour y saluer les saints ossements. » Après bien des rencontres plus ou moins agréables, il arriva à Vytiégra. Sur la rade un paysan l'accoste, lui demande où il va, et sur sa réponse, lui propose de l'emmener dans sa barque à Petersbourg. Il s'engage avec lui comme rameur, part, et, pendant la traversée, a l'occasion de rendre quelques services à une pauvre vieille paysanne qui se rendait aussi à Pétersbourg. Arrivés dans le port, grand embarras du malheureux fugitif pour savoir comment il évitera la police en débarquant, où il ira loger; etc. Tout à coup, la bonne femme, sa protégée, lui dit : « Restez avec moi, j'ai envoyé prévenir ma fille, qui viendra me chercher et vous indiquera un bon logement. Il débarqua, portant la malle de la paysanne, et alla loger dans la même auberge. Restait la question du passe-port et de la police : il craignait que l'hôtesse ne fût exigeante à cet égard; mais, questionnée par lui sur les formalités à remplir, elle lui dit qu'il n'avait pas besoin, pour deux ou trois jours de séjour, d'aller à la police. Rassuré sur ce point, il va se promener, le jour suivant, du côté du port, lisant à la dérobée, car un paysan russe ne doit pas savoir lire, les affiches qui se trouvaient sur les divers bateaux à vapeur pour annoncer leur départ.

« Tout à coup mes yeux tombèrent sur un avis en gros caractères, placé près du mât d'un bateau à vapeur; ce bâtiment partait pour Riga le lendemain même. Je voyais se promener sur le pont un homme, la chemise rouge passée par-dessus le pantalon, à la russe, mais je n'osais lui parler et je me contentais de le couver des yeux. En attendant, le soleil baissait; il était déjà sept heures du soir, quand tout à coup l'homme à la chemise rouge leva la tête et m'interpella : « Voudrais-tu par hasard aller à Riga? alors viens prendre place ici. — Certainement j'ai besoin d'aller à Riga; mais le moyen pour moi, pauvre homme, de prendre le bateau à vapeur? cela doit coûter bien cher, ce n'est pas fait pour nous autres. — Et pourquoi pas? Allons, viens. A un *moujik* comme toi, on ne demandera pas beaucoup. — Et combien? » Il me dit un prix que je ne me rappelle plus, mais qui m'étonna, tant il était modique. « Eh bien, cela te va-t-il? Pourquoi hésites-tu encore? — C'est que je suis arrivé aujourd'hui seulement, et il faut que la police vise mon passe-port. — Oh! alors tu en auras pour trois jours avec ta police, et le bateau part demain matin. — Que faire donc? — Parbleu! partir sans faire viser. — Bah! et s'il m'arrivait un malheur? — Imbécile! voilà un *moujik* qui veut m'apprendre ce qu'il faut faire! As-tu ton passe-port sur toi? montre-le. » Je tirai de ma poche mon billet de passe soigneusement enveloppé dans un foulard selon l'habitude des paysans russes; mais il s'épargna la peine de le regarder et me dit : « Viens demain à sept heures du matin; si tu ne me trouves pas, attends-moi. Et à présent, file vite.; »

« Je rentrai tout joyeux chez moi, et le lendemain j'é-
tais exact au rendez-vous. La machine chauffait déjà.
Mon homme m'aperçut bientôt et me dit seulement :
« Donne l'argent. » Il s'éloigna, puis me rapporta un
billet jaune dont je feignis naturellement de ne pas comprendre la signification, ce qui m'attira une nouvelle gra-
cieuseté : « Tais-toi, *moujik*, et laisse faire. » La cloche
sonna trois fois, les passagers se pressèrent, un rude coup
de poing de mon homme me poussa à leur suite. Quelques instants encore et le bateau était en pleine marche.
Je crus rêver. ».

De Riga, M. Piotrowski, voyageant à pied, gagna sans
difficulté la frontière, ayant un peu modifié son costume,
mais gardant toujours le vêtement distinctif de l'homme
russe (*rouski tchéloviek*), le petit burnous (*armiak*) en
peau de mouton. Il se faisait passer pour un marchand de
soies de porc, ce qui lui permettait de prendre sur sa
route les renseignements nécessaires. Après s'être bien
informé des obstacles qu'il pouvait rencontrer en passant
de Russie en Prusse, il parvint à franchir la frontière en
plein jour, sans être atteint par quelques coups de fusil
qu'on lui tira, et se réfugia dans un bois voisin, où coupant sa barbe et transformant son costume, il dépouilla
les insignes du paysan russe. Enfin il arriva sans encombre à Kœnigsberg. Mais au moment où il se croyait
sauvé, peu s'en fallut qu'il ne se vît perdu sans ressource.
Il avait résolu de partir, sur un bateau à vapeur, pour
Elbing, et, vers le soir, il s'assit, près d'une maison en
ruines, sur un tas de pierres, comptant s'éloigner à la
tombée de la nuit et aller coucher dans les blés, en attendant l'heure du départ. Accablé de fatigue, il s'endormit
et fut réveillé par un gardien de nuit qui, peu satisfait de
ses réponses, l'arrêta et le mena au poste voisin. Conduit
à la police, il se donna pour un Français, ouvrier en

colon, ayant perdu son passe-port. On le mit en prison.

Un mois après, appelé de nouveau à la police, on lui
prouva la fausseté de ses allégations et on lui laissa voir
clairement que les soupçons les plus graves planaient sur
lui. Las de feindre, irrité surtout de passer pour un mal-
faiteur qui se cachait, il déclara qui il était. Une convention récente entre la Prusse et la Russie obligeait ces
deux États à se livrer mutuellement leurs fugitifs. Les
fonctionnaires prussiens, en recevant la déclaration de
M. Piotrowski, furent consternés; il leur semblait impossible d'éluder la convention. Cependant des démarches
furent faites par les principaux habitants de Kœnigsberg
et par des personnes haut placées; l'autorité elle-même
ne demandait évidemment pas mieux que de céder à cette
pression. Peu de temps après, M. Piotrowski fut averti
qu'un ordre arrivé de Berlin prescrivait de le remettre
entre les mains des Russes, mais qu'on lui laisserait le
temps de s'échapper à ses risques et périls. Aidé par de
généreux amis, il était le lendemain sur la route de Dantzig.

« J'avais, dit-il, des lettres pour différentes personnes
dans les villes de l'Allemagne que je devais traverser, et
partout on mit le plus grand zèle à me faciliter le voyage.
Grâce aux appuis qui ne m'ont fait défaut nulle part, j'eus
bien vite traversé toute l'Allemagne, et, le 22 septembre
1846, je me retrouvai de nouveau dans ce Paris que j'avais
quitté quatre ans auparavant. » (Rufin Piotrowski, *Souvenirs d'un Sibérien*; traduction par J. Klaczko.)

FIN

25

TABLE DES GRAVURES

FIN DE LA TABLE DES GRAVURES

TABLE DES MATIÈRES

FIN DE LA TABLE DES MATIÈRES

PARIS. — IMP. SIMON RAÇON ET COMP., RUE D'ERFURTH, 1.

www.ingramcontent.com/pod-product-compliance
Lightning Source LLC
Chambersburg PA
CBHW060124200326
41518CB00008B/928